스와힐리 고전 시의 이해

케냐, 탄자니아 해안 도시국가들의 역사와 문화를 중심으로

Mwana wangu nakusumulia
ya Liongo fumo wa vishaka
hana kufu huishi huria
wamfanya fumo wa nyika.

Hali wali, havai hariri
hula wimbi na nyama ya mwitu
huikata na yake hanjari
wala hali masazo ya watu

Hugawiwa bada ya kukatwa
kwa usiku huchezea ngoma
hukalia pamoya na watwa
huwafunza kitabu kusoma.

한국외국어대학교
아프리카연구소 학술총서 6

스와힐리 고전 시의 이해

케냐, 탄자니아 해안 도시국가들의 역사와 문화를 중심으로

권 명 식

HUEBOOKs

이 저서는 2010년 정부(교육과학기술부)의 재원으로 한국연구재단의 지원을 받아 수행된 연구임(한국연구재단-2010-362-B00003)

서 문

스와힐리어와 인연을 처음 맺은 것은 지금으로부터 35년 전인 1977년이다. 나의 의도와 무관하게 그것은 의미 있는 사건이었다. 국내 최초로 아프리카 언어인 스와힐리어를 공부하여 학위를 해오는 조건으로 국비 유학 장학생으로 선발된 것이다. 당시 나는 스와힐리어에 대하여 아는 것이 말 그대로 아무것도 없었다. 그것이 동-아프리카 여러 국가에서 쓰이는 아프리카 말이라는 것을 처음으로 알게 되었다. 아마도 한국의 사람 대부분이 당시 내가 처했던 상황과 별 차이 없을 것이다. 스와힐리어는 우리에게 생소한 말이다. 언어학을 전공하여 샤바-스와힐리어에 대한 논문을 쓰고 귀국한 후 1984년부터 스와힐리어 강의를 해 왔다. 한국외국어 대학교에 스와힐리어과(나중에 아프리카어과로 개칭되었음)가 생긴 것도 역사적인 사건이라 할 만하다. 스와힐리어 교습 이외에 아프리카에 대하여 다루어야 할 주제들이 너무 많았다. 한 가지 좁은 주제로 몰입하여 양질의 논문이나 저술을 내기가 어려웠다. 19세기 중반에 이미 식민 제국주의와 함께 아프리카 진출을 한 서구 제 국가들은 아프리카 연구를 국책 차원으로 전개하였으니, 우리와 사정이 전혀 달랐다. 서구 연구 전통과 현재 활동을 보고 있노라면 우리의 시작이 초라하고 정말 보잘것없는 것이었으나, 우리의 전통에서 보면 '위대한' 출발임이 분명하다.

언어구조에 대한 철저한 이해가 아프리카 사회 이해에 초석이 되므로 사전과 문법 편찬했고, 그리고 언어구조에 대한 논문을 발표했다. 그러나 언어적 연구 결과는 일반 독자들의 관심사와 거리가 멀었다. 언어외적 사항들에 대한 지식이 유통되고 소비될 때 아프리카에 대한 우리의 지평이 빠르게 넓어질 수 있는 만큼 그에 대한 연구가 시급했다. 언어학 다음에는 문학적 연구이다. 그걸 통해 아프리카인들의 목소리를 직접 듣게 되고, 그리고 그에 관련된 역사, 문화, 사회 등 제반 사실들을 알아갈 수 있기 때문이다.

아프리카에 대한 무지와 편견의 벽은 두껍고, 견고하다. 오랜 시간을 두고 하나하나 허물어 가야 할 장벽인 셈이다. 스와힐리어와 스와힐리어 사용집단의 생성과 발전, 그리고 오늘날의 위치와 상황변화는 놀랍게 다양하고, 동시에 변화무쌍하다. 그러므로 그것을 완벽하게 이해하는 것조차 쉬운 일이 아니다. 오늘날 전 지구촌에서 위성 언어로서 전 세계에 송출되고 있는 스와힐리어의 기원을 찾아 올라가면 인류의 오랜 역사의 가닥으로 이어지는 것을 볼 수 있다. 스와힐리 고전 시는 이 같은 맥락에서 이루어졌다. 그러므로 이를 찾아가다 보면 동아프리카 해안을 바탕으로 한 인도양 교역 망을 기초로 형성된 주요 문화권의 사상과 지식의 상호교류를 엿볼 수 있다. 그 과실이 흑 아프리카의 해안 반투어인스와힐리어라는 매체를 타고 대륙 내륙으로 깊이 확산되어 나간 것이다.

외롭고 낯선 여정이지만 지난 세월을 되돌아보면 그래도 적지 않은 도움을 외부로부터 받으면서 나의 보잘것없는 연구가 진행되었다. 정부 장학금을 받은 것을 시초로, 한국외국어 대학교에 아프리카어과와 연구소가 설립된 것은 이루 말할 수 없는 혜택이라 할 수 있다. 아프리카 학회 결성과 한국학술재단의 연구 지원 등에 힘입어 아프리카 현지 연구 여행 및 자료 수집, 연구원들과의 토론과 논쟁, 그리고 수많은 학생들의 참여가 없다면 이런 결과는 결코 빛을 볼 수 없었을 것이다. 우리나라 영토를 넘어가면 서구의 개척적 연구가들이 있다. 크납페르트(SOAS), 담만(Marburg), 알렌, 해리스(Wisconsin), 마인호프(Berlin), 압둘라지즈(Nairobi), 제라르드, 비어스텍커(Yale) 등 수 많은 학자들이 묻혀 있는 스와힐리 고전 문학 세계를 탐구하여 세계 독자들에게 되돌려 주었다. 나는 이 영역을 국내 독자, 연구가들에게 소개하기 위해 이 책을 쓰게 된 것이지만, 그 내용과 형식 그리고 표현에 서 부족한 점이 이루 말할 수 없을 만큼 많다는 사실을 고백하지 않을 수 없다. 하지만 이 책이 초석이 되어 보다 훌륭한 후속 연구와 저술이 뒤따를 것이라는 생각으로 위안을 삼는다. 이 책이 나오기까지 주위 여러 사람들로부터 진 빚이 많다. 이 분야에서 활동하고 있는 선배 동료 교수들, 예컨대 올해 8월 정년퇴임을 하신 김윤진 교수님, 아프리카 학과를 학부로 확대 발전시킨 장태상 교수, 유망연구소 및 인문한국 프로젝트를 성사시켜 조직적으로 지속해서 아프리카 연구 수행을 가능케 한 장용규 교수, 나와 함께 기초연구 프로젝트 목적으로 스와힐리어권 연구에 참여했던 양철준, 김광수, 황규득 박사, 그리고 나이로비대 초청 강연을 주선하고 수행했던 박정경 박사, 이 외에 설병수 박사를 비롯한 H.K 연구원들, 그리고 연구소의 김학수 선생과 윤서영양을 비롯한 많은 후학 연구가들과 제자 학생들, 일일이 나열할 수 없는 많은 다른 분들과 함께 이 조그만 책의 출판에 큰 기쁨을 함께 나누고 싶다. 마지막으로 아름다운 책의 출판에 세심한 배려를 기울여 준 외대 출판부의 탁경구, 신선호 선생께도 감사를 표하고 싶다.

2012년 7월 20일 육순 기념 구라파여행을 마치고,
저자 권명식

차 례

제1장 서 론

<Dhau>

제1장 서론

문학은 언어예술로 인류가 언어를 소통매체로 사용한 이래 인간의 삶과 더불어 줄곧 있어 왔다.[1] 언어의 본질이 글로 쓰인 텍스트 이전에 말에 있었듯이 문학도 텍스트 이전에 노래, 이야기, 말장난, 언어유희 등 다양한 형태의 언술 연출인 구연에 그 기원이 있었던 것으로 보인다. 텍스트로 고정화되어 시간과 공간 그리고 특정 사회 문화권을 초월한 문학적 소통이 이루어진 것은 그리 얼마 되지 않았다.[2] 인류가 언어를 최초로 사용하기 시작한 이래 50만 년이라는 긴 세월 속에 불과 지난 6000년 정도의 기간 동안 소수 엘리트 그룹에 의해 문자문화가 수행되어졌던 것으로 보인다. 스와힐리어 사용권에서 텍스트를 바탕으로 한 문학작품의 등장은 지난 400여 년 정도인 것으로 알려져 있다. 이들은 전통시라는 이름으로 알려져 있는데 그 주제나 형식에 있어 독특한 측면을 내보이고 있다.

---

1) '문학이 무엇인가'하는 문제는 수없이 논의되어 온 것으로 지금도 의견이 분분하지만 본질적으로 언어와 직결된 문제이자 동시에 그것을 사용하는 사람들과의 관계를 배제할 수 없다는 사실만큼은 부정할 수 없을 것이다. 언어는 구조와 함께 의사소통이라는 기능을 지니지만, 이 영역을 뛰어넘어 인간의 존재 그 자체를 반영한다. 비록 최종적으로는 언어로 표출된다 해도 인간의 존재와 가치, 아름다움 등이 궁극적으로 이어져 나갈 때 문학의 본질이 살아남게 된다. 그럼에도 언어의 문제는 계속 남게 된다.

2) 언어적 소통이라는 현상이 인류 문명의 발달 과정에서 다양한 양상으로 변모해 나간 점을 중시해야 할 것이다. 요컨대 기술력(technology)의 발달로 문학적 소통의 방식이 권력, 자본, 시장 등의 새로운 변수에 따라 주도적 역할을 하기도 하고 주변화되기도 했다는 점이다. 이 책에서 다루려는 스와힐리어 기록 문학은 다른 아프리카 언어권에서 찾아보기 어려운 기술 혁신, 요컨대 문자사용이라는 것을 전제로 한 극히 제한된 영역이라는 사실을 간과해서는 안 될 것이다.

아프리카 문학[3]은 여러 가지로 특이한 데가 있다. 2,090여 언어집단들이 산재해 있는 만큼 비록 한 대륙에 있다 해도 언어적으로, 그리고 문화적으로 다양하기가 이루 말할 수 없다. 외부에서 접근할 때는 편의상 '아프리카 문학'이라고 통틀어 명명하여 이해하고자 하지만 대륙 내부로 들어가면 수많은 개별 문학들이 제각각 존재하고 있다. 그런 의미에서 스와힐리어 문학은 다른 '니그로' 문학들과 다른 독특한 문화와 역사적 특성을 지니고 있다. 아프리카 문학은 통상 쓰인 언어에 따라 구분되곤 한다. 특히 현대 아프리카 문학은 유럽어로 쓰인 문학과 토속 아프리카어로 쓰인 문학으로 나뉘곤 한다.[4] 서두에 언급한 바와 같이 '쓰인 기록문학' 이전에, 혹은 그 텍스트 영역 바깥에는 일상에서 말해지고 읊어지는 무진장한 구비-구연문학들이 있다. 이런 부분들은 빙산의 안 보이는 수면 아랫부분처럼 미지의 영역으로 우리의 연구를 기다리고 있는데 어쩌면 아프리카 문학의 핵심은 그곳에 있다고 보아도 과언이 아닐 것이다. 아프리카 문학의 구성 양상

3) 아프리카 문학의 정의에 대한 논의는 끊임없이 계속됐으나 모든 사람이 공감하고 수용할 만한 단일한 주장은 아직 없는 듯하다. 모르긴 몰라도 앞으로도 혁명적 변화가 아프리카 사회에서 나타나지 않는 한 이 문제는 그냥 지금처럼 모호한 가운데 방치될 것 같다. 이것은 아프리카의 역사적, 사회적 현실을 반영한 것이다. 요컨대 아프리카 문학을 말한다면 아프리카 언어를 빼고는 의미가 없다. 식민교육을 통해 현대 아프리카 엘리트들이 그들의 체험과 아프리카적 정서를 서구어로 표현하였으나, 영어나 프랑스어는 유럽인들의 정신과 역사를 고스란히 담고 있으니, 영연방문학(common wealth literature) 혹은 프랑코폰(francophone) 아프리카문학이라는 수사를 감내해야 한다. 역사적 사회적 현실과 아프리카인들의 현대 운명을 단호히 그리고 전적으로 거부할 수 없는 상황을 고려한다면 이런 수식이 붙은 아프리카 문학은 제2, 제3의 아프리카 외곽 문학으로 분류될 수 있을 것 같다. 이로써 아프리카 문학의 지향점은 분명해지지만 주어진 미래 상황은 결코 녹록지 않은 듯하다.

4) 아프리카 문학의 정의와 언어문제에 대한 최근 논의로 이를 통합적 성격으로 파악하여 언어, 인종, 거주 지역 등의 분류 자질들에 따라 아프리카 문학을 핵심과 위성, 그리고 주변적 아프리카 문학으로 파악하려는 시도에 대하여서는 Kwon(2011) 참조. 예컨대 지난 30년간 아프리카 문학에 관심이 있었던 나는 언어와 인종과 작가의 거주 지역 등을 넘나들며 다양한 영역들을 실제로 오고 가야 했다. 카리브해안 출신으로 네그리튀드 문학 이념을 창시했던 세제르나 흑인문학의 본질을 탈-식민 관점에서 논의한 파농은 아프리카 문학에서 어떤 위치를 점할까? 미주 흑인 노예들의 후예들인 드보이스, 블레이든, 가베이, 맥 케이 등은 현대 아프리카 문학 이념에 출중한 기여를 했으나 아프리카 문학에서의 그들의 위치는 모호하다. 프랑스어로 활동한 셍고르, 므닐, 모네로 등도 모호하기는 매한가지이다. 영어권 선구자적 작가들인 아체베나 소잉카 등도 서구 체험과 언어교체의 정도는 있으나 외국어로 활동했다는 점에서 아프리카 일반 대중과의 거리는 아주 컸다. 오늘날 서구어가 공식어로서 교육되고 그 쓰임이 확대되어 나가면서 서구어로 쓰인 아프리카 문학의 기능과 의의가 확대되어 나가고 있기는 하지만 본질적인 문제가 개선되었다고 볼 수는 없고 오히려 언어선택에서 오는 심리적, 사회적 문제는 오히려 더 커지고 있다고 볼 수 있다. cf. 권명식(1989, 1991a).

을 언어별, 재연 방식, 형식화된 장르, 소통양상, 사회적 기능 그리고 핵심 주제적 성격에 따라 도식화하면 대강 다음과 같이 요약될 수 있을 것 같다. 스와힐리 전통 시는 기록문학이지만 구연적 요소들이 강하게 배어 있고, 역사의 후반부에 이르러서는 서구 산문 문학 태동의 기초가 되고 있다.

표 1. 아프리카 문학의 구성 양상

언어별 구분	구연문학	기록문자 문학	
		토속 아프리카어 문학[5]	유럽어 문학
1) 선호 장르	노래, 수수께끼, 설화 신화, 전설, 속담, 격언	서사시, 여행기, 인생담 서간문, 회고록	시, 소설, 희곡 수필, 비평
2) 소통 양상	시간, 공간, 문화적 공감대	소수 엘리트 집단	시간, 공간 확대
3) 사회적 기능	집단의식 집단의 대변자 권위와 위엄, 존경	종교적 동기 필사본 유통	문화적 차이초월 개인주의적, 영리 대중과 유리됨
4) 주제	삶의 지혜(단편적)	개인적, 종교적 체험	정치-경제상황

위 표에서 볼 수 있는 바와 같이 아프리카 문학은 구연문학과 기록문학으로 크게 나뉘고, 기록문학은 다시 토속 아프리카 문학과 유럽어로 쓰인

5) 토속 아프리카어 문자 문학을 논할 때에는 문자의 발명과 사용이 중요하다. 가장 오래된 것은 고대 이집트 상형문자 텍스트이다. 셈어 계열에는 에티오피아의 암하릭, 게에즈가 있는데 고유한 문자를 개발하여 기록해 온 역사가 깊고 지금까지 이어져 오고 있다. 서아프리카 지역에 이슬람이 전파되면서 아랍어 문자가 파급되었다. 하우사, 월로프, 풀라니인들은 자신들의 언어를 아랍문자로 기록하였다. 이를 아자미(Ajami) 전통이라 하는데 서구 문물이 들어오면서 로마 알파벳이 새롭게 등장하게 된다. 동아프리카 지역의 소말리어와 스와힐리어권도 같은 경로를 겪게 된다. 서구 식민 통치를 겪게 되면서 서구어가 주도적 역할을 담당하게 되었지만 로마자를 바탕으로 한 현지어 기술과 기록 가능한 철자법이 개발되면서 이를 사용한 토속어 문학이 등장했다. 말라위의 냔자, 잠비아의 벰바, 짐바브웨의 쇼나, 남아프리카의 줄루, 호사가 대표적이지만 서아프리카 지역에서도 요루바, 에베 현지어 기록문학이 나타났다. 서구어 텍스트보다 소통 범위가 작고, 작가적 명성을 구가하기 어려웠으나 역설적으로 시장이나 세상의 명성과 무관하게 내적 성찰과 자기 계발에 주-관심을 기울인 작가들 혹은 자신의 모어에서 친밀함과 아름다움을 구하려는 많은 작가들이 조용히 자신들의 언어에 침잠했다. 독자나, 연구가들의 경우에도 우선은 서구어로 쓰인 작품들에 쉽게 접근하였으나, 몇몇 진지한 연구가들은 현지 언어를 터득한 연후 이들 텍스트의 세계로 들어가곤 했다. 드물고 어려운 일이었으나 나름의 가치와 내적 충만함으로 보상되는 길이기도 했다. 아프리카어 기록문학에 대한 저술로는 Albert S. Gérard(1981)이 있다.

문학으로 나누어 이해되곤 한다. 세 가지 유형에 따라 선호되는 장르, 소통양상, 사회적 기능, 주제가 달라진다. 이는 아프리카 대륙의 역사적 전개과정과 그에 따른 변화 양상을 반영하는 것이기도 하다. 다른 한편으로는 일반 민중과 소수 지식 엘리트들 사이에 존재하는 문화적 격차와 정신적, 지적 삶의 차이를 나타내는 것이기도 하다. 다른 한편으로는 근대 과학 기술의 혁신과 발달에 따른 문학 소통 양상의 변화가 중요한 분류 요인이기도 하다. 종이와 펜, 인쇄술과 출판, 판매 및 유통, 독자층의 구성과 형성, 연구 및 비평과 같은 문학 소비 인프라가 서구 문물과 더불어 새롭게 등장함으로써 아프리카 문학은 새로운 전기를 맞고 있다고 할 수 있다.

1. 동아프리카 관련 최초 문헌[6]

중동과 동아프리카 사이의 통상적 접촉은 이미 1세기 이전부터 시작된 것으로 알려져 있다. 가장 오래된 동아프리카 관련 문헌은 이집트의 프톨레미우스(Ptolemaeus)왕조 시대 저자 미상의 '페리플루스(홍해에 관한 기록 Periplus Mais Erythraei)'라 한다.[7] 아라비아와 페르시아 내에 있었던 파벌들 사이의 분규를 피하여 수많은 이주민들이 새로운 영토와 자유를 찾아 동아프리카 해안지역으로 이주해 왔다고 한다. 그리하여 소위 '잔지왕국(Zenji-bar 흑인들의 해안)'이 형성되게 되었는데, 이는 30여 개 도시로 구성된 것으로 보인다. 이후 형성된 스와힐리 문명은 이슬람 신앙에 기초한 복합문화였다. 지리적으로 소말리아 남부 모가디슈에서 현 탄자니아 남부 킬와(Kilwa)에 이르는 해안지역인데, 때에 따라서는 모잠비크의 내륙 소팔라(Sofala) 지역에 이르렀다. 이들 도시들은 통상의 우위를 점하기 위해 서로 경쟁하는 관계였으나, 이슬람이라는 공동의 믿음체계를 바탕으로 동질적인 유대감을 갖고 있었다. 915년 동아프리카를 여행한 알 마수디의 문헌에서 우리는 최초의 반투 어휘들을 찾아 볼 수 있다. 이외에 이븐 하우칼(10세기경)과 알 이드리시(1100-1166)가 2차 자료를 바탕으로 '잔지'에 대한 보고를

6) 스와힐리 고전 시의 생성과 발전을 이해하기 위한 역사적 배경 설명 부분은 J. Knappert(1979)의 서술에 전적으로 의존하였다. 다만 이제 연구된 사항들을 바탕으로 각주 형식으로 그 내용이나, 출처를 보완 설명해 나가는 방식으로 기술해 나가려 한다.

7) 계절풍을 이용한 해외 무역을 통하여 인도, 걸프 아랍 지역과 동아프리카 해안 사이의 교류는 아주 오래된 것으로 알려졌으나 그에 대한 구체적 기록 문헌은 많지 않다. 프톨레이우스의 보고서와 홍해에 관한 기록이 가장 오래된 것으로 회자되고 있다. cf. Oliver & Mathew(1963: 94ff). Miehe(1979: 1), 권명식(1991: 5).

하고 있다. 이들의 기술에 따르면 이곳은 아직 이슬람 영향밖에 있었던 것으로 보인다. 그러나 19세기에 기술된 '키탑 알-잔우즈(Kitab al-Zanuj)'와 스와힐리 연대기(Swahili Chronicle, 20c.)에 의하면 650년대 이후에 이곳이 이슬람화 된 것으로 보인다.[8)]

1.1 아프리카 동부해안으로의 이주와 역사적 추이[9)]

스와힐리인들의 이주시기에 대하여 치티크(Chittick 1965)는 9세기에서 12세기경으로 측정했다. 이와 달리 존 그레이(John Gray)는 좀 더 늦은 15세기경으로 잡고 있으나, 일반적으로는 8세기인 700년경에 이미 인더스강 유역의 데불(Debul)항구로 추정되는 곳으로부터 데불인들이 이주하기 시작한 것으로 알려져 있다.[10)]

1.1.1 쉬라지의 이주

12세기경 페르시아의 바나디르 해안으로부터 쉬라지인들이 대거 마피아(Mafia), 킬와(Kilwa)로 이주하여 번성하였다. 킬와는 13세기 후반에 번영의 정점을 이루다가 14세기 한때 몰락하였으나, 15세기에 다시 한 번 번성하였다. 1331년에는 이븐 바투타가 자일라(Zaila), 모가디슈, 몸바사, 킬와

---

8) 스와힐리어의 기원과 스와힐리 문명의 생성에 대한 논의로 Heine(1968), Whiteley(1969), Knappert(1979), Polomé & Hill(1980)가 있고, 국내 논문으로는 권명식(1983, 1990, 2011), Kwon(2010)이 있다. 이하 스와힐리 전통 시의 배경 설명에 대한 서술은 주로 크납페르트(Knappert 1979)의 논조를 따랐다. 915년의 알-마수디에 대한 것은 Oliver & Mathew(1963: 106), Freeman-Grenville(1975:14) 참조. 이후 1100-66년의 알-이드리시, 잔지 왕국에 관한 것도 위 책에서 언급되고 있다.

9) 스와힐리 문학의 근거지인 동아프리카 해안의 역사적 배경에 대한 것을 이미 요약 기술한 바 있다. (권명식 1991, 제 II장 동 아프리카 스와힐리 해안의 역사적 배경 참조).

10) 이에 대한 고고학적 연구가 활발하게 진행되고 있다. 최근 연구의 하나로 Kusimba et al. 2010 참조. 스와힐리어의 생성 지역은 타나강 어귀 혹은 조금 아래에 위치한 사바키강 하구로 보고 있다. 이 말의 생성 시기는 약 8세기경으로 추산되는데, 1552년 바로(Joao de Barros)의 기록과 1520년대 쓰인 킬와 연대기(Chronicles, Khabari ya Kilwa Kisiwani)에 의하면 8세기 이후 10세기에 이르는 시기에 이슬람이 남쪽으로 확산되어, 오늘날 모잠비크 남부 소팔라에서는 이미 금-무역이 성행했던 것으로 알려져 있다(권명식 1990:155). Debuli인들에 대한 연구는 Chittik(1965: 290).

를 방문하여 이곳에 관한 기록을 남겼다.[11] 그는 '몸바사에 나무로 된 회교 사원이 있고, 킬와는 가장 아름답고 훌륭하게 건조된 도시였다'고 묘사하면서, 그가 '무슬림 국가 안에 있다'고 피력했다. 쉬라지 기원과 혈통에 대한 전승은 과학적으로 증명하기 쉽지 않으나, 현재 펨바 섬 등지에 살고 있는 스와힐리인들의 외모에서 페르시아인의 흔적을 찾아볼 수 있으며, 그들이 주장하는 구전 이야기는 비록 신화적 성격을 띠고 있으나 그 연관성은 심리적, 정신적 차원은 차치하고서라도 결코 무시될 수 없는 현실이라 할 수 있다. 쉬라지인들은 그들의 조상들이 아랍인들에 앞서 동아프리카 해안에 이주한 것으로 굳게 믿음으로서 그들이 스와힐리 구성의 핵심이자 원조라는 생각을 버리지 않고 있다. 이후 서구 세력이 등장하기 이전에 하드라마우트, 예멘 등지의 아라비아 반도로부터 지속적으로 그리고 끊이지 않게 아랍인들이 해안지역으로 내도해 온 것으로 보인다.[12] 이것은 언어학적 증거 이외에 인종적, 문화적 요소들로 쉽게 알 수 있는 부분이다.

1.1.2 서구 세력의 등장

1498년 포르투갈의 바스코 다가마가 몸바사에 도착함으로서 서구 세력의 영향이 미치게 되었다. 1699년 포르투갈인들이 이곳에서 퇴각할 때까지 200여 년 동안 이곳에 미친 서구의 영향은 크납페르트의 지적처럼 부정적인 것으로 볼 수 있으며, 더 나아가 스와힐리 문명과 경제활동의 퇴조를 가져왔다고 볼 수 있다. 하지만 본격적인 서구 세력의 등장 이전의 전

11) 반투어로 보이는 해안 지명에 관한 초기 기록으로는 10세기경 알 마수디(Al Masudi)를 비롯한 아랍 여행가들의 언급이 있다. 이외에 이븐 하우칼, 알-이드리시도 잔지 땅에 대해 언급하고 있는데 이에 따르면 11세기까지만 해도 이슬람의 영향은 미미했던 것으로 보인다. 하지만 20세기 들어서야 문서로 만들어 진 잔지 연대기(Kita al Zanuji)에 의하면 이미 650년 이후 해안이 이슬람화되었다고 기록되어 있다. 12세기경 페르시아에서 이주해 온 쉬라지인들은 13 세기 이후 마피아와 킬와에서 번영을 구가했다고 한다(Miehe 1979: 2-3, 권명식 1991:5).

12) 1400년 경이 되어서는 파테에 나브하니 왕조가 구축되어 이후 펨바 섬을 놓고 번성하던 몸바사와 다투곤 했다. 당시 파테 연대기에 따르면 몸바사가 이미 가장 강력한 도시국가였다고 한다(Chittik 1965: 292).

조로서 해안 스와힐리 문명의 다양성과 역동성에 기여한 측면도 없지 않다. 요컨대 1700년대 이후부터는 화란과 영국이 해양세력으로 급부상하여 포르투갈과 경쟁하게 된다. 이를 틈타 오만 아랍이 다시금 동아프리카 지역을 자신의 영향권 아래에 둘 수 있게 된다.[13] 이를 계기로 동아프리카는 스와힐리 문명과 더불어 고전 스와힐리 문학의 르네상스를 맞이하게 된 것으로 평가되고 있다.[14]

13) 오만 아랍은 1650년 이미 마스캇에서 포르투갈을 몰아냈고, 1652년에는 몸바사를 도와 포르투갈과 싸운 바 있다. 이들을 몸바사에서 몰아낸 것은 32년이 지난 1684년 이었다(Davidson 1967: 122, Miehe 1979: 4).

14) 이후에 다시 언급하겠지만 1700년 이후부터 파테, 라무, 몸바사가 융성하게 된다. 특히 스와힐리화된 몸바사의 마즈루이 가문은 오만 아랍에 저항하여 몸바사를 이끌어 나가게 되고, 1819년에는 그 영향력이 펨바, 파테, 라무에 이르게 된다. 1785년 오만 아랍은 다시 동아프리카 해안에 대한 영향력을 증대시켜 나갔고, 1806년 권력을 장악한 사이이드 사이드는 1840년 마침내 수도를 무스캇에서 잔지바르로 옮기게 된다. 1738년 영국과 통상 동맹을 맺었던 오만은 Siu를 제외한 동-아프리카 해안 전 지역을 장악하게 되는데, 몸바사를 천도 3년 전에 이미 굴복시킨 바 있었다. (Davidson 1967: 157, Miehe 1979: 6).

2. 스와힐리 문학의 역사적 배경

구술 구연 성격을 띠고 있던 스와힐리 문학이 기록 문자 문학으로 변화해 가는 과정에서 아랍 무슬림이 해안 반투인들에게 끼친 영향은 지대하다. 이슬람의 전파를 하나의 기점으로 삼아 그 이전과 이슬람 시대 그리고 그 영향 아래 형성된 다양한 해안 도시의 상황으로 나누어 설명될 수 있다. 물론 이 같은 전개는 서구 식민세력으로 등장으로[15] 또 한 번의 거대한 반전을 경험하게 된다.

2.1 이슬람 도래 이전의 스와힐리 문화

스와힐리어(Ki-Swahili)는 계통적으로 나이저-콩고어족에 속하는 반투어이다. 역사 비교언어학의 정교한 비교 방법(comparative method)을 통해 반투어가 베누에-꾸아의 하위 분파로서 기원전 3,000년부터 AD 400년에 이르기까지 7차에 걸쳐 오늘날 카메룬과 케냐를 잇는 중부 지역으로부터 남아프리카 남단으로의 이주가 이루어진 것으로 설명되고 있다(Childs 2003: 167f). 이들이 나이지리아 남동부 카메룬 국경지역으로 부터 우림을 뚫고

15) 1856년 잔지바르의 사이이드 사이드가 사망하자 영국은 왕위 계승에 개입하여 마지드를 지지한다. 1891년 잔지바르와 오만이 다시 분리되고 1870년에는 마지드의 뒤를 이어 바르가쉬가 집권하지만 1885년 베를린회의 이후 1890년 잔지바르는 영국의 보호령이 되고 탕가니카에 대한 독일 제국의 지배가 동시에 시작된다. 이후 1961년 탕가니카 독립, 1964년 잔지바르 병합과 케냐 독립으로 이어질 때까지 본격적인 서구 식민 지배가 계속되면서 동-아프리카 스와힐리 지역은 새로운 변화의 길을 걷게 된다(cf. Davidson 1967, Ogot 1968, Iliffe 1969, Freeman-Grenville 1973, Miehe 1979: 6).

이주를 개시한 이래, 확산을 거듭하게 되는 데, 여기에는 식량생산 기술의 혁신에 의한 인구 증가와 철기 제작 기술 개발에 따른 우월한 기술력이 그 바탕을 이룬 것으로 설명되고 있다.[16] 어휘 통계학적 백분율을 바탕으로 반투어를 분류해 본 결과[17] 스와힐리어는 동북부 해안 반투 그룹 중 특히 사바키 그룹에 속하는 것으로 설명된다. 이는 6개 분파로 이루어져 있는데 그 중 하나가 스와힐리어이다(Nurse & Hinnebush 1993: 463). 이 후 스와힐리어는 아랍어를 비롯한 외부 언어, 예컨대 쿠쉬어, 인근 이웃 다른 반투어들 그리고 기원이 모호한 몇몇 기층어들의 영향 아래 상당한 변화를 겪은 것으로 보인다.

---

16) 서부 수단어와 중부 수단어를 비교한 존스톤(Johnston 1912)은 일찍이 반투어의 기원지를 나일강 상류와 우방기, 그리고 상부 베누에강, 북으로는 코르도판에 이르는 지역으로 보고, 여기서 동부 호수지역으로 이주해 나간 것으로 보았다. 이와 달리 그린버그(Greenberg 1963)는 나이저-콩고 어족으로부터 반투어가 속한 베누에-콩고 일파가 분리되어 나가 평원어, 주쿤, 크로스-리버, 반토이드로 세분되었고 여기서 다시 반투어가 다른 언어들(팁, 비타레, 바투, 은도로, 맘빌라, 부테)과 함께 분리된 것으로 보았다(권명식 1988: 59-60).

17) 기록된 문헌이 없는 아프리카 대륙의 과거 역사를 규명하는 일은 독특한 방법론을 필요로 한다. 고고학적, 구전 전통 등의 방법이 없지 않으나 비교 언어학적 방법이 가장 탁월한 성과를 제시했다. 하지만 언어학적 비교 방법 안에서 다시금 다양한 방법론을 둘러싼 논쟁이 있어 왔다. 반투어의 경우 도크가 7개 지역으로 분류하였으나(Doke 1945) 이는 지리적 분포를 바탕으로 한 것으로 아무런 역사적 사실을 반영하지 못했다. 반투어 파악을 위한 실용적 분류로서의 지리적 분류는 코우프로 이어졌는데 그는 도크의 7개 지역을 15개 지역으로 더 세분화한 것이었다(Cope 1948). 갓스리가 공통반투 개념을 도입하여 10단위 숫자와 소문자를 가미한 분류는 여전히 코우프의 15개 지역분류를 벗어나지 못했다. 역사적 사실을 반영하는 계통분류는 본래 규칙적 음성대응과 어휘 재구를 통한 비교 방법이 가장 효과적이지만 실용상의 어려움으로 적용하기 어려운 경우가 허다하다. 특히 거시적 분류에서 더욱 그러하다. 하이네는 137개 언어의 100개 기초어휘들을 비교 하여 반투어를 계통 분류했다. 20%에서 90%에 이르는 다양한 백분율이 나왔는데, 이를 토대로 3단계 반투 확산 과정을 추론해 낼 수 있었다. 1단계는 서북부 11개 분파인데 7개가 갓스리의 A, B 구역에 해당하였다(Bube, Tiv, Ekoi, Duala/Ewondo, Kande, Mpongwe, Njem). 그다음은 북동쪽 D 구역에 속하는 것으로 Benge/Baali, Bira, Nyali였는데, 여기서 Benge만이 C.33에 해당하였다. 열한 번째 분파가 소위 C에서 S에 이르는 남어지 언어들을 모두 포함했다. 하이네는 이를 콩고분파(Kongo Zweig)로 명명했다. 마지막 3단계에서 이 분파는 다시 9개 그룹으로 하위분류되는데 이 중 9번째인 11.9가 동부 고지 반투어로서 동중부에서 남부에 이르는 대부분의 반투어들이었다. 어휘 통계학적 결과를 바탕으로 1977년 하이네와 그의 동료들은 반투 확산 3단계 가설을 세웠다. 카메룬 사나가 지역에서 주류가 콩고 핵심부로 진출한 다음 크윌루 카잘 집중 지역을 거쳐 다시 동부 고지 핵심부로 확대되어 마침내 나머지 동남부 고지 전 지역으로 확산되게 되었다는 것이다. 지금 까지 반투 확산에 대한 가장 신빙성 있는 연구 결과라 할 수 있겠다. cf. Heine 1973, Köhler 1975, Heine et al. 1977. 권명식 1988: 97-108.

반투어의 일반적 특징인 성조(tone)가 사라지고, 지금은 강세(stress)만 남아 있다. 명사 부류 중 일부가 상실되고 어떤 것은 서로 융합되어 있다. 그러나 전체적으로는 여전히 반투어 특성을 그대로 유지하고 있다. 갓스리(Guthrie)의 연구에 의하면 스와힐리어는 공통반투(Common Bantu)어 어휘의 44%를 점함으로써, 벰바, 루바, 키콩고어 다음으로 가장 전형적인 반투어 특성이 있는 언어로 알려져 있다. 어휘적으로 '배(mashua), 노젓다(-piga kafi), 물에 띄우다(-elea, -ogelea), 줄로 낚시하다(-vua samaki), 어망(wavu), 낚싯바늘(ndoana)' 등으로 보아 이들 선조가 강가에서 어로 문화를 영위한 것으로 보인다.

2.1.1 반투인의 기원지

학자들에 따라 다소 차이가 있으나 갓스리(1971)는 잠베지 강과 루알라바 강의 수원지인 오늘날의 카탕가, 잠비아 국경지역을 반투 기원지로 보았다.[18] 물론 이들의 선조는 나이지리아, 카메룬 지역으로부터 베누에(Benue)강을 따라 내려오다가 적도 우림 지역을 돌파하여 이쪽으로 이주해 온 니그로 일파라고 설명함으로써 그린버그의 언어학적 증거를 바탕으로 한 반투 기원설에 부응하고 있다. 기원후 100년경쯤 반투민들은 이주를 개시하였는데, 말이나 염소를 보유하지는 않았다. 일부는 잠베지강 하구로 이동하여 어촌을 형성하였고, 또 다른 일파는 북부로 이동했다. 이 같은 이주는 이미 A. D. 500년경부터 시작된 것으로 보인다. 'mitumbwi(배), makafi, makasi(노)' 같은 어휘를 쓴 이들은 마다가스카르 섬의 말라가시인들과도 교류를 갖게 되었다. 6세기경 페르시아인의 세력 확장으로 염소와 양을 알게 된 것으로 보인다.[19]

18) 갓스리(1967-1971)는 200여 개 반투어들로부터 추출한 2,300여 개의 동류어(cognates)를 바탕으로 소위 공동반투(common Bantu)어휘를 설정하고 이와 다른 지역반투(regional Bantu)어휘와 대비시켰다. 28개 언어들을 기초로 하여 공통반투어휘와의 대응률을 조사한 결과 루바-카탕가가 50%로 가장 높았는데 이를 토대로 갓스리는 반투어의 기원지를 열대 우림 남동부로 추정했다. 그의 언어학적 연구 결과를 토대로 올리버(1966)는 3단계 반투 확산 가설을 제시하기에 이른다. cf. Köhler 1975: 172, 권명식 1988:108-112.

19) 갓스리의 설명(Oliver 1979)과 달리 어휘통계학 및 고고학적 증거를 바탕으로 반투인의 기원과 이주 경로에 대한 설명(Heine 1979, Phillipson 1977)이 현재 정설로 받아들여지고 있다.

2.1.2 최초의 국가 집단

와웅구와나(Walungwana 혹은 Waungwana '자유인')라 불리는 반투민들은 교역집단을 형성하여 바주니(Bajuni), 바라와(Barawa), 코모로(Comoro), 콩고, 모잠비크(Msumbiji)등 다양한 식민 거점들을 확보한 것으로 보인다. 말레이인들로부터는 조선술(Outrigger Canoe 건조술)을 배워 항해 영역을 확대해 나갔다. 반투민들은 말레이 폴리네시아인, 페르시아인, 인도인, 아랍인들과 평화적으로 혼합되기에 이르렀다. 스와힐리인들이 형성한 도시 국가의 형태는 40여 개 되는 것으로 알려져 있으나 그 크기와 국가형태의 구성 양상 등은 제대로 알려져 있지 않다. 비-언어학적 연구는 실증적으로 이를 재구하기 어렵다. 그런 의미에서 현재 쓰이고 있는 방언을 토대로 도시 국가의 실체를 재구해 볼 수 있는데 폴로메(Polomé 1967: 19-28)는 15개 지역 방언들로 구분하였으나, 학자에 따라서는 19개로 세분한 경우도 있다(권명식 2011:18). 이들은 마을, 도시, 군주국 등 다양한 크기의 실체들로 이해될 수 있다. 이 책에서는 라무, 파테, 몸바사, 탕가가 문학 생산의 핵심 4개 지역으로 다루어 지고 있다.[20)]

2.1.3 대륙 내부로의 이주

대륙의 내부에는 수렵-채집민인 산다웨, 핫자, 산에, 보니, 다할로, 랑굴로(Langulo)인들이 거주하고 있었다.[21)] 16세기에는 쿠쉬족인 '갈라(Galla)'인이 내도했고,[22)] 반투인인 캄바인과 세게주(Segeju)인은 18세기에, 1800년

---

20) 스와힐리어 방언에 대한 최초의 연구는 사클레(Sacleux 1909)와 스티건드(Stigand 1915)이다. 스티건드는 라무 방언에 큰 비중을 두어 설명했다. 그 이후 방언 연구는 폴로메(Polomé 1967)와 이스트맨(Eastman 1969)로 이어졌으나 각 방언들의 언어 구조적 특징을 세세하게 규명한 것은 아니었다. 키옹고지(Kingozi)가 스와힐리어의 기원 형태로 알려져 있으나 그 기원지, 분포상태 등에 대하여 서는 의견이 분분하다. Miehe 1979: 6f.

21) 반투확산 이전에 이미 이 지역에 거주했던 민족들로 보이는 이들 수렵-채집민들은 오늘날 언어계통 분류과정에서 탄자니아 핫자인들처럼 그린버그 4개 어족들 중 그 어느 것에도 속하지 않는 것이 있다. 케냐 해안 지역에는 주로 쿠쉬인들이 거주 했던 것으로 보이는데, 남부 혹은 동부 쿠쉬어들이었다. 라무섬 맞은 편 해안에 거주하는 다할로의 경우 흡착음을 갖고 있어 쿠쉬어임에도 불구하고 이미 기층어의 흔적을 여전히 간직하고 있는 것으로 보인다.

22) 지금은 '갈라'라는 명칭 대신 오로모가 쓰이고 있는데 이들은 동북부 아프리카 쿠쉬인들 중 최대

경에는 나일족인 마사이가,[23] 1850년경에는 소말리인들이 내도하였다. 반투인의 북부 이주는 갈라인에 의해 좌절되었다. 예컨대 비리카우(Biri Kau, Buri Kao '메마른 우물')라는 지역은 한때 싱구-아야(Shingu-Aya, 'Gorge of Wonder, 신비의 골짜기')[24]로 불리는 스와힐리 반투인들의 고향으로 구전되어 내려오는 지역이다. 지배자는 보랄리 빈 무웨니 무르(Borali bin Mwenyi Mur)였다고 한다.

2.2 이슬람 시기(8세기이후)

스와힐리 문명의 배경이 되고 있는 지중해와 홍해 및 걸프 지역에서는 다음과 같은 주요 이슬람 국가들이 흥망을 거듭하면서 동아프리카 해안에 다양한 영향을 끼쳤다. 스와힐리 고전 시의 이해를 위하여서는 특히 이슬람 제국의 주요 흐름을 알 필요가 있다. 주요 국가들을 시기별로 나누어 요약해 보면 다음과 같다:

1. 동로마 제국과 비잔틴 왕조(395-1453)
2. 쿠라이쉬 부족과 사산제국(226-651)
3. 우마이야 칼리프(661-750)
4. 압바시아 왕조(750-1258), 1차 십자군 원정(1096-1099)
   이집트의 맘룩 왕조(1250-1517)
5. 터키의 오스만 왕조(1281-1922)와 페르시아의 사파위 왕조(1501-1732).

스와힐리 문학은 원주민을 중심으로 한 구전 문학과 노래, 이야기 등이 바탕을 이루지만 도시국가를 중심으로 형성된 보다 제도적인 운문 형태

인구인 1,700만 화자를 보유하고 있다. 케냐 동남부 해안지역으로 진출해 있다.

23) 나일족 중에는 평원지역으로 남하해온 동-나일인들이 반투거주 깊숙이 접근해 왔으나, 스와힐리인들과 접촉한 것은 19세기 내륙 무역인들이 나타나고 나서야 비로소 비롯되었다.

24) 스와힐리어로는 korongo ya mshangao가 된다.

의 서사문학 우텐디(utendi)와 우크와피(Ukwafi)는 이슬람 종교와 아랍 문학 형태에 크게 자극을 받아 번성했다. 스와힐리 전통 시의 핵심 기저 가치를 구성하고 있는 이슬람 문화와 종교세계를 이해할 수 있으려면 이슬람을 구성하고 있는 다음과 같은 기본 교리 및 실천사항에 관련된 기초 개념들을 먼저 알아야 할 필요가 있을 것 같다(김정위 1981).

A. 기본 교리; 이슬람의 기본 교리는 아래 다섯 가지 요소와 긴밀하게 연결된다고 한다. 그것은 신(알라)과 성서(꾸란), 그리고 예언자(무함마드)[25] 등 세 가지가 핵심인데 그 다음으로 이를 수용하는 무슬림들에 관한 것으로, 신자의 의무(믿음)와 태도(복종) 그리고 실천사항(종교, 믿음, 수신)에 관한 것이다. 스와힐리 어휘인 '디니(dini 종교), 이마무(imamu 종교지도자), 이바다(ibada 예배)'라는 용어도 여기서 나온 것이다.

1) 꾸란(코란), 2) 무함마드, 3) 알라(Allah)[26]
4) 무슬림의 하나님에 대한 의무; ① 믿음, ② 복종
5) 종교(dini); ① 믿음(imani), ② 종교적 수신(ibadat~ibada)

B. 이슬람의 다섯 기둥(arkan); 이는 이슬람 신도들이 실천해야 할 구체적인 사항들을 말한다. 믿음과 신에 대한 간구 혹은 대화(shahadat & salat), 세금(zakat), 단식과 같은 금욕 수행(saum), 성지순례(hajj)가 5가지 핵심인데 이에 더해 종교를 지키기 위한 성전에 참여할 의무(jihad)와 사회적 헌신으로서의 개인적 자선행위(ihsan)가 추가되기도 한다. 스와힐리 전통 시는 종교적 관점에서 보면 오히려 이 같은 실천과 수행을 하기 위한 방편이나 도구 역

25) 예언자 무함마드에 관련된 시 중 특히 탄생에 관한 것을 마울리드라 한다. 전해 내려오는 것으로 Kitabu Maulidi(Neuhaus 1935)가 있다. 이외에 예언자가 등장하는 시들이 있는데 헤레칼(Chuo cha Herkal), 하음지야(Kasida ya hamziya)가 대표적이다.

26) 알라(신)을 예찬한 스와힐리 시로 우카와피 형식의 38개 연(beti)으로 된 Kasida ayi wanqi wangi가 내려오고 있다. 이는 몸바사에서 1783년에 쓰인 것으로 알라 예찬과 다양한 종교주제에 대한 잠언을 담고 있다. Miehe 1979: 27.

할을 한다는 측면이 없지 않다.[27)]

① 샤하닷(Shahadat 신앙고백) ② 살랏(Salat 기도)
③ 자캇(Zakat 종교세) ④ 사움(Saum 단식)
⑤ 하지(Hajj 순례) ⑥ 지하드(성전에 참여할 의무 Jihad)
⑦ 이흐산(사회적 헌신 ihsan)

2.2.1 동아프리카 지역의 이슬람 전파

스와힐리 문학의 기원지라 할 수 있는 파테(Pate)의 연대기에 의하면, 대략 700년경 오마이야드 칼리프 압둘-말릭 이븐 마르완(Omayyad Caliph Abdu'l-Malik ibn Marwan 687-705) 시기에 이슬람이 동아프리카 해안지역으로 전파되기 시작한 것으로 보인다. 참고로 정통 칼리프(후계자/대리인)의 계보를 살펴보면 다음과 같다:

<정통 칼리프 시대>

① 예언자 무함마드(~ 632.6.8)
② 아부 바카리(Abu Bakr 632~34): 예언자의 교우이자 장인
③ 우마르 빈 알-카탑(Umar ibn al-Khattab, 634~44): 페르시아의 사산왕조를 멸망시키고, 비잔틴 제국으로부터 시리아와 이집트를 쟁취하였음.
④ 우스만(Uthman, 644~56)

27) 구연 문학과 달리 문자로 기록된 스와힐리 문학의 생성은 아랍 문자 문학 형식과 이슬람이라는 종교가 핵심적 역할을 했던 것으로 보인다. 스와힐리 문명의 핵심인 문자 문학은 그러므로 이슬람적 성격을 강하게 띠고 있다. 크납페르트는 스와힐리문학을 반투적이기 보다는 이슬람적인 것으로 규정하여 논란을 불러 일으켰다. "Swahili literature is entirely Islamic from its inception in 1728 until the advent of German administration in 1884. /../ Culturally the Swahili are almost completely oriental, and 'Bantu relics', like the cult of ancestral spirit extremely rare today, are by no means exclusively African"(Knappert 1971: 4, 7). 요컨대 초기 스와힐리 시문학은 이슬람의 마울리드(Maulid)와 마가지(Maghazi) 전통을 따른 것들이 핵심을 이루고 있는데 이는 무함마드의 탄생과 헤지라 이후 이슬람 정복전쟁을 다룬 것으로 현지 동-아프리카인들의 삶과는 동떨어져 있는 것이다. cf. Miehe 1979: 16.

⑤ 알리(Ali, 656~61)[28]

알리의 아들 후세인(Hussein)이 680년 살해되는 1차 내란이 일어남으로써 정통 칼리프 시대는 종말을 맞게 되고, 우마이야왕조가 들어서게 된다. 창립자는 예언자의 교우이자 우스만의 6촌 동생이기도 한 무아위야(Muawiyah)였다. 그는 시리아 총독이었는데, 알리에 도전하였다. 우마이야 왕조는 750년까지 지속하여 89년간을 지배했다. 2대는 야지드(Yazid 680-683)이고, 5대가 바로 압둘 말릭(Abd al-Malik 685-705)이었다. 692년 압둘 말릭은 알 하지 이븐 유숩(Al- Hajjaj ibn Yusuf)을 예멘과 헤자즈(Hejaz)의 총독으로 임명했다. 6대 알 왈리드(Al-Walid 705-714) 제위 시 무아위야 왕조는 최고로 번성하여 아프가니스탄, 인도, 스페인을 정복하였고 동아프리카에도 원정군을 보냈다. 이슬람의 태동과 부상에 관련된 역사적 사건들은 기억되고 칭송되기 위해서 인지 저 멀리 동아프리카 스와힐리 해안 지역 전통 시의 초기 핵심 소재가 되어 나타난다. 인간 삶에서 나오는 자연적인 감정이나 보편적 경험에서 우러나온 것이 아니라, 다분히 목적적이고 의도가 게재된 주제들이 우텐디라는 독특한 서사시 형태로 구현되게 되는 것이다.

2.2.2 스와힐리 해안 도시의 상황과 문화

스와힐리 문명의 기원과 생성 그리고 그 구성요소들에 대한 다양한 연구들이 있다.[29] 여기서는 그 세세한 부분을 모두 다루기보다는 스와힐리

28) 예언자 무함마드의 딸 파투마의 남편으로 유일한 직계 혈육인 제4대 정통 칼리프인 알리는 중요한 역사적 전투에서 영웅적으로 등장한다. 그는 비극적 인물인 후세인의 아버지이다. 알리와 파투마의 결혼을 다룬 Utendi wa Fatuma, 이교도와의 싸움을 다룬 Utendi wa Anzarun, Utenzi wa katirifu, 타북 전투를 다룬 Chuo cha Herkal, 이교도의 이슬람 귀의를 다룬 Utendi wa Mikidadi na Mayasa 등 가장 빈번하게 그리고 영웅적 전사로서 알리가 등장하고 있다.

29) 해안 스와힐리인들의 민족지를 총체적으로 기술한 것으로 Prince(1961)가 있고, Salim (1973)은 저자 자신이 스와힐리인으로 서구 식민세력 도래에 이어 변화해 가는 스와힐리 사회를 기술했다. 같은 주제에 대한 결과를 집대성한 최근 저술로 J. Allen(1993), Horton & Middleton(2000), Middleton(1992, 2004)이 있다. 특히 스와힐리인의 정체성과 스와힐리 문화의 변화와 변동을 다룬 것으로 Caplan(2010), Kwon(ed. 2010) 참조.

도시국가의 모습을 크납페르트의 기술을 바탕으로 말린디와 몸바사라는 두 개의 도시를 중심으로 간단히 살펴보고자 한다(Knappert 1979).

1) 말린디(Malindi)[30)]

말린디는 1653년 몸바사에 지저스(Jesus) 요새가 건설되어 다음 세기 포르투갈 지배의 중심지가 될 때까지, 포르투갈의 거점이었다. 게디(Gedi)지역은 약 50년 전 재발견되었는데 현 사바키(Sabaki/ Thika)강의 입구에 자리잡고 있다. 이곳은 말린디와 함께 이슬람 이전 인도 양식의 건축물, 예컨대 궁전과 사원(Jamia), 받침나무 돌출식(corbelled-out) 아치 등을 갖고 있다. 이는 인도양을 따라 확산된 지금껏 밝혀지지 않은 문화 지역으로부터 유래된 것으로 보인다. 동 아프리카인들은 소, 양, 낙타를 사육하였으며, 상아, 백단향, 노예, 진주, 은, 납, 금 등을 교역하였다. 농업으로는 쌀, 사탕수수, 오렌지, 코코넛, 망고 그리고 인도 과일을 재배했다. 직조술로는 파테(Pate)가 유명하여, 면과 비단을 생산했다. 지역에 따라 도기를 생산했고, 중동 및 중국으로부터 자기류를 수입했다. 한편 조선술이 발달하여 소금에 강한 망그로브를 이용해 해양용 선박을 건조하여 아직 까지도 몸바사로부터 사우디아라비아로 수출되고 있다.

2) 몸바사(Mombasa)[31)]

1500년경 포르투갈인들이 도래했을 때 몸바사는 동아프리카 해안도시 중 가장 큰 규모를 유지했다. 1만에서 3만의 인구를 가진 이 도시의 상류계층은 흑인 및 아랍인들로 이슬람교도들이었다. 이 외에도 이곳에는 다양한 카스트(계급)에 속하는 인도인들도 거주했다. 도시에는 많은 도로가

30) 스와힐리 도시 국가들은 서로 경쟁하고 세력을 다투기도 하였고 외세가 들어올 때 그에 대한 반응도 제각각 달랐다. 말린디는 포르투갈 세력에 연합하여 이들의 해안 지배에 공모했지만 오만 아랍에 대항하여 몸바사가 독자적 길을 가고자 했을 때는 파테, 펨바와 함께 몸바사에 연대했다. Miehe 1979:5.

31) 몸바사의 전성기는 18세기 중반 오만 아랍에 저항하여 독자적인 길을 걸어가게 된 마즈루이 가문 시기이다. 1836년 잔지바르의 사이이드 사이드에 의해 몰락할 때까지 몸바사의 황금기는 근 90여 년간 지속하게 된다. 이때 스와힐리 고전 문학의 거봉 중 하나인 무야카가 등장한다.

있었으며, 건물들은 예외 없이 3층 구조물이었다. 동아프리카 해안은 당시 먼 거리에 있는 인도네시아보다 이슬람 세계와의 교역이 더 중요했다. 중세 상류층의 물질문명은 적어도 대부분이 유럽의 물질생활 수준과 같았으나, 다만 성격이 더 동양적이고, 이슬람 문명적이라 할 수 있다. 나침판과 항해지도를 보유했고, 인도양 항해 지식을 보유하여, 1498년 당시 캘리컷, 봄베이와 가장 가까운 상업 유대를 유지해가고 있었다.[32)]

32) 몸바사라는 스와힐리 도시를 배경으로 스와힐리 문화의 핵심적 특징을 바탕으로 그 형성과 전파, 그리고 정체성에 대한 현지 조사연구로 Glassman(1995)가 있다.

3. 스와힐리 운문 문학의 연구

스와힐리 고전 문학-텍스트를 해석하고 그 주제를 올바로 이해할 수 있기 위해서는 이 같은 문학이 태동하게 된 스와힐리 해안지역의 정치와 역사 문화에 대한 이해가 필요하다. 하지만 역으로 주어진 텍스트의 내용을 분석해 보면 스와힐리인들 특히 저자들이 어떤 덕목과 가치를 삶의 과정에서 중요하게 여겼는지 알 수 있다.[33] 특히 시를 짓고 기록하며 이를 유통시키거나 주어진 의례 행사 중 낭송하는 일련의 문학적 소통행위가 사회적으로 어떤 의미가 있는지를 밝히는 것이 중요하다.[34]

다음에 주어진 예는 제목이나 저자가 없이 구전되어 내려오다가 기록되어 남게 된 몇몇 시구들이다.[35] 이 자료들을 바탕으로 스와힐리인들이 추구했던 가치나 태도를 살펴볼 수 있을 것이다. '왜 글을 쓰는가?', '왜 시를 짓는가?' 하는 본질적인 과제로서 현대 아프리카 문학을 논의할 때 꼭 등장하는 질문이기도 하다. 스와힐리인들은 왜 시를 썼던 걸까? 인간의 삶에서 모든 것이 그러하듯 시를 쓰는 것과 문학을 연구하는 것에 있어서도 '근면

---

33) 스와힐리 전통 시를 바탕으로 나는 스와힐리 문명의 핵심 가치들을 여섯 가지로 규정한 바 있다. 그것은 자유(ungwana), 청결(usafi), 명예(fakhri), 문명(ustarabu), 비밀(statari), 종교(dini)인데 스와힐리 전통시의 이해에 필수불가결한 것으로 보았다(Kwon 2010: 111).

34) 스와힐리 전통시는 문자로 기록된 문학이지만 본질적으로는 스와힐리인들의 축제 기간 동안 공연되기 위한 목적으로 지어졌던 것으로 보인다. 축제는 다시 종교적 의미가 있는 것이 많았는데 마울리디가 특히 그러했다. 일반적으로 시는 여성들에 의해 낭송 되었는데, 종종 저자를 알 수 없는 것들이 있다. 하지만 어떤 것들은 여성작가가 직접 쓴 것들이 있었는데 쿠포나(Mwana Kupona)와 압둘라만 이야기(Abdurrahman)가 대표적이다. Miehe 1979: 19.

35) 여기에 인용된 전통 시는 Knappert(1979: xi)에서 온 것들이다. 같은 책에서 인용한 예문는 그 출처 표시를 편의상 줄여 K.xi로 표시하고 그 이외의 출처는 별도로 밝힐 것이다.

과 노력(bidii)이 주어져야 만족할 만한 작품이 탄생한다'는 메시지가 다음 시 표현에 나타나 있다. 전통시의 핵심은 압축된 메시지가 어떤 형식을 통해 언어적으로 표현되고 있는가에 있다고 본다. 몇몇 사례를 통해 우선 전통 시의 형태적 측면[36]과 의미적 측면이 어떻게 어우러져 있는지를 살펴보고자 한다. 언어의 본질적 특질인 형태와 의미 사이의 관계를 문학적 표현으로 넓혀 살펴보고자 하는 것이 이 저술의 핵심 관심사이기도 하다.

1. Bei ni bidii ukitalii.[37]
   작업하는 데는 근면이 가치 K.xi
   cf. Kama ukitaka kushughulikia, lazima ujue bei ya kazi itokana na bidii yako. 만약 네가 뭔가 작업을 하고자 한다면 작품의 가치는 너의 노력에 달렸다는 것을 알아야 할 것이다. [38]

위 시 구(ubeti)는 네 개의 단어(word)로 이루어졌고 모두가 /-i/로 끝남으로써 각 운을 형성하고 있다. 스와힐리 시에서 각 운은 형식적 아름다움을 넘어 영창을 위해 긴요한 요소로 작용한다. 시인은 스와힐리 어휘를 통달

---

36) 노래나 수수께끼 등의 구술적 표현이 형식화되어 시각적 문자로 표현될 때 가장 짧은 형태는 속담과 같이 하나의 행(kipande)으로 이루어진 경우이다. 그것은 시라고 하기에는 너무 짧아 그저 하나의 경구나 속담으로 불리는데 많은 유럽 학자들(Taylor 1891, Steere 1870, Velten 1898)이 이들을 수집하여 기록했다. 경구도 전후 소절이 대비될 수도 있고 단지 하나의 표현으로 된 더 짧은 것이 있다. Likitoka lote. '(해가) 나올 때, 말려라!' 인데 4:2 음절이 대비를 이루고 있다. ***N**-daa ya lé-**o**, ni shi-ba ya ké-sh**o**.* '오늘의 배고픔이 내일의 배부름'에서는 5:7음절대비로 확대되고 있다. 이 같은 형식의 확대는 2행시로, 3행시, 4행시, 5행시로 더 커지며, 이들이 모여 연(verse, beti)을 구성한다. 이 연이 모여 utendi, ukawafi가 되는 것이다. 그 크기에 따라 수십 혹은 수백의 연이 된 것들이 있는데 전형적인 utendi 서사시이다

37) 하나의 행으로 이루어진 1행시로 경구적 형식이다. -talii*, v. 조사하다, 관찰하다, inquire into, look into, examine, cf. -chungua, angalia. '네가 연구하고자 한다면 근면과 성실성에 따라 그 보상이 주어진다'는 의미

38) 산문으로 명시적으로 표현한다면 이런 식의 긴 복문이 될 것이다. 시의 기교, 기법에서는 가능하면 표현형태를 줄이는 데 있다. 형태를 줄여 각운을 맞추고, 음절수를 맞추며 의미적으로는 여운을 주게 된다. 암리 아베디(Amri Abedi 1954)는 시를 짓는 방법(sheria za kutunga mashairi)을 논하면서 단어와 음절수를 줄이거나 늘려('kufupisha maneno ya shairi na kuyazidisha, kupunguza mizani) 형식의 아름다움과 격을 도모해야 한다고 역설하고 있다. 예컨대 nduguye > nduye, ni ya > nda, nimeona > mbwene를 예시하고 있다. Miehe 1979: 20.

하여 메시지 전달에 앞서 단어의 배열에 심혈을 기울여야 한다. 음성의 일치 다음으로 중요한 형태적 특질이 음절(mizani)이다. *Be-i ni bi-dii, u-ki-ta-li-i.* 1행은 두 개의 소절로 이루어졌고 이는 다시 전후 음절수가 5:5로 대비된다. 이는 영창을 할 때 언어구조가 갖는 균형과 대칭을 바탕으로 미묘한 음악적 효과를 발휘하게 된다. 언어의 시적 기능이 이 같은 음운적 자질을 통해 나타나게 되는데 이는 시인이 갖게 되는 독특한 능력이다. 예민한 청자나 독자는 바로 이 언어적 특질들을 바탕으로 시의 아름다움과 감동을 공유하게 된다. 이 짧은 구절은 단순하게 단정할 수 없는 내포적 의미, 혹은 함축적 의미[39]를 지닌다. 맥락(context)에 따라 혹은 주어진 청자에 따라 이 구절의 의미는 다양하게 해석될 수 있다. 굳이 해석을 해보면 '좋은 작품은 근면함, 성실성의 결과요 보상이다.'라 이해될 수 있다. '근면이 좋은 작품의 전제조건'이라는 뜻이다. 직역하면, '네가 조사할 때, 가격이 근면이다.' 다시 말하면, '네가 뭔가 만들고자 집중을 할(-talii) 때, 만들어진 작품의 가치(가격, bei)는 네가 기울인 노력(bidii)에 비례한다'라는 의미가 될 것이다. 주어진 전통시가 갖는 형태와 의미 양 측면은 이해와 분석의 핵심 과제가 될 것이다.

스와힐리 전통시의 형태와 형식에 대한 상세한 논의는 잠시 미루기로 하고 문자 문학의 태동에 관한 것을 살펴보고자 한다. 요컨대 이는 스와힐리어의 기록에 관한 사항인데 이는 초기에는 아랍 문자로 표기됐었다. 그러다가 서구인들의 도래 이후 로마자로 변환되기에 이르렀다. 이 과정에서 여러 가지 문제들이 나타났다. 아랍어는 다른 셈어들[40]이나 고대 이집

39) 일찍이 언어 철학자 오스틴이 화자가 말하는 것과 의미/의도하는 것을 구분해야 한다고 말했듯이 언어표현은 자구적(literal) 의미와 함축적(implicational) 의미가 있다. 시는 화자의 의도를 독자가 추론과 유추를 통해 그 의도된 내포(intentional, implied) 의미를 찾아 공감하는데 문학적 소통의 의의가 있는 듯하다. cf. 권명식(2011:113-114).

40) 셈어는 고대 이집트어, 베르베르, 차드, 쿠쉬, 오모어와 함께 아프로-아시어 어족에 속하는 언어이다. 셈어의 북동 분파는 고대 아카드어, 바빌론어, 앗시리아어 등 메소포타미아어들로 이루어져 있고 북서분파에는 아람어, 카나안어(페니키아, 히브리어)가 있다. 아랍어는 남서분파에 속하는데, 아랍어는 다시 소통이 불가능한 모리타니아의 하사니아, 이집트-아랍어, 슈아, 수단 아랍어, 알제리 일상 아랍어, 리비아, 몰타 아랍어 등 12개 언어로 구성되어 있다. 셈어에는 홍해를 건너 에티오피아로 이주해 온 암하릭, 티그레, 티그리냐, 구라게, 하라리 등 에티오피아 셈어가 있는데

트어처럼 모음이 셋이다. 표기에서도 초기 이집트 상형문자에서는 표기되지 않았고 아랍어에서는 3개 모음 [a, e, i]만 표기된다. 스와힐리어 모음은 5개이므로 [e, o] 2개는 나타낼 수가 없다. 그러므로 표현상의 중의(ambiguity)가 나타나 스와힐리어를 아는 사람이 맥락을 바탕으로 알아서 읽어가도록 해야 했다.[41] 스와힐리어 음운체계와 아랍어 음운 체계상 차이에서 비롯된 표기상의 문제는 자음인 경우에도 나타난다. 스와힐리어 자음인 [p, ch, g, v]음이 아랍어에는 없다. 그러다 보니 이와 근접한 다른 자음인 [b, sh, k, ğ, f] 등으로 표기할 수밖에 없었다. 더 나아가 스와힐리어의 선비음화음 [mb, nd, ng]을 표시할 수 없어 극단적인 경우 bibi '여자', pembe '뿔'이 동일하게 표기되었다(Miehe 1979: 31). 이는 시각적 글자 표현에서 크나큰 흠이 아닐 수 없었다. 로마자 표기로 바뀌면서 스와힐리어에 나타나는 모든 음운들을 표기할 수 있게 됨으로써 이 같은 단점이 해소되게 되었다. 아랍어 문자에서 볼 수 있는 형태적 아름다움은 없을지 몰라도 의미전달에서 그 명료함을 확보할 수 있게 되었다.

한편 작가들에 관한 사항으로 지난 200년 간(1650-1850) 아랍 문자를 사용한 스와힐리 시인들은 예외 없이 거의 모두 회교도들이었다. 그러므로 그들의 신화와 세계관을 이해하기 위해서는 '이슬람 세계와 그들의 문화'에 대한 이해가 필수 불가결하다고 할 수 있다. 요컨대 예언자 모하메드와 관련된 서사시적 전통이 스와힐리 초기 전통 시 쓰기에서 수립되었다. 신 앞에서 길을 잘못 든 인간들, 죄를 진 일반 대중들이 즐겨 소재로 등장하였고, 시작(詩作) 활동은 기꺼이 신의 영광으로 돌려졌다. 그리하여 구연 노래나 시에서 흔히 그러했듯이 글을 쓴 저자는 자신을 밝히지 아니함으로써 주체가 모호한 경우가 허다했다. 속세의 일상생활을 묘사한 경우는 많

이들은 남부 아라비아어 계열이다. 권명식(2004: 223-226).

41) 아랍문자로 된 스와힐리 텍스트를 로마자로 옮기는 작업을 transliteration(표기전환)이라 한다. 중간 모음이 없기 때문에 표준 스와힐리어의 wewe(우리들)는 wiwi로, nyota(별)는 nyuta로 표기되었다. 단어의 첫 음으로 나타나는 모음 [a]는 반모음 [w, y]로 표기되었고, 반대로 스와힐리어의 반모음인 [w, y]는 생략되어 kwangu > kagu, alivyo > alifu로 표기되었다. 그러므로 아랍문자 표기 스와힐리어 시-텍스트를 로마자로 옮기는 데는 실수와 오류가 적지 않게 나타나게 되었다. Miehe 1979: 30.

지 않았고 후대에 와서야 비로소 나타나기 시작했다.

한편, 기록 문학의 소통에 관련된 기술적인 문제로서 스와힐리 전통시의 경우, 기록문학으로서 종이의 보존이 어려웠던 것 같다. 1800년 이전의 것으로는 불과 6개 정도가 남아 있고(Knappert 1979: xii), 그 이전의 것들은 이름만 알려져 있을 뿐이다. 예컨대 아이다루시(Aidarusi), 무웽고(Mwengo) 그리고 그의 아들인 아부 바카리(Abu Bakari), 무야카 가사니(Muyaka Ghasani) 등이 그들이다. 무야카(~1837?)만이 그의 작품을 통해 알 수 있는 유일한 경우이다. 무웽고는 1720년대 파테 섬에 살았다는 사실을 알 수 있다. 문헌들은 대개 오래된 가문들의 개인 소장으로 되어 있다고 한다. 최근 작가들에 대한 전기가 없으므로 안타깝다고 크납페르트 교수는 술회하고 있다(ibid. xiii).

3.1 언어 문제

스와힐리 고전 서사문학[42]을 연구하는 데는 많은 어려움이 있다. 그 중에 하나는 언어의 문제이다. 스와힐리 고전 문학어는 현재 표준 사전(ITLC, Johnson 1939)에 수록되어 있는 어휘의 2배 이상이라고 보고 있다. 그러므로 사전에 수록되어 있지 않은 어휘에 대한 의미연구가 선행되어야 한다.[43] 그러나 스와힐리 고전 어휘에 대한 연구는 부진한 실정이다.[44] 현

42) 스와힐리 고전 서사문학을 연구함에 있어 초기로 올라가면, 구비문학에 기초를 둔 노래(Song)와 시(Poetry)의 구분은 어려워진다. 후자의 경우 기록된다는 특징이 있으나, 스와힐리 고전 서사시의 많은 부분이 기록되지 않은 채 구전되어 내려오고 있다. 토속 아프리카문학 대부분이 그러하듯, 이들 문학은 춤(Dance)과 긴밀히 연결되어 있다. 그러므로 노래는 다시 춤곡의 성격을 띠는 경우가 허다하다. 예컨대 이후 소개될 리옹고의 시는 궁구(gungu)라는 독특한 낭송적 무곡의 형식을 띠고 있다(cf. J. Knappert(1979: 66). 이런 구전 시들은 후일 연구가들에 의해 수집, 기록되어져 그 운율들을 확인해 볼 수 있게 되었다.

43) 고전 스와힐리어의 음운 및 형태적 특성에 관한 연구로는 Miehe. G.(1979) 참조.

44) 스와힐리 전통시의 연구에서 아랍어 문자의 로마자 표기전환에서 나타나는 문제 다음으로 중요한 것은 다양한 방언들의 문제일 것이다. 발화언어와 달리 문학어의 경우 스와힐리어는 Kiongozi, Kigunya, Kipate, Kisiu, Kiamu, Kimvita 등 6개 방언으로 축소되고 있다. 현대 표준 스와힐리어의 근간인 Kiunguja가 제외된 것은 문학어의 경우 아주 후에 나타나게 된 점도 있으나, 많은 학자들이나 시인들의 생각이 그러하듯 오히려 키웅구자가 오염되었거나 외부 영향을 많이 받아 순수한

대 시인의 경우에도 모르는 어휘를 수차례에 걸쳐 직접 질문해야 했다고 고충을 토로한 스와힐리 서사시 연구가인 얀 크납페르트(J. Knappert)도 스와힐리 시 전문가인 야야 선생(Muallim Yahya Ali)의 자문을 받았다고 한다. 이에 덧붙여 아랍어문학, 코란 및 회교 전통에 대한 전반적인 이해가 필요하다. 초기 스와힐리 문학은 아랍작품의 번역물이었던 것이다. 예를 들면 17세기의 '하음지야(Hamziya)'가 그러하다.

스와힐리 전통 고전 시를 연구함에 있어 가장 흥미로운 사실 중의 하나는 이를 표현하는 어형태가 어느 방언이었을까 하는 것이다. 라무, 파테, 시유, 몸바사 등의 북부 도시들이 자주 거론되곤 했지만 이와 달리 스와힐리어의 기원은 키옹고지라는 믿음이 있어 왔다. 예컨대 쉬하부딘 치라딘은 "Waswahili wana madai yao kuwa Kiswahili cha asili ni Kingozi(스와힐리인들은 본래의 스와힐리어는 키옹고지라고 주장하고 있다)"라는 말을 하면서 반투조어(Proto-Bantu)에서 분기되어 온 스와힐리어가 키옹고지 단계에서 다시 표준 현대 스와힐리어로 발전되어 나갔다는 3단계 변화 가설을 제시했다(Miehe 1979: 9). 하지만 다른 지역 방언들과 달리 이 키옹고지가 어느 지역에서 쓰이고 있는지, 그리고 지금 그 후예가 있는지에 대한 것은 아무런 합의가 없다. 이 어형태는 미헤의 기술에서 나타나듯이 하나의 문학어였던 것으로 보인다. 현대 영어에 대비되는 초서의 영어나, 일상언어로 사멸되었으나 문자어로 면면히 이어져 내려온 라틴어처럼 오직 문학어 총체로서의 스와힐리어가 키옹고지였던 것 같다. 히친스는 키옹고지가 가장 오래된 스와힐리어 형태로서 파테 궁정에서 사용되어졌으며 웅고지로 알려졌던 파테 아래 지역에서 쓰였다고 주장했다. 키옹고지는 현대 스와힐리어와 달리 아랍 차용어가 덜하며 문법의 어형변화가 반투조어에 가깝

문학어로서 깨끗하지 못하다는 여론들이 있었던 듯하다. cf. "For the best and most original dialect of Kisuahili itself, the people of Patte, Lamu, Malindi, Mombasa and Tanga claim pre-eminence over the inhabitants of Zanzibar and Pemba. And it must be admitted that the Kisuahili spoken at Zanzibar has a very large infusion of Arabic and other foreign words. The Mombassians, therefore, consider the dialect of Zanzibar as the 'maneno ya Kijingajinga', i.e. the language of ignorant people, or of newly arrived slaves and other foreigners" Krapf 1882: XI. Miehe 1979: 8. 결국 북부 6개 방언이 스와힐리 전통시의 언어였던 것 같다.

다고 주장했다(Hitchens 1939: 17, Miehe 1979: 9). 초기 스와힐리 문학 연구가들은 키옹고지에 대해 많은 주의를 표명했는데, 크라프의 경우 키옹고지가 말린디에서 쓰였다고 주장했다(Kraph 1882: 150). 한편 스와힐리어 문법과 사전을 편찬한 바 있는 사클레는 키옹고지가 문학어이자 고어형태임을 환기시켰다("un dialecte poétique et arcane exclusivement littéraire /../ une forme libre, qui vise au purisme et à l'archaisme.." Sacleux 1909). 해리스(Harries 1962: 14)와 크납페르트도 비슷한 견해를 토로했는데 키옹고지의 응고지(Ngozi)가 양피지, 종이를 뜻하므로 문자화된 어형태를 가리킨다고 보았다(Knappert 1968: 57). 키응고지 형태를 보면 다른 지역 방언들과 달리 음성적 차이가 있다기보다는 어휘적 차이가 핵심을 이룬다는 점에서 다른 방언과 다른 문학어 변이형임을 알 수 있을 것이다. 미헤(Miehe 1979: 10-14)는 키응고지를 제외한 5개 지역 방언들을 음성 및 문법적 특징을 바탕으로 제시했다.

① Kigunya(Kitikuu, Bajuni) ② Kipate
③ Kisiu ④ Kiamu
⑤ Kimvita

이 책에서 다루고 있는 전통 시 텍스트들은 이미 기존의 학계에서 출판된 것들이다. 크납페르트(Knappert 1979), 압둘라지즈(Abdulaziz 1979), 비어스텍커(Biersteker 1996)의 저술의 원본은 영어 해석본이 병존해 있기 때문에 스와힐리어 텍스트 분석 및 해석에 참고하였다.[45] 그럼에도 불구하고 많은 경우 현대 스와힐리 사전에 나타나지 않는 어휘들과 표현의 경우는 주어진 맥락을 바탕으로 추론하지 않을 수 없었다. 의미의 모호함이나 중의

45) 이와 달리 미헤(Miehe 1979: 24-29)는 그녀의 고전 시 연구 분석에서 20개 작품을 대상으로 하고 있다. 무함마드의 승천을 다룬 Mi'iraji, 예언자 아내 아이사의 삶을 다룬 Mwana Esha, 예언자의 딸을 그린 Utendi wa Fatuma, 이슬람으로 귀의한 Abdurrahman, 이교도의 부적을 소재로 한 Anzarun, 예언자의 망토 Kishamia, 우화적 이야기 낙타와 사슴 Ngamia na PHaa, 우크와피 형식의 답관시 '진주', 기도문 dua, Hamziya, 잠언시 Kasida, Katirifu, Herkal, Kupona, Mashaibu, Mikidadi na Mayasa, Ayubu, Quiyama 등이 그것인데, 이 책에서 다루는 것들과 중복되는 것들이 많다. 해당 부분에서 필요한 경우 출처와 해설에 참고하고자 한다.

성이 때로 작품의 묘미를 더하는 측면이 있으나, 어찌 됐건 언어적 표현에 대한 의미의 결여는 중대한 결함이 아닐 수 없다. 이런 부분들은 후일의 연구과제로 계속 남게 되었다.

3.2 스와힐리 시를 썼던 목적

시를 쓰는 목적은 시대와 작가에 따라 다르지만, 스와힐리 사회에서의 시작(詩作) 활동의 목적을 크납페르트(Knappert 1979)는 다음과 같은 정신적 고양, 수신과 교육 등 몇 가지로 요약하여 이해하고자 했다. 오늘날, 우리가 중시하는 문학적 소통이라는 측면이 당시에는 별 의미를 지니지 못했거나 적어도 아주 제한된 범위 내에서만 의미가 있었던 것 같다. 지리적 분산과 교역이라는 문화 특성상 스와힐리어 사용 집단이 지니고 있는 응집력 결여나 계급적 분리 등의 이유로 기껏해야 잘 알고 지내는 문학적 지인들 사이에서만 몇몇 필사본 중심으로 이를 나누어 읽었던 것 같고, 그 기록들은 현대에 이르기까지 유명 문중의 상속 소유물로 숨겨져 내려왔던 것 같다. 결국, 문학 활동은 일차적으로 개인의 인격 수양이나 정신적 고양이라는 내적 목적으로 크게 제한됐던 것으로 보인다.[46] 서구 문물의 도래에 따른 문학의 전문적인 연구 조사가 오히려 사장될 뻔했던 고전 전통 시들이 세계 도처 연구가들과 학생들의 소중한 문학적 소통 매체로 작용할 수 있게 하였다.

현대 아프리카 문학에서 흔히 나타나는 아프리카 사회집단의 정체성이나, 접촉으로 야기되는 문제점들을 고발하고 인식, 계몽시키는 현대적인 의미의 목적은 별반 나타나지 않고 있다. 이것은 시대적인 변화와 스와힐

46) 하지만 문학적 활동은 보기에 따라 아주 다른 양상을 보여준다. 작품의 창작은 일차적으로 저자의 개인적인 사항이라 할 수 있으나, 그 작품의 공연, 낭송, 축제나 집단 의례 시 수많은 군중들 사이에서 연출됨으로써 창작이라는 개인적 차원을 넘어 집단 문화와 정체성 창출 및 보전 그리고 확대라고 하는 더욱 사회적인 기능을 수행하게 되는 것이다. 이슬람이라는 종교의식과 그에 따른 교리의 가르침은 그 어느 것보다 사회적 기능을 지닌다고 볼 수 있다. 문자적 기록을 통한 쓰기와 읽기라는 소통 채널이 갖는 개인성(singularity, Attridge 2005)은 문학적 기능의 여러 기능 중 일부, 즉 하나에 불과하다는 것을 알 수 있다.

리인들의 세계 인식 변화의 추이를 반영한 것으로 보인다. 후대에 이르러 스와힐리인들의 의식이 현대화됨으로써 이 같은 문학적 의도와 목적이 서서히 나타나게 됨으로써 서구 문학이나 현대 아프리카 문학과의 차이의 폭이 점차 감소하게 되었다.[47]

3.2.1 정신적 고양

크납페르트가 지적한 바와 같이 글을 쓰고 시를 짓는 첫째 목표는 작가 자신이 스스로의 정신적 품격을 고양시키는 가운데 나타나는 내면적 즐거움을 구가하기 위함이었다고 말할 수 있겠다. 산업화가 되기 이전 동서고금의 식자들은 보편적으로 자기 성찰과 수양이라는 내면적 노력에 큰 비중을 할애했던 것으로 보인다. 이 점은 오히려 오늘날 작가들이 거꾸로 다시 한번 생각해 보아야 할 부분이 아닌가 싶다. 현대 문학 비평에서 자주 등장하는 윤리(ethics)의 문제는 바로 이 같은 지향점과 맞닿아 있기 때문이다.48)

인간 존재의 격조를 높이고, 자신의 마음을 고양시켜 자신의 품격을 높이고자 하는 것은 인간의 삶을 가치 있게 만드는 지름길인 듯하다. 물론 여기서 그치지 않고 이를 기점으로 이를 성취한 몇몇 주변 지기들과 작품을 나누어 읽음으로써 서로 간의 지적, 정신적 교류를 구가하고 자신들이

---

47) 현대 아프리카 문학의 태동과정에서 나타난 글쓰기 목적으로 흑인의식의 자각, 아프리카 민족의 독립과 자립, 탈-식민주의 이념을 바탕으로 한 아프리카인 정체성 확립 등의 주제는 변화한 현대 아프리카 역사에서 서구 제국주의에 대한 반응으로 새롭게 나타난 것이라 볼 수 있다. 이는 주로 서구 문명을 가까이에서 경험했던 일부 흑인 지성인들에게서 격렬하게 나타났던 것으로 이러한 접촉의 일선에서 멀리 떨어져 있었던 후방의 일반 대중이나, 현대사 이전의 시대에서는 그리 와 닿지 않는 주제였을 것이다. 결국, 글쓰기의 목적이라는 것도 작가의 처지와 시대의 상황배경에 따라 변할 수 있는 것임을 암시하고 있다. 서구어로 쓰인 현대 아프리카 문학의 글쓰기 목적에 대한 논의로 권명식(1986, 1989) 참조.

48) 예컨대 에트리지는 쿳시 문학을 윤리적 차원으로 접근하고 있다(Attridge 2005). 남-아프리카 현대문학을 포함한 흑-아프리카 현대문학에서 그 겉모습이 반-식민, 제국주의 투쟁과 민족해방과 흑인 정체성 회복의 문제를 다룬다 해도 본질적으로는 이 같은 서구 제국주의가 폭력과 지배라는 성격을 지니고 있다는 점에서 인간의 본질적인 문제, 요컨대 인간의 윤리 문제로 귀결되는 것이라 볼 수 있다. 개인적인 차원이든 사회 및 국가적 차원에서 인간들이 범죄를 저지른다면 절대적 미적 가치나 인간 생존권 등 그 어떤 목적과 명분을 내세운다 해도 결코 용납될 수도, 수용될 수도 없는 노릇이기 때문이다. 이런 논리는 아프리카 토속어 문학인 스와힐리 시문학에도 그대로 적용될 수 있다고 본다.

성취한 정신적 경지를 서로 확인했을 것이다. 이런 가운데 상호간의 정신적 고양이라는 애초의 목적은 더욱 상승되어 고조된 감정을 향유할 수 있었을 것이다. 어찌 보면 이것이 문학 활동의 가장 기본적인 일차 동기였을 것 같다. 아래 시는 이런 측면을 잘 나타내고 있다.

2. Mashairi Matamu(달콤한 시구詩句)

Maneno yapendez*ayo*,	huleta mema mat*ayo*.[49]	
아름다운 글귀	고매한 품위를 가져오네.	(K.xiv)

직역하면 '우리를 즐겁게 만드는 단어들이 보통 훌륭한 명성이나 값진 질책을 가져다준다'는 의미이다. {matayo}의 의미에 따라 이것이 '품위, 이름, 명성(sifa, heshima, jina)'이나 '고매한 충만함', 혹은 '만족'이나 '기쁨'으로 해석될 수도 있다. 다른 한편으로는 오히려 부정적 의미로 볼 수 있는 '질책'이나, '교훈'의 의미로 해석될 수도 있는데, 다음에 언급할 문학의 목적으로서 '자기 수행이나 수신'의 의미로 해석될 수도 있다.

스와힐리어 시의 형태적 측면으로 위 표현을 간단히 살펴보면, 하나의 행(line)을 구성하는 이들 두 소절은 전후, 모두 3음절, 5음절로 이루어져 있다. 이는 낭송을 편리하게 하는 효과를 지닌다. 더구나 소위 '각운'이라는 형식을 갖추어 각 절의 끝이 {-ayo}로 맞추어져 있다. 이 같은 형식미를 지켜나가면서, 동시에 내용상으로 인간의 경험이나 사상의 핵심을 글로 다듬어 표현하고자 온갖 노력을 기울이다 보면, 그 가운데 인간의 고매한 품성과 품위가 형성되어 나간다는 삶의 지혜가 표현되고 있다. 여기서 이러

49) tayo, ma- < -taya, v. reproach, rebuke(= shutumu, laumu, suta), (훌륭한) 비난 질책> 교훈, repute 명성. 의미망의 확대에 따라 하나의 표현이 긍정적으로, 혹은 그 반대인 부정적으로 해석될 수 있다. 질책과 교훈(tayo)은 기실 이런 양면적 속성을 지니고 있다. 시에서 언어의 형태와 형식 못지않게 의미의 미묘함이 작용하고 있다. 이 같은 의미의 양면성과 다의성 그리고 모호성은 되풀이되어 나타난다. 스와힐리어의 어휘와 문장 표현이 갖는 이런 미묘한 작용을 감지하는 독자들은 바로 이런 점에서 남다른 감흥과 흥취를 느낄 수 있게 될 것이다. 그러므로 독자에 따라 작품의 이해와 해석이 천양지차로 달라질 수 있다.

한 표현행위에 대한 보상이나, 그로 인한 명성은 부차적이다. 창작활동 그 자체가 목적이 되고 그 과정에서 작가는 나름의 고매한 경지를 은밀히 체험할 뿐이다.[50] 요컨대 스와힐리 시인들이 시를 쓰게 되는 동기라는 것도 다른 세계 유수 시인들과 크게 다른 것 같지 않다. 우주와 삶에 대한 진리 추구, 그리고 자기 수련의 한 과정으로서, 혹은 후학과 후세에 대한 가르침으로 틈틈이 시를 썼던 것으로 보인다.

3.2.2 수신과 교육; 진리 추구의 일환

세상과 인간에 대한 진리를 이해하고자 하는 것이 오직 학자들만의 전유물은 아니다. 시인들은 자신이 깨달은 삶에 대한 직관과 이해를 학자들의 언어와 아주 다른 방식으로 표현해 내고자 했던 것이다. 이들이 자기 재산을 모으거나 세속의 물질을 직접 추구하는 것, 혹은 세간의 명성을 구하고자 하는 세속적 욕망을 만족시키기 위함이 전면에 나선 것이 아니었다. 오히려 그런 유혹으로부터 될 수 있으면 멀리 벗어나기 위한 수양의 한 방편으로 시작활동을 수행한 것으로 이해할 수 있다.[51]

3. kwa nufai siandi*ki* mali ya dunya sita*ki*
nandika kwa Mwenye ha*ki* wana kuwapa wasia.[52] K.xiv

(이익을 구하려 글 쓰지 않고, 세상의 재물을 원치도 않네.
진리를 가진 절대자를 위해 쓰나니, 젊은이에게는 지혜를 주기 위함이라.)

---

50) 서구 모더니스트들이 작품 활동을 하는 태도와 맞닿아 있다. 요컨대 그들은 미적 자의식을 갖고 언어에 대한 고도의 감각을 통해 생성과 창작 행위 그 자체의 의미를 두며 그 안에서 삶과 존재의 가치를 구가했던 것이다. 이 점은 문학(창작) 활동의 극히 주관적인 측면이라 할 수 있다.

51) 베스트셀러 작품을 쓰거나, 영화 시나리오 혹은 흥행물을 만들어 세인의 관심 대상이 되는 동시에 물질적 소득을 구가하는 행위는 자본주의 소비, 시장 개념이 활성화되고 난 후의 현대 서구 사회에서 특히 발전되었던 것으로 보인다.

52) nufai < nafuu*, advantage, gain, progress, food, health, journey. pl. manufaa, haki; justice, right, lawfulness > 신, wasia < *usia, ma-, v. n. 유언, 경고, n. solem charge, last will, warning(=testament), commission). 여기서 '하키'와 '와시아'라는 용어는 이슬람적 종교 세계에서 형성된 고매한 이상이요 가치라 할 수 있는데 이것이 고스란히 스와힐리 작가들의 이상이 되고 있다.

이익이나 유용함을 구하거나, 실제적 효용을 위해 글을 쓰는 것이 아니다. 세속의 재산이나 재물을 원하는 것도 아니다. 우주의 진리, 요컨대 절대자가 갖는 하키(haki '권리, 정의, 진리')에 충실하고자 글을 쓰는 것이다. 그것에 실제적인 목적을 덧붙인다면 후학이나, 아직 세상을 모르는 젊은이에게 와시아(wasia; '가르침, 경고, 충고, 지혜, 길잡이')를 주고자 함이라 할 수 있다.

위의 시에서 볼 수 있듯이 시작의 두 번째 목적은 세속적인 이익 때문이 아니라 진리를 관장하는 신이나 자연, 혹은 운명에 부응하기 위함이다. 스와힐리 시인들의 종교적이고, 탈 현세적인 면모가 엿보이고 있다. 세속적인 의미를 굳이 부여한다면 뒤따라오는 다음 세대 젊은이들에게 먼저 경험한 선배로서 인생에 대한 지혜를 베풀기 위함이다. 그러므로 스와힐리 전통 시들은 내용 면으로는 교훈적이고, 형식 면으로는 잠언이나 격언과 같이 단순하고 콤팩트한 모양을 한 경우가 많다.[53] 예술의 궁극적 목표가 아름다움을 창조하는 것이고, 그 같은 창조과정 자체가 하나의 기쁨이요 구원이라는 깨달음도 다음과 같은 표현에 잘 나타나 있다. 각 소절은 8음절로 이루어져 있고, 끝음절은 -aha/-ali로 반복, 대비되어 나름의 독특한 형식미를 나타내고 있다.

4. Jamali ya ufas*aha*	섬세한 언어의 아름다움
hutuonesha fur*aha*.	우리를 기쁘게 하네.
Hutapata uj*amali*	완벽을 기하지 않으면
usipo taka k*amali*.[54]	아름다움을 취할 수 없으리.

문학은 언어예술로서 언어를 통해 아름다움을 표현한다. 우리를 기쁘게 하는 아름다움(jamali)의 요체는 형식의 완벽성에 있다. 시의 완벽성은 의미

53) 성서의 잠언이나 시편처럼 경구와 경고를 담은 내용을 답관체 형식으로 모은 시들이 '진주'라는 이름으로 내려오고 있다(Dammann, cf. Miehe 1979: 26).

54) jamali < jamala, n. 품위/elegance, 우아함/grace. ufasaha, 미적 취향, 취미, 흥취/aesthetic taste, 형식의 순수성/purity of style, 말이나 문학에서의 적확한 형태/correct form in speaking & literature, kamali < -kamili, v. 완성시키다/complete, finish, 완벽하게 만들다/make perfect, a. ukamili, n.

와 함께, 기법과 어휘구사력과 직접 관련된다. 형태적 아름다움은 동시에 전하는 메시지에 충실하게 봉사해야 한다. 위의 시에서는 스와힐리 시인들의 미학이 함축되어 있다. 언어의 아름다움이 시인들의 마음을 기쁘게 하는 것으로, 그것이 바로 문학의 본질이라 할 수 있다. 요컨대 언어예술에 종사하려는 마음이 으뜸이라 할 수 있다. 그러나 이 아름다움을 창조해 내기 위해서는 완벽(ujamali/kamali)을 향해 각고의 노력을 기울여야 한다.

3.2.3 언어유희: 형식미의 즐거움과 의미의 모호성

특정한 목적을 위해서가 아니라 단순한 언어유희에서 시를 쓴 예도 있다. '목적'을 염두에 두면 이는 이미 인간의 의지나 의도 혹은 욕구가 작용한 것인데, 그렇게 되면 순수한 미적 가치는 감소한다. 이를 초월하려는 것이 예술이라 할 수 있다. 그럼에도 굳이 시작의 목적을 찾는다면 삶의 권태와 무료함을 초월하고자 하는 유희 본능으로서의 고차원적인 방편이라 할 수 있을 듯싶다. 비활동 상태의 경직이나 감각의 소멸상태에서 벗어나 의식의 깨어 있음 상태로 들어가 그것을 지속시켜 나가고자 하는 것은 종교적 참선에서만 이루어지는 것이 아니라 문학적 창작활동 과정에서 오히려 더 구체적으로 구현된다. 이때 창작행위는 유희나 언어놀이로 나타날 수 있다.[55]

아래 시에서 유희의 규칙은 각 행의 끝 두 개 음절이 다음 행의 첫 두음과 동일하게 하는 간단한 것이다. 그런 규칙 하에 모호한 삶의 과정에서 나타난 하나의 에피소드를 간결하게 그러나 함축적으로 묘사하고 있다. 홀수, 짝수 행은 각각 /ua-ani/ 율격으로 대응되지만 연의 마지막 행은 파격

55) 문학에서 유희와 이념은 상반되는 양극단을 형성하지만 미묘하게 서로 조화와 균형을 이룰 때 작품의 가치가 더욱 상승하는 듯하다. 이는 감각의 활성화에서 오는 쾌락과 이성과 합리성에 바탕을 둔 윤리적 가치의 추구라는 고매한 정신작용이 서로 엇갈리는 것을 의미한다. 나는 1987년 소잉카의 소설 '해설자들'을 평하는 에세이에서 이를 '모순의 화합'이라는 제목으로 설명하려 한 바 있다(권명식 1987). 소잉카는 그의 소설에서 서구의 문학이데올로기를 벗어나 요루바 전통의 감미로움과 쾌락의 세계를 그리면서 동시에 식민주의와 독립 이후 나이지리아의 부패와 폭정을 윤리적 차원에서 비판하려 했던 것이다. 시대와 언어, 공간과 저자에 따라 작품의 양상은 달라지지만, 본원적인 이 문제는 계속 따라다닌다.

으로 /ani-ana/로 끝난다. 사소한 듯 보이지만, 고도의 언어유희가 아닐 수 없다. 그러나 내용 면으로 보면 메시지가 일관적이지도 않고, 응집력도 없어 모호하기 그지 없다. 이런 양상 전체가 언어표현 이전 상황으로 삶의 내용에 대한 풍자로 이해될 수 있다.이는 삶에 대한 조롱이며 메시지에 대한 파괴라고도 할 수도 있을 것이다. 삶의 무의미성에 대한 비-언어적 비유일 수도 있다. 언어의 지시적 기능이 은연중 파괴되고 시적 기능이 전경화 된다.

5. Kitangu kitie ua / Ua upate amani;
Mani ya ndizi tukua; / Kua zisiki ndiani
Yani funikia ziwa; / Ziwa liwe kiwandani;
Ndani kuwa mshindani / Ndani pasina maana.
(정원에 울타리를 쳐라 / 꽃들이 평화롭게 필 수 있도록;
바나나의 당밀을 측정해 보라 / 길 위의 나무 그루터기를 뽑아내라
우유는 나뭇잎으로 덮어라; / 연못은 뜰 안에 있게 하고
경쟁을 한다는 게 무슨 소용인가 / 그것은 아무 의미가 없다(Lambert 1954:6-7.)[56]

kitanga는 '돗자리'라는 의미로 첫 행은 '정원에 자리를 펼쳐라'로 해석될 수 있다. ua는 '정원(nyua)'이라는 뜻 이외에 '꽃(maua)'이라는 의미가 있는 동음이의어(homonym)이다. 이는 두 개의 해석을 가능케 한다. 위에 제시한 해석 말고 '정원에 평화가 깃들 수 있도록'으로 볼 수도 있다. 두 번째 둘의 mani는 '무게'라는 의미가 있어서 당밀이라는 위 해석과 달리 '바나나의 무게를 재보아라'라고 해석해도 무방하다. 그 다음 행에 나오는 단어 kua는 '뽑아내다'라는 의미와 함께 '자라나다'의미가 있으므로 '길가에 나무 그루터기가 자라다'로 해석될 수도 있다. 마찬가지로 세 번째 줄의 ziwa는 '우유, 가슴, 연못'이라는 전혀 다른 개념들의 의미를 지닌 동음이의어이

56) kitangu 돗자리; kitalu 울타리, ua; 정원/꽃, mani; 무게, -kua 자라다, zisiki 그루터기?, ziwa 우유/젖가슴, 연못. 위의 자료는 람베르트가 수집한 자료임(ms.)

다. 그러므로 그에 따른 각각의 해석이 모두 가능한 셈이다. 앞에 나온 의미해석과의 일관성이나 지속성이 사실상 거의 없고 각각의 의미들이 그냥 병치되어 나가고 있기 때문에 이 같은 전혀 다른 해석들이 모두 수용될 수 있다. 이런 식의 몽타주 식 단순 배열은 포스트-모던 예술 기법[57]과 흡사하다.

이 같은 배열은 마지막 행 Ndani kuwa mshindani에서도 계속되는데, 위의 해석과 전혀 다른 '그 안에 경쟁이 있다'로 읽을 수도 있다. 요컨대 형식적 아름다움과 달리 의미면으로 보면 동음이의어 나열이고 그에 따라 주어진 의미들은 다중적이고, 모호하다(ambiguous). 이는 역설적으로 삶의 모호함을, 언어로 명료하게 규정할 수 없는 다다를 수 없는 불가지적 삶을 형식을 통해 풍자한 것일 수도 있다. 현실 세계의 실상이 모호하고 부조리하며, 결코 이성이나 합리성으로 모두 설명 될 수 없다는 사실을 서구 모더니스트들도 자각했다. 언어는 본질적으로 합리성과 이성을 바탕으로 처리된 것이지만 문학에서는 이를 극복하기 위한 기법으로 비유나 역설적 표현, 심지어는 모호함과 중의성이 종종 활용되곤 한다.[58]

57) 소잉카의 소설 '해설자들'에서는 몇몇의 등장인물들이 인위적으로 선택되어 나타나고 각각의 인물들에 따라 주어진 화제와 사건들이 펼쳐진다(권명식 1998). 그것은 현대 나이지리아의 현실을 그리는 삽화와 같다. 어떤 주어진 스토리라인을 따르기보다는 다양한 국면들을 하나의 화폭위에 병치시켜 독자들에게 효율적으로 원하는 바를 보여주게 된다. 이는 하나의 유희에 가까운 것으로 저자의 놀이로 풀이될 수 있다. 효율성을 넘어 감각적 즐거움을 제공하는 것이다. 고디머는 '가버린 부르주아 세계'에서 어느 토요일 하루에 일어난 일을 그려 남아프리카 공화국의 인종차별 때문에 보이지 않는 모든 것을 드러낸다(권명식 2003). 그것은 작가의 고도의 자의식과 미적 감각이 없이는 성취하기 어려운 성과인 듯하다. 쿳시의 '포우'나 '마이클 K의 삶과 시대'에서는 보다 과감한 설정과 진행이 독자들의 기대에 아랑곳하지 않고 진행된다(권명식 2006). 이 같은 작가의 유희감각이 없다면 이루어내기 어려운 성과라 할 수 있다.

58) 언어는 형태와 의미로 이루어져 있는데 의미적 측면도 작가는 최대로 활용한다. 일반적으로 의미에 관련된 문학적 주제를 '비유'라는 말로 압축된다. 비유는 다시 은유와 환유, 제유 더 나아가 반어, 역설, 과장, 완곡 등 다양한데 풍자까지 확대된다(권명식 2003:5). 이들의 차이와 의의를 이해할 수 있기 위해서는 언어구조에 대한 이해가 전제된다. 언어표현의 계열관계를 활용한 것이 은유이고, 통합관계를 활용한 비유가 환유이다(권명식 1995: 31). 은유는 대체를 환유는 연결의 원리를 지닌다. 제유는 부분과 전체라는 의미 영역 관계를 이용한 비유이다. 이들은 단어, 구, 문장 등 다양한 크기의 언어 단위에서 적용될 수 있다. 산문 문학으로 텍스트의 크기가 확대되면서 역설, 과장, 완곡 혹은 총체적 차원의 풍자까지 나타날 수 있다. 이와 같은 비유가 이루어지는 의도나 목적을 미학적 차원에서 찾아볼 수도 있고, 인지 언어학이나 문법화 이론가들이 말하듯 인간

3.3 스와힐리 시(詩)의 형식적, 의미적 특징

위에서 이미 살펴본 바와 같이 스와힐리 시는 언어 구조적 특질들이 교묘하게 활용되고 있음을 볼 수 있다.[59] 음장(quantity)과 강세(stress/accent) 혹은 어조(intonation)와 같은 초-분절 요소(supra-segmental elements)와 함께 분절음인 자음과 모음이 결합하여 하나의 음절(syllable)을 이룬다. 시의 형식미의 근간이 되는 이 음절은 개시(onset), 정점(peak), 종결(coda)로 구성되는데 음절 정점이 구성의 핵심이다. 스와힐리어는 개방 음절이지만 아랍 차용어휘에서 개시와 종결 자음 코다가 나타난다. 예컨대 아랍어에 가까운 {her-kal}은 폐쇄음절을 씀으로써 2음절이지만 스와힐리화한 {he-re-ka-li} 개방 음절 구조를 허용하여 4음절이 되고 있다. 음절들은 더 나아가 단어를 이루고 이들이 모여 하나의 소절이 되어 형식 단위의 크기가 확대되어 나간다. 앞뒤 두 소절들은 전후 대칭을 이루어 하나의 대귀(couplet)가 형성된다. 두 개의 소절은 다시 하나의 행(行, line, kipande)을 이루어 더 확대되어 나간다.

Haba na haba kujaza kibaba.
(티끌 모아 태산)

두개 이상의 행, 3개 혹은 흔히 4개의 행이 모여 하나의 연(聯, stanza/verse, ubeti)이 된다.[60] 예컨대 8개 음절이 대귀를 이루어 한 행을 만들고 16개음

의 표현욕구의 다양성에서 찾을 수도 있다. 어찌됐건 이 같은 비유에 대한 이해를 하기 위해서는 보다 언어구조에 대한 보다 과학적인 이해가 전제된다.

59) 시와 같은 운문 문학에서는 자음, 모음, 반모음과 같은 분절음과 음장, 강세, 어조 등 초분절음은 물론 음절수와 구조가 아주 중요한 역할을 한다. 각운과 두운 등의 배열은 미묘한 구조적 형식과 더불어 효과를 나타내기 때문이다. 문자로 기록할 때는 청각적 효과를 넘어 시각적으로도 그 기능이 발휘되어야 한다. 아랍문자와 스와힐리 소리구조가 어울리지 않기 때문에 다양한 형태의 생략이나, 편법이 도입되어 음성적 시각적 효과가 도모되고 있다.

60) Knappert(1979)는 소절을 kipande, 행(line)을 ubeti로 했으나, 여기서는 Miehe(1979: 17)의 연구를 따라 kipande는 행으로, ubeti는 연(stanza/verse)로 썼다.

절 2행으로 된 형식이 이루어질 수 있는데 스와힐리 전통시에서는 이를 특히 우크와피(ukwafi) 형식[61]이라 부른다. 다양한 형식의 변이들이 나타나며 그에 따른 의미적 이미지들이 다르게 실현된다.

시의 구조에 따라 달리 나타나는 다양한 형식들이 갖는 묘미는 음절수와 각운(rhyme, kina)에 있다. 반복되는 동일한 수의 음절(mizani)은 리듬을 자아내고, 소절의 맨 끝이 같은 음으로 끝나면서 역시 동일한 반복적 운치를 만들어 낸다. 우텐디 형식의 서사시에서는 첫 3개의 행의 마지막 음절이 동일하지만 맨 마지막 행은 파격의 묘를 나타내려는 듯 다른 것으로 대치되면서 하나의 연이 끝난다. 그러나 이 파격의 각 운은 다른 연에서 계속 반복됨으로써 연 사이의 관계를 이어주는 형식적 틀로 작용한다.

그러나 완벽한 형식이 제도화되기 이전에 보다 구전 노래 율격에 가까운 많은 민중시들에서 아주 다른 율격이나 규칙들이 나타난다. 예컨대 다음 시는 위에서 제시한 것과 다른 독특한 율격을 내보이고 있다. 반복(repetition)과 복사(copy)가 행과 소절 사이에 이루어진다. 각 소절의 끝음절들과 동일한 음절들로 그다음 소절을 시작해야 한다. 주어진 네 개 행들의 앞뒤 소절의 {ko-li}율격은 기본이다. 다만 마지막 행은 역으로 {li-no}로 끝난다. 그러나 이행 대구(couplet)형식을 취한 이 시의 메시지는 모호하다. 정형화되지는 않았지만 보다 자유롭고 유희적인 속성들이 진하게 배어 있다. 학자들에 의해 수집 기록된 노래들로 기록 전수되는 전통 시들의 전신이거나, 기록된 시들 저변에 민중들 사이에서 오직 구전으로만 홀연히 나타났다 사라지는 장르들이라 할 수 있다.

---

61) 스와힐리 전통시에서 우크와피는 우텐디에 비해 드물게 나타나 보다 오래된 형식으로 평가되고 있다. 한개의 행이 8음절로 되어 있는 우텐디와 달리 우크와피에서는 보통 15음절이며, 11음절로 이루어진 것을 특히 kisarambe라 한다. 오래된 형태로 하음지야에서 쓰인 형식인 2행시가 있는데, 보다 흔하게는 5행시이다. 이를 특히 타크미스(tahamis)라 부른다. 대개는 첫음을 동일하게 하므로 답관체시로 불리기도 한다. 내부적으로 보다 복잡한 운 규칙을 따른 타크미스가 19세기에 나타났는데, 4행시에 내부 운률이 없는 등 우텐디 율격으로부터 벗어나 있다. cf. Miehe 1979: 18.

6. SHAIRI LA SWALI(질문 시, 수수께끼)

Nipa kia: kifuniko	Kiufunikacho wali;
Nipakia: ni kivuko	Nivuke ng'ambo ya pili;
Nipakia: kwa kipako	Ukipakiacho kili
Nipa kia: cha muwili	Cha guu au mkono.

(내게 뚜껑을 주오	밥을 덮는 덮개
나를 태우는 것은 배	나를 건너편으로 건널 수 있게 하네.
내게 고약을 발라주오	타르를 칠한 솔로
내게 몸의 연결부분을 주오	손과 발로 된 부분.)[62]

노래, 수수께끼, 언어유희들은 형식도 짧고 의미도 묘연하다. 이런 유형들은 전통 시가 나타나게 된 배경을 이룬다. 공시적으로 전통, 고전이라는 범주 외곽에서 다양한 형태들로 맴도는 문학 영역이라 할 수 있다. 형식적 단순함이나, 규율의 분방함으로 미적 가치가 떨어지는 것은 결코 아니다. 저자도 없고, 메시지는 불분명하지만, 형식적 규칙은 오히려 단호하여 오로지 그것에 집착하고 있는 게 아닌가 하는 느낌을 준다. 모호한 의미보다 엄격한 형식을 고수하는 이유는 형식이 청각이나 시각적 차원에서 보다 직접적으로 즐거움과 쾌락을 허용하기 때문이다. 현대 문학 비평에서 그 누군가가 문학이 욕망의 표현으로 그것을 읽고 들을 때 즐거움이 나타난다고 했다면 바로 아래와 같은 민중시들이 그 기능에 충실하다고 볼 수 있다. 다음은 '물고기'라는 의미의 수수께끼 시(riddle song)로 견고한 각운과 함께 4-6 율격을 하고 있다.

62) kia; 1) 걸쇠, 관절, 연결부분, 2) 병따개, 뚜껑, -paka > -pakia 바르다, apply, put on board, kili; 타르 칠한 솔.

6a. SAMAKI(a Riddle Song, 4-6 율격)

Furukombe	unauya kuko	물수리여, 너는 저곳에서 오는가?
Je hawako	kule wendeako	네가 가려는 곳에 그들은 없는가?
Ninauya	koko mwendeako	나는 네가 가려는 곳으로 간다.
wamo mumo	kombenimo mwako	바로 네 접시 안에 그것들이 있도다.

(K. 37)

이 같은 유희적 형식미를 창출해 내기 위해 저자는 종종 표준어의 어순을 무시하거나(hali yangu > yangu hali '나의 상태'), 특정한 의미나 메시지를 전달하는 데 있어 표현상 약간의 거리가 있다 하더라도 특정한 소리를 지닌 어휘를 일부러 골라내기도 한다. 때에 따라서는 일상어휘에서 찾아보기 어려운 고어나 외래어조차 흔히 쓰이는 이유가 여기에 있다. 의미보다는 형태에 더 치중하는 모습을 볼 수 있다.

그리하여, 의미적으로는 개념의 모호성이나 중의성 혹은 다의성을 가져다주는 사례가 빈번히 나타나고 있는데, 실제적인 소통적(referential) 기능이 감소된다 해도 언어의 미학적(poetic) 가치는 오히려 증대된다고 볼 수 있다. 해석의 논란 여지를 주지 않는 명시적이고 단일한 표현은 역설적으로 실제 세계의 진실이나 현상을 오히려 축소, 왜곡하는 위험이 있다는 사실을 알고 있는 듯하다. 시어에 나타나는 다소 모호하고, 다의적(polysemious)인 표현들은 주어진 주제를 확정적으로 표현하는 것을 의도적으로 회피한 것으로 간주될 수 있다. 그렇게 함으로써 작가는 독자에게 다양한 해석과 상상의 가능성을 제공하는 동시에 자신이 제시한 의미로부터 어느 정도 자유로워질 수 있다. 특히 깨달은 독자에게만 이심전심의 세계를 이 같은 표현을 통하여 배타적으로 공유할 수 있게 한다는 숨어 있는 전략이 있다. 짤막한 잠언(aphorism)이나 경구(proverbial saying)가 특정한 이미지를 나타내기 위해 인용되기도 한다. 다음은 스와힐리 해안에서 흔히 볼 수 있는 게(kaa)를 소재로 한 모호한 시이다.

7. Kaa kosakwe gendo
Haiba kupungulia,
Hasitawishi mwenendo,
Huenda kidekulia.
Ladha ya nguo ni pindo
Na wawili si mmoya;
Kaa utakumbukia
Mayuto huya mwishoni.[63)]

다리를 잃은 게,
아름다움을 상실하다.
동작을 개선시키지 못하고,
비틀거리며 걸어가다.
옷의 아름다움은 옷깃에 있고,
두 다리가 하나 보다는 낫다.
게여, 기다리면 알게 되리,
후회는 맨 나중에 오는 법.

특정한 메시지가 없이 사소하고 일상적인 것이 표현되곤 하는데, 조롱과 풍자의 의도가 엿보이기도 한다. 동아프리카를 방문했을 당시 종종 나는 이 같은 부류의 노래들을 들은 적이 있었는데, 묘한 느낌을 불러일으켰다. 그것은 그 내용으로부터 온 것이라기보다는 영창과 구연현장의 독특한 분위기에서 야기된 것으로 보인다. 요컨대 문학적 수행의 맥락이라 할 수 있는 공동체의 성격이 오늘날 우리가 알고 있는 서구사회나 고도로 산업화된 그런 사회가 아니므로 이런 식의 문학적 수행은 그것이 존재하는 맥락의 이해와 경험 없이는 그 가치를 공감하기 어려울 것이다.

다음은 펨바(Pemba)의 고어 방언으로 쓰인 시이다. 대개는 읽히기 위한 것이 아니라 영창 되기 위한 것임으로 하나의 노래(nyimbo) 가사라 할 수도 있다. 각 행과 소절 모두가 {-aa}로 맞추어져 있다.

8. Siumwa ni njaa
miaka sabaa;
Hiparamka pwaa
kwenda zinga kaa.
Henda mkandaa,
himuona kaa.

---

63) gendo; claw of crab, lobster =gando, koleo, haiba; 매력, 우아함, 세련미, 아름다움 beauty of countenance, appearance, 외모, 용모, 생김새. -stawisha; 번영하게 하다, 발전시키다, 개선시키다. deka; 뽐내다, 거만하게 굴다, -dekua; 떨어뜨리다(열매나 새를 돌이나 막대기로 쳐서).

Gando moja hitwaa	mkoba ukejaa.
Himchukua kaa.	Akipikiwa kaa
Himlya kaa.	Vumba losi likanitapakaa.
Nilipomlya kaa	Seona shiba wala seona njaa.

나는 7년 동안이나 굶주렸네. 그래서 게를 찾으러 해안으로 내려갔네.
맹그로브 나무로 다가가 게 한 마리를 발견했네. 게 발을 잡아넣으니 바구니가 가득 찼네.
나는 게를 잡아 요리하여 그걸 먹었지. 비릿 내가 내 몸에 가득했네.
게를 먹고 났지만 배가 부른 것도 아니고, 고픈 것도 아니었네. ibid. p.9.[64)]

이 시는 아주 짧고 간단한 에피소드를 그리고 있다. 그리하여 얼핏 보면 왜 이런 사소한 이야기를 굳이 시의 내용으로 삼고 있을까 하는 의문이 들기도 한다. 펨바 섬, 해안에서 빈번하게 나타날 그런 친숙한 이야기가 우리에게 전달하고자 하는 것은 무엇일까? 형식적 단순함과 각운, 음절의 정형적 대비에서 나타나는 형식미는 영창시 즐거움과 듣는 이에게는 의미와 무관한 감미로운 쾌락을 제공한다. 하지만 그것이 전부는 아니다. 의미가 도외시 된 듯하지만 그 모호함과 중의성으로 독자는 여러 가지 심오한 삶의 진리를 유추해 낼 수 있다. 하지만 그것은 너무나 평범하고 그래서 누구나가 알고 있는 그런 보편적 진실이기도 하다. 그러므로 그걸 별난 것처럼 떠벌린다면 오히려 우스운 일이 되고 말 그런 내용들이다. 굶주림과 그에 따른 식욕, 그것을 해소하기 위한 모색과 방황 - 이것이 인간들의 일반적 행태의 기저 동기가 아닌가 싶다. 욕망은 성욕, 소유욕, 권력욕, 명예욕 등 다양하게 확대되어 나가지만 본질적으로 굶주림에 바탕을 둔 식욕과 크게 다를 바 없다. 그것을 해소시키기 위해 사람들은 떠돌아다니는 것이다.

64) ni > na, paramka; shuka, paraga, climb down, 손발을 써서 나무를 타다, 올라가다. hi > ni, -zinga; 돌아다니다, 배회하다, tafuta, tarajia, mkandaa; mangrove; mkoko, -twaa; 잡다, 취하다, take, vumba; fish smell, 비린내.

마침내 사람들을 그것을 해소시켜줄 수 있는 대상을 발견하게 된다. 그리고 게를 잡아 요리하여 먹음으로써 식욕을 해소시키듯 우리의 다양한 욕망들을 채워나가는 것이다. 기쁨과 만족감이 뒤따른다. 욕망의 충족과정에서 행복감을 맛보게 되는 것이다. 그런데 그게 다는 아니다. 비린내가 몸에 가득 배게 된 것이다. 예기치 못했던 부수물들이 있게 마련이다. 완벽한 쾌락과 행복을 위해 그것을 제거시킬 수는 없다. 그것은 항상 함께 따라온다. 저자는 중도의 도를 체득했는지 배부른 것도 아니고 고픈 것도 아닌 상태에 이르게 된다. 평범하고 무미건조해 보이기는 해도 살아본 사람은 이것이 삶의 진리라는 것을 공감할 것이다. 공감할 수 없는 독자들에게는 아무 의미가 없는 헛소리에 불과하겠지만 그렇다고 해서 강하게 독자의 이해를 강압하거나 요구하지는 않는다. 우리나라 선승들이 진리를 체득하고 난 기쁨을 노래한 오도송과 흡사한 데가 없지 않다.

의도적으로 내용을 모호하게 하여 적나라하게 말하기 곤란하지만 흥미로운 내용을 전달하는 것은 다양한 맥락에서 나타난다. 다음은 푼지(Funzi) 방언으로 된 짧은 시이다. 구바구바는 한 소녀를 유혹하는 데 실패했지만 뜻밖에 그녀의 어머니를 유혹하는데 성공하게 됐다는 야릇한 내용이 숨겨져 있다.

9. Gubaguba, kwa nini kumkaradza?
Mamakwe yunalo la kujisichidza Iliyowima.

어떤 이유로 그 여자가 구바구바를 거부했지?
주저하는 그를 일으킨 이는 그녀의 어머니였어.[65)]

남녀 간의 성과 사랑의 문제는 사회규범과 윤리 문제와 걸려 모순되고 부조리한 면들이 함께 나타난다. 윤리적 문제를 초월할 정도의 깊은 인간

---

65) -karadza ~ -kataza; < kataa; 거절하다, -wima; be erect, be straight, -sita; 주저하다.

적 상호 관계 정황이 독자에게 설득력을 있게 하기 위해 현대 산문 문학에서는 아주 길고 긴 텍스트를 전제로 한다. 그럼에도 윤리적인 문제는 계속 남는다. 짧은 시에서는 그런 정황을 묘사할 여유도 없고 특정 시각을 강변할 여지도 없다. 그러나 분명히 존재하는 진솔한 진리와 메시지는 여전히 남아 있다. 독자들과의 명시적 소통을 유보한 채 암시적으로 삶의 또 다른 차원의 감동적 신비적 영역을 슬쩍 드러내 보인다. 의도나 계획과 무관하게 거의 우연적으로 성사된 남녀 간의 성이나 사랑의 즐거움은 다른 그 어느 것보다 숭고하고 가치 있으나 이성적으로 혹은 논리적으로 독자들을 설득할 방법은 없고 또 그럴 권리조차 없는 것이 현실이다. 부는 바람처럼 슬쩍 암시할 뿐 그 이상의 요구나 호소는 없다.

다음은 스와디(Sheikh Swadi bin Ali)라는 라무 출신 시인이 지은 노래이다. 영어 차용어(bye > bai, darling > dali)의 음절을 활용하여 스와힐리 각 운을 맞추고 있다. 외래어와 외래 개념이 들어온다 해도 스와힐리 시를 구성함에 있어 하등 어색함이나 뒤틀림이 없이 자연스럽게 스와힐리 시 형식에 융합되어 있다.

10. Hai*fai* kutoyuwa yangu *hali*
나의 건강을 몰라주면 안 된다네.
nili hai kwako siweki *badali*
난 아직 살아있지만 당신에 대한 사랑, 바꿀 수 없어,
gudi *bai* yani*siki* mai *dali.*
잘 가시오 내 사랑, 나는 아파 누었네.[66] K.34

스와힐리어에는 기원이 다른 수많은 차용어휘가 들어와 있고 또 진입해 오고 있다. 아랍어에 이어 영어 및 프랑스어 어휘들이 물밀 듯이 들어오고 있다. 코드 전환(code switching)이나 거리 일상어(Kiswahili cha Mitaani)와 달리

66) 많은 영어 차용어가 마치 스와힐리 시어처럼 녹아들어 있다; good bye > budi bai, sick > siki, darling > dali로 스와힐리 음운화 되어 있다.

[67] 전통 스와힐리 시 형식에 들어온 차용어휘들은 철저하게 스와힐리 음운규칙에 적용되어 기존의 어휘들과의 차별을 불가능하게 하고 있다. 원저자를 알 수 없는 아래 '음주의 노래'에서도 외래어인 영어 어휘들을 스와힐리 시 음절과 각운에 맞게 절묘하게 맞추어 작가의 메시지를 경쾌하게 전하고 있다.

11. Wa *wapi*　　wanywao biya　　맥주 마실 자는 어디에 있나?
wisi*ki*　　na champeni.　　위스키와 샴페인은?　　K.34

12. 무도의 노래(a dance song from Chaga; 6-6율격)
Bibi nakupenda　　'penda moyo wako
Kama wanipenda　　nipe koti lako
Bibi sikujali　　wewe hunipendi.
Kama wanipenda　　nipe shuu lako.　　*K. 38*

(아가씨 나는 당신을 사랑해　　당신의 마음을 사랑해
당신이 나를 사랑한다며　　당신의 코트를 내게 벗어줘
아가씨, 나는 상관치 않아요.　　당신이 날 사랑치 않는다 해도.
만약 당신이 나를 사랑한다면　　내게 당신의 구두를 벗어 주어요.)

본격적인 전통시가 등장하기 전 노래와 수수께끼, 잠언과 속담 등의 표현들은 풍부한 구전 세계의 아름다움과 여유로움을 담고 있다. 이런 요소들은 후일 전통시의 중요한 자산으로 작용하게 된다. 다음은 속담과 유희가 뒤엉킨 나시르의 현대 시이다.

---

67) 샤바 스와힐리어와 내륙 스와힐리어의 차용어 및 코드전환에 관한 논의로는 권명식(1983, 1997, 2011: 제7장) 참조.

13. Ahmad Nassir

Mtaka mawili	ni nzito mja.	둘, 모두 원하는 자는, 무거운 사람	
huwa ni thakili	iwapo ni haja	필요로 한다 해도, 보통은 곤란한 자.	
Tende na asali	teua mmoja.	야자 아니면 꿀, 하나만 고르시오.	K.38

제2장 초기 작품들

<Gedi>

제2장 초기 작품들

이슬람 도래 이전 시기에 형성된 시들은 형식과 주제에 있어 이후 확립된 우텐디 서사시와 판이한 양상을 보인다. 단적으로 규정한다면 구연적 성격이 아주 강하다고 할 수 있다. 그 정점에는 후모 리용고가 있으나, 이 작품도 기실은 구전으로 내려오던 것을 후대 작가들이 고정된 우텐디 형식에 맞추어 새롭게 개작한 것이다. 리용고 이외의 초기 작품들은 그러므로 구연 상태로 떠돌 뿐 구체적으로 기록되지 않은 것이 대부분이다. 초기 스와힐리 연구가들이 수집하여 기록한 후 지금까지 내려오는 많은 작품들이 있으나, 그것에 대한 상세한 연구는 아직 정립되지 않은 상태이다.

구전되어 내려오는 시나 노래는 한없이 많지만, 그 기원을 알 수 없고 오직 신화적으로 떠돌 뿐이다. 형식을 갖추어 문자로 기록되어 전해 내려오는 것은 지난 몇 세기의 것에 한한다고 볼 수 있다. 예컨대 다음 시는 300여 년 전에 지어진 것으로 보이는 것으로, 스와힐리인들의 전설적 고향 '숭구와야'와 인근 스와힐리 문학의 태동지역에 관한 내용을 담은 흥미로운 노래이다.

12. Tulia na fuma　　　　ngumi na koyama

네 개 섬들의 이름이 전하여 오나

Pana kiwa　　　　Sikisahauni

거기에 하나 더 있음을 나는 잊지 못하니,

kiwa cha Shingwaya　　　　waume tataya

그 이름 숭구와야 섬, 사람들이 있어,

walifuma laya kwa muvi mumoja
화살 한 방으로 사냥감을 맞추누나!
mangine wa ngweni kwa nyuti shinguni
다른 것은 줄로 매고, 멍에로 목을 씌웠네.[68)]

소말리아 남단 해안으로부터 국경을 넘어 케냐로 내려오면서 수많은 도서가 해안을 따라 배열되어 있는데 바로 여기가 스와힐리 인들의 초기 근거지였던 것으로 보인다. 키스마유 남단으로부터 코야마, 운구미, 바주니, 출라, 시맘바야, 키와유, 사유, 파테, 라무 섬으로 이어져 나가는 데, 시에서 언급된 4개 핵심도서는 아마도 시유, 파테, 라무 그리고 바주니 일 것 같다. 왜냐하면 이들이 나중에 나올 우텐디 서사시에 가장 많이 언급되고 있기 때문이다. 주바강 유역의 부리카부(Burikavu)는 전설적인 지역으로 언급되어 있지만, 스와힐리어의 기원지는 더 아래인 사바키강 하구였던 것으로 역사-비교 언어학자들은 주장하고 있다(Nurse & Hinnebusch 1993). 라무 섬 아래 타나강 하구에는 전설적인 스와힐리인들의 고향 숭구와야가 있었던 지역으로 보인다. 이 섬에 대한 언급은 비단 스와힐리인들 뿐만 아니라 인근 반투민들인 미지켄다는 물론이고 좀 더 내륙에 위치한 세게주, 캄바, 메루, 키쿠유 등 케냐산 거주민 사이에서도 민족 기원 신화 및 구전 역사에 등장하고 있어 사실 여부와 무관하게 동아프리카 해안 및 중부 반투민들의 심리적, 신화적 기원 실체로 강하게 의식 속에 각인되어 있다.

흥미로운 것은 숭구와야 섬 인근에 살고 있는 구석기 수렵 채집민들에 대한 언급이다. 이 지역의 민족 이동에 대한 연구를 보면 반투민 이주와 북부에서 내려온 쿠쉬민들이 주종을 이루고 있으나, 기실은 이들 두 핵심 민족 이전에 이미 잔류족들이 거주해 왔던 것으로 보인다. 이미 다 소멸되

68) 스와힐리 구전에 의하면 그들은 숭구와야(~싱그와야, Shingwaya)라는 전설적인 섬(kisiwa, kiwa) 마을에서 기원했다고 한다. 그들은 사냥에 능통하여 화살 하나(kwa muvi mumoja, msale)로 사냥감(laya, gerenuk이라는 동물)을 명중시키고 또 다른 이들은 밧줄(ngweni)이나 그물로 동물을 잡아 그들의 목(shingo, shinguni)을 멍에로(kwa nyuti) 옭아맨 것으로 보인다.

었거나 사라져버려 정확히 증명할 방법은 없으나 역사비교언어학적 최근 연구 결과에 의하면 이들이 그린버그(Greenberg 1963)가 제시한 네 개 어족 이외의 오래된 다른 어족들에 속해 있었으며 멸종 내지는 소멸화 과정에서 마지막으로 남아 있는 잔류 언어 그룹이라는 사실로 의견들이 압축되고 있다.[69] 위 시의 마지막 두 행에 나타나는 내용은 바로 이 내륙 수렵민들의 생활 행태를 그린 것으로 아프리카 선사 연구에 중요한 자료라 할 수 있겠다. 내륙민들에 대한 기술은 이후 리용고 이야기에서도 다시 등장하고 있다.

스와힐리어 문화권을 지배했던 정신적 기초는 이슬람이었던 것으로 이해되곤 한다. 그러나 이슬람이 전파되기 이전 사회, 그리고 이슬람의 사상이 미처 파급되지 않은 내륙 오지 영역에서는 영웅숭배 사상이 도시 왕국을 중심으로 나타났던 것으로 보인다. 기록문학을 보유하지 못한 내륙 토속 반투 민들의 사상은 구전을 통해 전해 내려오고 있으므로 여기서는 논외로 한다. 스와힐리 문학사상 가장 오래된 것으로 알려진 민족 영웅시인 후모 리옹고(Fumo Liongo)의 시에서 우리는 이슬람 도래 이전의 영웅 찬양 기류를 엿볼 수 있다.[70] 그러므로 이 서사시를 굳이 문학장르 상으로 분류를 해야 한다면 하나의 찬양시라 할 수 있을 것이다.

---

69) 그린버그 분류 이후 새로운 언어분류 결과 요약에 관한 내용은 Dimmendaal 2001, 2008, Blench 2006, 동아프리카 쿠쉬어 분파의 분포에 대한 것은 Tosco (2003) 참조.

70) 후모 리옹고는 스와힐리 문화 전통상 스와힐리인들에 의해 '민족적 영웅'으로 떠받들어지는 전설적인 인물이다. 이 인물이 실제적으로 언제 살았었는지에 대하여서는 설이 분분하다. 크납퍼르트는 대강 1690이나 적어도 그 이전에 그가 죽었을 것이라고 조심스럽게 추정하고 있는데, F. Grenville은 1580년(그의 책 Chronology of African History, 1973에서)으로, J. Kirkman도 그의 책 Man and monument on the East African Coast에서 리옹고가 1600년 전후에 살았던 인물로 추정하고 있다. 다만 W. Hichens만이 1230년경에 리옹고가 이미 살았었다면서, 당시 파테의 왕 무하마드 1세가 리옹고가 살았던 샤가 혹은 샹가를 점령했다고 주장했다. A. Werner는 리옹고가 1600년경 파테와 타나강가의 샤카사이의 권력투쟁에 관련된 인물로서, 파테의 왕 다우디는 이슬람교도였고, 리옹고는 이미 당시 포르투갈의 영향을 받은 기독교도였다는 가설을 제시하고 있다. 리옹고와 그의 동생 음링구아리에 관한 히친스의 요약은 이미 권명식(1991:6-7)에 소개한 바 있다. 리옹고에 대한 다른 연구로 Mbele(1986), Shariff(1991)가 있음. 이 영웅에 대한 표기는 Liyongo(리용고), 혹은 Liongo(리옹고) 등 다소 변이가 나타나는 데, 여기서는 인용 및 기존 연구자의 표기를 존중하여 두 가지를 함께 쓰되 텍스트에 대한 설명 및 해석은 주로 리용고로 하였다.

1. 후모 리용고(Liyongo Fumo 1150~1204)의 전통[71)]

스와힐리 문학사상 가장 오래된 시인으로 구전되어 내려오는 인물이 리용고 후모이다. 라무 출신의 이 시인에 대한 전설(傳說)과 시가들이 구전으로 면면히 전해 내려오고 있는데, 이들을 모아 최초로 기록한 이는 영국 성공회 소속의 에드워드 스티어(Edward Steer) 주교(主教)이다. 이 이야기는 그의 책 `잔지바르 원주민들에 의해 전해지는 스와힐리 이야기(Swahili Tales as told by the natives of Zanaibar, 1870)' 속에 수록되어 있다. 리용고 시인에 대한 전설은 후일 다른 많은 스와힐리 시인들에게 영감을 주곤 했는데, 가장 잘 알려진 작가는 키주음와(Muhammad Kijumwa)이다. 그는 '리용고 후모의 이야기(Utendi wa Liyongo Fumo, 1913)'라는 작품을 새롭게 정리하여 출판하여 세상에 알려지게 되었다. 리용고라는 전설적인 인물에 얽힌 비극적 이야기의 내용은 대강 다음과 같다.

라무의 지배자요 리용고의 아버지인 왕 후모가 죽었을 때, 그의 신하들은 적자인 작은 아들 음링구아리(Mringwari)를 왕위계승자로 선택한다. 그들은 작은 아들을 더 선호했는데, 큰 아들 리용고는 후궁 소생 서자였던 것이다. 형은 동생을 암살하려 한다. 하지만 동생은 이 사실을 알아채고 큰 잔치를 벌여 힘센 형을 술에 취하게 했다. 그런 다음 그를 잡아 감옥에 넣는다. 감옥에 갇힌 리용고는 탈출할 마음을 먹고, 하

71) 권명식 1991: 6-7, 1996: 97-102 참조. Fumo Liongo에 대한 연구서로 Meinhof(1925), Werner(1926), Klein-Ahrendt(1985), Mbele(1986)가 있다.

> 녀에게 '도움의 노래(Nyimbo ya Saada)'를 부른다. 은밀한 노래가사는 어머니에게 줄을 빵 속에 숨겨 들여보내 달라는 내용이다. 이 노래는 가장 오래된 스와힐리 형태를 지녔다고 알려져 있다. 이와 동시에 형은 동생 왕에게 마지막 소원으로 '궁구(Gungu)축제'를 벌여 달라고 요청한다. 도리 상 동생이 이를 승낙하여 잔치가 벌어지고, 리용고가 작곡한 노래가 불려진다. 그러나 리용고는 이 소란한 잔치를 틈타 어머니가 준 줄로 사슬을 끊고 도망치는데 성공한다.
>
> 그러나 얼마 후 그는 자신이 가장 신임하는 자기 아들에게 살해되고 만다. 그의 아들은 성인이 되었을 때 삼촌인 왕에게 매수되어 사내다움을 과시하게 위해 아버지를 배반하고 영웅인 그를 성공적으로 살해한다. 이는 그만이 전사인 리용고가 오로지 구리칼로만 살해될 수 있다는 비밀을 알고 있었기 때문이다. 리용고가 죽은 후 그의 도시(Shagga)는 파테의 왕 오마르에게 파괴된다.

리용고는 아킬레스(Achiles)나 지이크프리트(Siegfried)와 같이 결코 패배를 모르는 불사조 영웅으로 나타난다. 그러나 그는 일반 사람들에게는 알려져 있지 않지만 치명적 약점을 소유한 인물이다. 그 비밀은 그의 친아들에게만 알려져 있다. 그러나 그는 역설적으로 바로 그 아들에게 파멸 당하고 만다. 이는 '영웅 몰락'의 전형적인 모티브를 그린 이야기라 할 수 있다. 동생 음링구아리는 연회(宴會)를 베풀고 참석한 모든 손님에게 차례로 야자나무에 올라가 야자를 따오게 하는 놀이를 제안한다. 리용고가 올라갔을 때 그를 쏘아 살해하려는 은밀한 계획이 있었다. 그러나 리용고는 활을 쏘아 야자를 떨어뜨림으로써 함정에서 벗어난다. 그는 지혜와 자긍심(自矜心)을 지닌 영웅으로 묘사되고 있다. 리용고에 나오는 서사시 일부를 발췌하여 이 시가 갖는 몇몇 주제들을 살펴보고자 한다.

1.1 광야의 노래(The Song of Wilderness)

4.	Mwana wangu nakusumulia	아이야, 나 너에게 말해주리
	ya Liongo fumo wa vishaka	광야의 왕, 리용고의 이야기
	hana kufu huishi huria[72)]	사슬에 매임 없이 자유로이 살았네.
	wamfanya fumo wa nyika.	사람들은 황야의 왕으로 모시었지
5.	Hali wali, havai hariri	쌀밥은 안 먹고, 비단옷도 안 걸쳤네.
	hula wimbi na nyama ya mwitu	대신 야생 수수와 숲의 동물을 먹었네.
	huikata na yake hanjari	그는 단도로 그걸 잘랐지만
	wala hali masazo ya watu	그래도 남이 남긴 건 먹지 않았다네.
6.	Hugawiwa bada ya kukatwa	칼로 잘라 모두에 나누어주고
	kwa usiku huchezea ngoma	밤이 되면 북소리에 춤을 추고
	hukalia pamoya na watwa	야인들과 더불어 거주하며
	huwafunza kitabu kusoma.[73)]	책 읽기를 가르치네. (K.70-71)

이 시는 청중들, 예컨대 아이들에게 들려주는 이야기 형식을 취하고 있다. 구전 문학적 성격을 여전히 간직하고 있다. 리용고 이야기는 이미 하나의 전설이 되어 있다. 그는 사슬에 얽매이지 않고 자유롭게 사는 인간으로 묘사된다. 그로부터 왕권을 탈취한 그의 동생 음링구와리는 도시의 왕궁에서 호화롭게 살지만, 관습과 문화, 법, 규칙과 같이 인간이 만들어 놓은 구속으로부터 벗어나 있지 못하다는 것이 암시된다. 그러나 광야로 쫓

72) "The hero Liyongo is characterized as a man who searches for freedom not only in the physical sense, but also in spiritual. The value of ungwana is extended to braveness of not being afraid of death, also of being discomfort." Kwon 2010: 10.

73) (-sumulia < -simulia, narrate, tell a story, 얘기해 주다 fumo < mfumo, chief, 왕, 추장 kufu; kufuli, padlock, 사슬 hariri; silk, 비단 wimbi; wave, matama, mawele, (야생)수수, hanjari; scimitar, 언월도, mtwa, wa-; 난쟁이, 야만인, dwarf, pigmy)

겨난 리용고는 현실적인 권력은 상실했지만 자유로움을 만끽하면서 살아가는 인간이다. 야인들은 그를 추장으로 모시고 따른다. 궁성의 쌀밥 대신 야생수수를 먹으며, 비단옷을 못 입고 야생고기를 먹으며 살아가지만, 남이 먹다 남은 음식을 먹을 만큼 비천하고 궁색한 것은 아니다. 오히려 남은 고기를 야인들에게 나누어 베풀고, 밤이 되면 그들과 어울려 춤을 추고, 더 나아가 그들에게는 글을 가르친다. 초야에 내려와서도 품위와 위엄을 잃지 않고, 오히려 도시에서 누리지 못하는 자유를 구가하는 삶의 모습을 리용고를 통하여 저자는 표현하고 있다.

위 시의 형식적 특징은 각 연은 네 개의 행(line)으로 이루어져 있고, 각 행은 다시 나름의 운(rhyme)을 띤 소절(kipande)을 중심으로 연(stanza)을 이룬다. 전후 두 개의 연들이 각각 -ia/-ka, -ri/-tu, -wa/-ma로 율격을 구성하고 있다. 각 행의 음절수는 10개로 이루어져 있는데 전후 소절(kipande)이 4-6 음절로 낭송하는데 용이하게 되어 있다.

1.2 영웅의 노래: 죽음과 고난을 두려워하지 않는 영웅적 삶

Mwanangwa ni fili	해탈(解脫)자는 코끼리와 같아
hafi kwa *ulili*	침대에 누워 죽지 않나니,
hufa kwa *jabali*	기꺼이 산악(山岳)에서 죽는다.
kwalo kondo kali.	열렬한 싸움터에서
Nijiwapo neme	때가 되면, 날 일으켜 주오!
moyo usiname	내 마음이여 흔들리지 말지니
niwe *gombe dume*	황소처럼 되고 파라.
kiukisha mbuzi	염소를 쫓는 황소처럼
nife dondo wazi	드러난 상처(傷處)와 함께 죽게 하소서
ndi fumo wa Ozi[74]	오지의 왕, 나 리용고. K.75-76

74) kondo, -, 전장, 싸움터, -nema; 굽히다, 구부리다. -nama 휘기 쉬운, 구부리기 쉬운.

스와힐리 문학에서 지향하는 인간은 '무와낭구와(Mwanangwa)'로서 이 의미는 '해방된 자', '구속으로부터 벗어난 자', 요컨대 '자유로운 인간'을 의미한다. 리용고는 영웅이자 해탈자이다. ulili는 본래 '사당'[75]을 의미하지만 여기서는 잠자기 편안한 곳, 침대의 의미로 해석했다. 이와 대립되는 개념이 jabali(ma-)인데, 바위(rock), 절벽(cliff)을 의미한다. 흔들림이 없이 나아감을 황소(gombe dume)에 비유했다. 'nife dondo wazi'는 드러난 상처와 더불어 죽겠다는 것인데 이는 죽음을 두려워하거나 기피하지 않고 적극적으로 맞이하겠다는 의지 표명이다. 삶에서 가장 두려운 적은 사실상 죽음이고 이를 극복한 자가 진정한 영웅이라 할 수 있다.

도시(都市)나 왕궁(王宮)내에서의 안락(安樂)한 삶을 오히려 경멸하며, 전투에서의 온갖 위험에도 불구하고 검소한 가운데 명예(名譽)와 자유를 추구하는 리용고의 생활철학이 잘 나타나 있다. 리용고에 대한 설화는 이슬람교의 도래 이전의 영웅담적 성격을 잘 내보이고 있다. 다음은 광야에 나가 스스로 청빈(淸貧)한 삶을 살아가면서 그곳 야인(野人)들의 가난하지만 소박하고 순박함을 찬양한 노래이다.

1.3 은둔자(隱遁者, 貧者)의 노래

7. Nikiyala matunda mwituni	내가 숲 속의 과일을 먹을 때,
sihitaji vyano vya jumbani	왕궁의 접시는 필요치 않네.
ni mkata nitalipa nini	가난한 내가 무엇을 지불할까?
Tashukuma wivu la ngaani	나무 위의 과일을 흔들어,
Wakaambuwa watwa mufungeni	사람들에게 모이라 명령하니
Siye mtu ndiye kama jini	사람이 아니라 귀신같이 빠르구나.
Hawafungi, wapenda wageni.[76]	그들은 구속을 싫어하고 손님을 좋아하네.

75) shrine, place where blood offerings are made to spirits

76) -wiva, 곡식이 익다. wivu; 열매, chano, vy- 쟁반(음식), mkata, 불쌍한 사람, 가난한 자.

호화로운 삶을 배격하고, 검소하고 청빈한 가운데 정신적 자유와 평화를 구가하고자 하는 마음이 그려져 있다. 사람들이 숭상하는 영웅이 갖는 가장 중요한 덕목 중의 하나는 그가 그 어딘가에도 얽매이기를 싫어하는 것, 혹은 그 누구도 얽어매려 하지 않는 것(hawafungi)이다. 스스로 홀로 자유로운 인간이다. 그런데 바로 야인들도 바로 그런 삶을 살아가고 있다. 두 번째 덕목은 그들을 찾는 손님을 기꺼이 맞이하는 것(wapenda wageni)인데 이는 모든 인간들에 대한 믿음과 자비심에 기초된 것이다. 이는 궁성 안, 권력의 핵심에 있는 왕이나 귀족들의 세계에서 찾아보기 어려운 덕목이다.

Enyi wau, watwa wafundeni	당신들도 이들에게 배우라
chakulani kinisitawiye.	어떤 음식이 더 나를 살찌게 할까?
Kwamba kwema kwenye shukurani	그들에게 감사의 말 전하라
apowaye ataliwaaye	한번 그들을 받아들이면 어찌 잊을 손가!
Wa shakani *wenzi mashakani*	광야의 야인들은 어려울 때 친구라
sisahau kamwe fadhiliye.[77)]	그들의 품성을 결코 잊지 못하리. (K.74)

광야의 야인들은 비천하게 보일런지 모르지만 정작 어려운 때에 가장 진실 된 친구(wenzi mashakani)가 될 수 있는 사람들이다. 리용고는 광야에서 야인들과 격의 없이 청빈한 삶을 살고, 그 같은 삶에 대하여 궁색함이나 수치감을 전혀 느끼지 않는다. 오히려 야인들과 잘 어울리며, 비록 야만적이기는 해도 그들이 가진 미덕을 찬양한다. 자유롭게 살아가는 것, 손님들을 흔쾌히 맞이하는 것 등을 바탕으로 야인들이 겉보기와 달리 얼마나 고귀한 품성을 지니고 있는가 하는 것을 말해준다. 물질적 풍요로움과 무관하게 가난하고 비천한 야인들도 고귀한 품성을 얼마든지 가질 수 있음을 노래한다. 그리고 역설적으로 이것이 바로 영웅인 리용고가 추구하는 덕목임을 암시하고 있다.

---

77) -sitawi; 잘 발육하다. powaye/ -pokea, mashaka, < shaka, 의심, 불안, fadhili; 친절, 호의, 은혜.

1.4 황야의 노래: 왕위 쟁탈전에서 밀려 황야로 도피한 리용고의 이야기

8.	Ewe mwana nyamaa siliye	아이야 울지 말고 조용히 하여
	kasikiye Fumo wa Bauri	바우리 왕의 얘기를 들어보렴.
	kasikiye Fumo *mkengiye*	속임 당한 어느 왕의 이야기,
	mudanganywa *nyuo* la amiri.	왕위 선출과정에 속아 넘어
	Yuasiye jina, yu*asiye*	명성을 버리고 그는 떠나버렸지
	kwa shuwara Fumo Muringwari.	아무 말 없이 링구아리를 떠났네.
	Ata shake muwewa siliye	아이야 울기를 그치고
	pulikiza yangu yalojiri[78]	무슨 일이 있었는지 들어보렴.
9.	Washrungwa wapozewe mali	용병들에게는 돈이 주어졌었지
	kumzenga fumo wa Bauri	바우리 왕을 나가 찾아내도록,
	akacheza Liongo na Watwa	리용고는 야인들과 놀고 있었네,
	na muwewa Mbwasho mushamiri.	애인 음부아쇼와 더불어.
	Wakanenda wasowene simba	그들은 돌아 다녔지만 사자를 찾지 못했네.
	yushishiye *msu* na hanjari	그는 칼과 단검을 꼭 지니고 다녔지
	wakarudu kwa umoja wao	그들은 모두들 함께 되돌아가
	kumwambia Fumo Muringwari	왕 음구와리에게 고하였네.
	kawezeki, Liongo ni moto.	리용고는 불과 같아 당할 장사 없어요.
	si kiumbe huyule ni nari.[79](K.74-75)	그는 죽지 않으니, 불과도 같구나.

처음 단락에서는 낭송자가 아이들에게 들려주는 형태를 취하고 있다.

---

78) mkengiye; (< -kenga, 속이다, 사기 치다.), -kengia. nyuo; 책 표지, 칼집. amiri; 명령자, 왕, -asi; 불복하다, 거역하다, 폭동을 일으키다. shuwara > *shwari, n. 고요함, shaka; 의심, 의혹, -pulika (> -pulikiza); 경청하다, 순종하다. -jiri(= -tokea); 어떤 일이 발생하다.

79) washrungwa? mamluki(용병); -poa; become cool, improve health, -poza; cure, heal, comfort, quieten, 위로하다. -zenga; 찾다, 탐색하다. mushamiri, -shamiri; 장전하다, 고정시키다, 조립하다. msu; 칼/sword, upanga, wakarudu < -rudi, nari; 1) reed, 2) fire.

음링구아리에게 추방당한 리용고의 이야기이다. 음절은 고정되어 있어 낭송과 암기하기에 편리하다. 각 소절의 끝은 한결같이 {-e/-i}로 맞추어져 있다. 그다음은 {-i/-a}, {-i/-o}로 변형된다. 리용고에 대한 전설적인 이야기들이 시 형식으로 펼쳐지고 있다. 그는 왕위계승과정에서 그의 이복동생 음링구아리에게 속아 명성과 부를 버리고, 아무 말 없이 왕궁을 떠난다. 그러나 동생은 용병에게 돈을 주어 그를 잡아오게 한다. 이들이 리용고를 찾아보니, 그는 칼과 단검을 지니고 애인 음부와쇼, 그리고 야인들과 춤을 추고 있다. 용병들은 돌아가 그가 결코 대적할 수 없는 영웅이라는 사실을 고백한다. 여기서 리용고는 내면적으로는 고귀한 덕목을 갖고 있고, 바깥으로는 그 누구도 상대할 수 없는 용맹스러운 영웅으로 묘사되고 있다. 이슬람 사상이 스와힐리 시의 대 주제가 되기 전, 영웅숭배사상이 주요 주제가 되고 있음을 엿볼 수 있다.

1.5 정원에서의 사랑 모험(The Adventure in a Garden)

이 시는 리용고가 젊은 여성을 찾아 성애적 사랑을 성취해 나가는 과정과 신비로운 체험의 결과를 암시적으로, 비유를 써서 모호하게 묘사한 것이다. 영웅이라 하더라도 다른 평범한 남자들처럼 성에 관한 최초의 불안하고 신비로운 체험을 함축적이지만 진지한 언어 표현들로 그려내고 있다. -ma/ni 율격으로 3행: 1행으로(AAAB) 시작하여 중간에 ABBA식 -ao/ni,ni -ao 율격이 나타나기도 한다. 기본 음절수는 4:6 음절이다. 총 6연 시이다.

Bisumilla nabudi *kalima*	신의 이름으로 나의 얘기를 시작하노라,
niyaseme ‘takayoyasema	말하고자 하는 바가 표현되기를!
niongolwe na wangu *mtima*	솔직한 나의 마음에 의해 인도되어,
wasikizi wawe furahani.[80]	듣는 자들이 모두 기뻐할지니.

---

80) Bisumilla; 신의 이름, kalima; n. 진술, 선언(statement, declaration), cf. kalamu, mkalimu; 선생, 단어, 말(neno, ma-), mtima, mi-, 심장, 마음(moyo).

실제 세계에서 체험했던 신비스런 경험이나, 깨달은 내용을 언어로 기술하기는 어렵고 더 나아가 상대방에게 같은 내용을 이해시키기는 더욱 어렵다. 저자는 이미 이런 측면을 이해하고 있는 듯하다. 언어의미의 불안정성과 더 나아가 언어적 소통의 불완전함을 말한다. 그래서 저자는 겸허한 마음으로 신을 끌어들인다. 인간의 이성과 계획, 능력을 뛰어넘는 영역으로 가고 있는 것이다. 특히 성적 체험을 표현하고 소통하는 데는 자칫 오해와 선입견으로 본래 의도했던 바를 성취하기 어렵기에 십상이기 때문이다.

'Kiawia *mundani* kinenda	나는 고기를 낚으러 나가게 되다
mbwene mti mnazi mkinda	코코넛 어린 가지를 보게 되었지
na walindi wenye kuulinda	그걸 지키는 여러 경비원들이 있었네.
wali papo chini ya mubuyu[81]	한 바오밥 나무 아래서.

사랑으로 들뜬 마음으로 거리를 배회하는 저자의 마음을 적나라하게 표현한다면 미학은 손상되고 말 것이다. 그렇지만 인간의 삶에서 그러한 애욕의 감정을 부정하거나 억누르는 것도 현명한 일은 분명 아니다. 저자는 스와힐리 해안 문명에서 흔히 거론되는 소재를 써 비유하고 있다. 고기를 낚으러 가는 일, 코코넛 농장, 경비원, 바오밥 나무.. 이런 것들은 일상적이고 평범한 경험 대상들이다. 이런 일상의 사건들 뒷면에는 사랑을 찾아가는 청년의 속 감정이 숨겨져 있다.

'Kiwambia enywi mlindao	그들에게 말했네, 경비 여러분!
tunda moja la mti nipani.	저 나무 열매 하나를 내게 주시오!
Wambe njoo kwa letu thamani.	'이리와 값을 치르게' 그들이 말했네.
'Kiwambia siwapi mwambao.[82]	말하는 값을 줄 수가 없다 말했지.

81) munda, 1)고기 낚는 창, 작살(big harpoon), 2)널빤지(planking), 선체 외판, mundani kinenda는 '고기잡이를 나가다, 배를 타고 나가다'라는 의미로 '여자를 찾아 나서기(girl hunting)'을 암시한다. mbwene > mw-one.

82) thamani, n. price, value; '값진 것을 가져와야지..~ 값진 것을 갖고 있는 우리에게 와라!'

마침내 청년은 원하는 열매를 발견하지만 쉽게 접근하여 원하는 욕망을 진정시킬 수는 없다. 현실이 그러하듯 경비, 대가, 조건들이 나타난다. 쉽게 풀 수 없는 장애물들이 있다 해도 때로는 운 좋게 모든 게 풀려나갈 수도 있는 게 삶이다.

Kwaondoka mtoto mmoya	어린 한 동자가 나타나,
kakweze-yu kuni*tungilia*	나를 위해 나무 위로 올랐네.
kwa *thawabu* kaya kanambia	수고 끝에 내게 다가와,
nime*tunda* tunda lenye mboni.[83]	가장 좋은 열매를 하나 땄다오!

어린 동자는 그에게 선행과 행운을 선사하는 보살이요 천사이다. 가장 아름다운 소녀를 만나 사귀게 되었음을 암시하고 있다. 하지만 아름다운 대상을 눈앞에 두고 불연 듯 의구심이 솟구친다. 약간의 지혜가 있다면 아름다움이나 현란함 뒤에 추악함과 더러움이 모여든다는 것을 어렵지 않게 알 수 있기 때문이다. 그것은 또 삶의 아이러니인 듯하다. 그래도 되돌아갈 수 없는 처지에 이미 와 있다. 이제는 모든 것을 운명에 맡기도 기쁠 것도 없고, 두려워할 것도 없이 내친 길을 나아갈 뿐이다.

Tunda hilo *mbona* haliliki.	이 좋은 열매가 왜 아직 남아있을까?
Kama haya mwayeye nyikani	이런 열매가 저 숲 안에 가득 하다오![84]
'kandamia ya kowe *tariki*[85]	나는 샛길을 따라 걸어갔다.
siyitile hamu na huzuni.	욕망도, 슬픔도 느낄 수 없었네.

Kule chiza kikema kutanda	어둠이 으르렁거리듯 펼쳐졌네.

83) -ondoka; rise up, -kweze(<-kwea), -panda kwa miguu na mikono 손발로 나무에 오르다, -yu > juu, -tungilia 찾다(tafuta, -chungua), thawabu; 보상, 선물(zawadi, tunzo, jazi, bashishi), kaya > akaja. -tunda, v. (과일, 꽃)따다, 꺾다(-chuma), mboni; 눈동자, 귀중한 것(anything precious).

84) '덤불 속의 구더기들 같은 것들'로 해석할 수 도 있다. 혹은 '덤불 속에 벌레라도 되는 듯이'.

85) mwayeye(the place is full), 가득 찬 곳, cf. mayiyi 구더기, -andamia; 뒤따르다. tariki; 샛길.

moyo wangu wanambia enda.	내 마음은 '나아가라' 소리쳤네.
'Ki*telea* milima kipanda	나는 언덕을 내려갔다 다시 올랐네.
'kawasili na mwangu manduni.[86)]	마침내 놀랍고 신비로운 곳에 이르렀네. K.83

이 끝 부분이 과연 무엇을 의미하고 있는지 확실하게 규정할 수는 없는 일이다. 그렇게 규정될 수 있는 표현이라면 이미 모호함과 중의성의 미학을 사라지고 말 것이다. 적어도 독자들은 삶의 은밀한 내용을 최초로 경험한 젊은 청년의 당혹스러움과 놀라움 혹은 흥분과 두려움을 표현하고 있다는 것을 짐작할 수 있을 것이다. 인간의 삶은 어렵고, 단조로운 가운데 예기치 않게 상상할 수 없는 경이로움과 신비로움이 아주 없지도 않다는 것을 암시하고 있다.

1.6 감옥의 하녀 사다(Sada)의 노래[87)]

리용고의 영웅담에서 이 부분은 감옥에 갇혔던 그가 쓸모없이 보이던 한 하녀의 도움으로 편지를 전하고 어머니가 전해준 줄을 써 창살을 잘라내고 도망을 쳐 나가는 대목이다. 어머니도 하녀처럼 명석하지 못한 것으로 그려져 있으나, 바로 이런 사람들의 도움으로 생명을 구하게 된다.

Kijakazi Sada naka*tuma* hujatumika.
하녀 사다 양, 네게 정당한 과제를 주겠노라!
Nenda kamwambia yangu mama haya*limuka*
어두우신 나의 어머니께 내 말 전해다오
Afanye makate mle ndani tupe kaweka
빵을 구워 그 속에 줄을 숨겨 달라고,

86) -kema; 으르렁거리다, 외치다. -tanda; 펼치다. -telea; 내려오다(-telemka), ni wasili; '뒤로하고 떠나다(I left behind), maduni(? ~matoni, matozi, matone; drops 눈물, 체액). nduni; novelty, a new thing, a strange and wonderful thing which pleases.

87) Knappert 1979:91-91.

'Ka*kereze* pingu miguuni ikaniuka
그러면 내 발의 족쇄를 갈아 풀어내리라,
'Kateleze nde kama kozi 'katoroka.[88)]
독수리가 도망치듯 밖으로 내려가리라,

족쇄를 풀고 독수리처럼 하늘로 날아가리라는 희망은 보기에 따라 우리의 삶을 풍자한 것으로 해석될 수 있다. 세속의 삶이 리용고에게는 하나의 감옥처럼 느껴졌고 줄을 방편으로 이를 깨고 날아가는 것은 자유와 해탈을 의미한다. 탈출하고자 하는 욕망과 계책은 해탈하고자 하는 의지일 뿐이다. 다음은 해탈과 자유 이후의 꿈과 열망이 그려져 있다.

Panua 'kakundue *mandakozi* iu 'karuka.
날개를 펴 창공을 날으리!
Ningie *yangani* mawinguni kijametuka
반짝이는 구름 속 하늘로 들어가,
Iu la *maondo* nijangwa pwani kidiririka.
벌판을 지나 평원을 거쳐 저 바다에 이르리.
Madari ya muyi na *makuti* yakapomoka.
도시의 지붕과 시골의 오두막이 무너지리라,
Mwambie kupika tupa kati wishwa kuweka.[89)]
빵 속에 줄을 넣어 달라 그녀에게 말해 주오.

리용고는 하녀 사다에게 도망칠 계책을 노래로 알려준다. 그것이 성공할 경우 감옥을 벗어나 자유가 있는 무한한 세계로 독수리처럼(kama kozi)

---

88) -tuma, 쓰다, 고용하다, -limuka, 약은, 명석한, 간교한(be sly, cunning, cf. elimu), tupe; file, -kereza; 갈다, uka; 출발하다, 떠나다, -telea; 미끄러지다, 내려오다, 활주하다, -toroka, 도망치다, 내빼다.

89) -panua; 열다, 펼치다, mandakozi (=ubawa), 날개, yanga-ni (=mbingu), 하늘, -metuka, -meta, metea; 반짝이다, 빛나다, -diririka,(< -diriki); (목표했던 것을) 성취하다. maondo 벌판, madari, 천장, 다락, mkuti 코코낫 잎, tupa; 줄(file), wishwa; 왕겨, 껍질.

날아갈 수 있기 때문이다. 이것이 묘사되고 있다. 갈대 벌판, 모래 평원(jangwa), 바다(pwani), 도시 지붕(madari ya mji), 시골 오두막(makuti)이 연이어 그의 상상의 세계를 장식한다. 구속의 상태를 벗어나 자유로운 상황을 하염없이 갈망하고 있다. 요컨대 그것은 단지 구체적으로 감옥에서의 탈출만을 나타내는 것이 아니라 인간을 구속하는 온갖 굴레를 벗고 영적인 자유와 해탈을 갈망하는 것으로 이해될 수도 있는 것이다.

1.7 리용고의 죽음

영웅이라 해도 태어난 자는 반드시 죽게 되어 있다. 다음은 불사조의 영웅 리용고가 비극적으로 죽는 대목이다.

10. Pindi siyo Liongo akema	그 순간 리용고가 꾸짖어
akasema we mtoto wangu	말하길, 오 내 아들이여
umeua baba yako mwema	네가 무고한 아비를 죽였구나.
takulipa akitaka Mungu.[90]	신께서 기필코 응답하시리라.

아들이 친 아비를 살해했음을 확인한다. 이는 악연으로 그에 따른 응보가 있을 것임을 선언한다.

11. Akatwaa *utawe* na vyembe	그는 활과 화살을 집어 들고
akendako pwani kwa bahari	바닷가 해안으로 나갔으나
asiweze kupijia pembe	더 이상 나팔을 불지 못 하였네
akatuza moyo usi *hari*.[91]	마음을 가라앉혀 분노를 삭이네.

90) -kema; 으르렁거리다, 외치다, 꾸짖다(to cry, sob, shout).

91) uta 활, vyembe 화살(< chembe (cha mshale))다. -tuza; ..에게 명예를 주다, hari 분노(hasira, chuki, uchungu).

무고하게 당한 죽음에 분노하지만, 그 분노 자체를 가라앉힌다.

12.	Kamuomba Mola wa Mbinguni	하늘에 계신 신께 기도하기를,
	uumbile nti na samai	당신은 창공과 땅을 만드셨으니,
	unione nimo maondoni	내가 종말에 처해 있음을 보고 계실진저,
	'kikuomba kingoni mwa *mai* [92)]	물가에 앉아 기도드리는 저에게로.

12연에서는 자신의 운명을 하나님, 절대자에게 맡긴다. 더 나아가 아들의 죄를 사하여 줄 것을 빈다. 그럼으로써 모든 악연이 소멸되는 것이다.

13.	*Nighufuru zambi* zote zangu	나의 온 죄를 사하여 주시고
	nikubali kwakowe Mbinguni	당신의 천국에 저를 거두사
	halikuwa asotaka Mungu	당신이 원치 않는 것이 없게 하시사,
	sasa nafa roho 'pe amani.[93)]	이제 죽으오니, 영혼에 평화를 주소서!

리용고는 그리스 신화의 아킬레스나, 게르만 민족신화에 나오는 지크프리트와 같은 불사조인 영웅이지만 그들과 같이 또한 치명적 약점을 지니고 있는 인간이다. 그 약점을 알고 있는 가까운 인간, 여기서는 그의 아들이 그를 배반한다. 이것은 인간이 경험하게 되는 가장 평범한 사건이며, 동시에 가장 고통스러운 비극의 한 형태이다. 리용고는 이 같은 종말을 받아들이면서 아들에게는 신의 응답이 있을 것이라는 것을 상기시킨다. 신 앞에서는 자신의 죄에 대하여, 오히려 용서를 구하며, 평화롭게 자신의 죽음을 맞이하는 것으로 되어 있다. 극히 인간적인 가운데 종교적인 면모가 동시에 엿보인다.

---

92) mai 물(< maji). nti(=nchi) 땅, 대지. samai (=samawi; sky blue), 하늘, 창공, maondo, 종결, 끝, 종말(< -ondoa; 없애다, 끝내다, 종결짓다).

93) -ghufuru(< -ghofiri; 용서하다(-samehe, niwie radhi)), zambi(< dhambi) 죄. -pijia > -pigia, -tuza; ..에게 명예를 주다.

2. 스와힐리 저작들의 출현

아프리카 연구에서 매번 출현하는 문제로 기원에 대한 의문이 있다. 예컨대 스와힐리어의 기원은 무엇일까? 이에 대한 명확한 해답을 얻기는 어렵지만, 아프리카 연구 초기의 많은 학자들이 이런 문제를 두고 논란을 거듭하곤 했다. 일차적 경험과 직관에 의한 추측들이 하나의 가설 단계를 거쳐 짐짓 사실처럼 받아들여지곤 했다. 예컨대 스와힐리어는 반투어가 아니라 아랍어와의 혼합으로 생겨난 언어라는 시각이 그러했다. 후일 정교한 역사비교언어학적 방법을 통해 이런 시각이 과학적이지 않은, 요컨대 근거가 없는 주장이라는 것이 밝혀졌지만, 지적 훈련이나 지식이 없는 사람들 사이에서는 그런 믿음이 아주 사라진 것은 아니다.[94] 언어기원 문제와 마찬가지로 기록 문헌에 대한 연구도 많이 이루어져 있는 것은 아니다. 아랍 여행가들이 동부 해안 여행 이후 기록한 문서에 등장하는 스와힐리 어휘들을 기점으로 이후 해안 작가들의 기록 문서들은 대개 단편적으로 그리고 비전의 형식으로 면면히 전수해 내려오고 있으나, 많은 부분이 아직도 발굴되지 않거나 세상에 알려지지 않은 것으로 보인다. 식민지 시대 서구인들에 의해 수집된 기록 문헌들이 서구 대학 문서 보관소에 보관되어 있으나 학자들에 의해 해석되고 연구되는 경우는 아직도 미미한 실

94) 스와힐리어의 생성과 발전에 대하여 혼합설, 기층설, 반투 계통설 등 다양한 이론이 있으나(Heine 1968, Eastman 1971, Arens 1975, Gerard 1981, Allen 1993, Caplan 2010) 스와힐리어가 계통적으로 동북 반투어중 사바키 분파라는 것이 정설로 확립되어 있다(cf. Nurse & Spear 1985, Nurse & Hinnebush 1993, Spear 1999). 초기 논란 배경에 관한 글로 권명식(1990: 153-168) 참조.

정이라 할 수 있다. 여기에 사용한 스와힐리 데이터들은 주로 크납페르트(Knappert 1979), 압둘라지즈(Abdulaziz 1979), 비어스텍커(Biersteker 1996)에 의존하고 있으나 이들도 기실은 초기 수집가들과 연구가들의 기여에 힘입은 바 크다.[95]

2.1 역사적 배경[96]: 포르투갈 지배 시대[97]

포르투갈인들의 동-아프리카 해안 도래는 기독교와 서구문물과 첫 만남이지만, 이것을 서막으로 하여 향후 스와힐리 해안에 지대한 영향을 지속해서 끼치게 된다. 하지만 서구 식민주의의 본격적인 시작을 이전으로 해안은 스와힐리 문화의 꽃을 피우게 된다. 하지만 그것은 포르투갈인들의 약탈과 전쟁이라는 사건들을 거쳐 지나간 이후이다. 얀 크납페르트 교수는 포르트갈인들의 진입과 그에 따른 스와힐리 도시들의 대응과 파괴를 단편적으로 아래와 같이 묘사하고 있다(Knappert 1979: Ch.1. p.7-15).[98]

95) 초기 스와힐리 기록 문학 수집 및 연구에 공헌한 몇몇 학자들을 들어본다면 Büttner (1892, 1894), Büttner & Meinhof(1912), Velten (1889, 1907), Lorenz & Karim(1933), Hitchens(1939, 1940), Damman(1940, 1942), Harries (1952, 1962), Meinhof(1952), Hemedi(1955, 1961, 1965), Knappert (1967, 1968, 1969, 1971, 1972, 1979), Allen J. W. (1970, 1971), Abdulaziz (1979), Mkelle(1979), Parker(1979), Miehe (1979, 1990), Biersteker (1996) 등이 있다.

96) 동아프리카 해안의 역사적 배경으로는 Freeman-Grenville(1962), Oliver & Matthew(eds. 1963), Trimingham(1964), Salim(1973), Mazrui & Mazrui 1995, Spear 1999, Kusimba 1999 참조.

97) 스와힐리 해안에서 벌어진 역사적 전개과정의 큰 그림은 이미 제1장 2절에서 설명한 바 있다. 일반 역사서에서는 상세하게 이를 다루고 있으나, 여기서는 스와힐리 전통 시의 생성과 발전이라는 주제를 이해하는 데 필요한 배경 지식으로의 역사 정도만 소개하려 한다. 이런 의미에서 J. Knappert(1979)의 해설은 가장 적절하고 상세한 기술이라 할 수 있다. 여기서 그 내용을 모두 되풀이 할 수는 없지만 모자이크 식으로 지역과 시대에 따라 발췌하여 소개하고자 했다. 1500년대와 1600년대 해안은 포르투갈의 도래와 접촉으로 점철된 시기 였다. 그 이전에 이미 파테 왕국의 오랜 시기가 있었으나 그 상세한 내막은 알기 어렵다. 여기서(3.1) 기술된 단편적 서술은 상기한 크납페르트의 책 제 5장 109쪽에서 137쪽에 있는 내용들이다. 임의로 필요한 부분만 발췌하여 역사적 배경에 대한 나름의 이해와 이미지를 가질 수 있도록 하였다.

98) 포르투갈인들이 동아프리카에 진출해 활동했던 16, 17세기는 이후 도래할 오만 아랍과 크게 대비된다. 특히 스와힐리 전통 문학의 생성과 관련하여 포르투갈인들이 기여한 것은 별로 없는 것 같다. 언어적으로 그들과의 접촉으로 야기된 많은 차용어휘들이 있을 뿐이다. 이 장에서는 해안 도시 국가들의 반응이나 접촉 상황들을 각각의 에피소드처럼 크납페르트의 책(Knappert 1979: 7-22)에서 발췌하여 소개하였다. 몸바사의 함락, 말린디의 생존, 오자의 몰락, 라무의 항복, 바라

[몸바사의 함락] 포르투갈은 1509년 디우(Diu) 부근에서 터키와 구제라티(Gujerati)의 연합함대를 격파함으로써 인도양을 장악할 수 있게 되었다. 이어서 1511년에는 항해의 요충지인 말라카(Malacca)를 정복했다. 동아프리카에 대한 포르투갈인들의 정복은 수년에 걸쳐 잔인하게 이루어졌다고 한다. 몸바사(Mombasa)는 30년 동안 세 차례에 걸쳐 약탈당했고, 킬와(Kilwa)는 1505년 포르투갈에 점령된 이후 작은 도시로 전락하고 말았다. 같은 해 알메이다(Farancisco d'Almeida)는 몸바사를 공격했는데, 킬와로부터는 전리품만 해도 당시 금액으로 2만 파운드를 웃돌았다고 한다. 알메이다는 1505년 8월 3면으로 몸바사를 공격했다고 하는데, 몸바사는 영웅적 항거에도 불구하고 그날 밤 함락되고 말았다고 한다. 다음날 몸바사는 황폐해지고, 포르투갈인들은 5만 파운드 상당의 전리품을 가져갔다. 여성들을 포함하여 1,200여 명이 잡혀갔다고 한다.

[말린디의 생존] 물질적인 부는 사라졌으나 스와힐리 해안 인들의 가장 귀중한 자산인 그들의 언어와 이 언어로 쓰인 시구에는 그들의 즐거움, 예절, 선천적인 양식들을 남기고 있다고 크납페르트 교수는 술회하고 있다. 이 같은 비극적 운명을 스와힐리 도시 전부가 맞이한 것은 아니었다. 말린디(Malindi)는 포르투갈과 친선관계를 유지시켜 나갔다. 말린디는 오랫동안 적대관계에 있던 오자(Oja)를 파멸시키기 위하여 포르투갈을 이용했다. 오자는 오지(Ozi)강가의 웅구와나(Ungwana)에 있던 나라로 스와힐리인들의 전설적 고향으로 간주하여 왔던 것이다.[99]

와의 몰락, 몸바사 2차 약탈, 터키 세력의 등장 등 소제목에서 알 수 있듯이 200여 년 동안 있었던 주요 에피소드들을 소개하여 독자들이 스와힐리 고전 문학의 생성 배경에 대한 인상을 받을 수 있게 하는 것이 주목적이라 할 수 있다.

99) 인근의 경쟁국이었던 오자왕국을 의식하여 말린디는 외세인 포르투갈과 동맹을 맺어 스와힐리 제 국가들의 적대관계에 들어간 것을 보면 당시 해안 스와힐리인들을 하나로 묶는 그 어느 정치적, 경제적 구심점이나, 정신적 유대가 없었던 것으로 보인다. 스와힐리 정체성이라는 것이 근대, 현대에 오면서 내륙 부족민이나, 서구 식민 세력이 구체화되면서 상대적으로 형성되어 나갔던 것으로 보인다.

[오자의 몰락] 뜨리스땅 다 꾸냐(Tristao da Cunha) 장군은 오자로 가서 그곳 통치자에게 포르투갈 왕의 전언을 가져가도록 소환 조치했다고 한다. 그러나 오자의 왕은 그의 통치자는 카이로의 칼리프라 대답했다. 그는 무슬림들을 박해하고 메카와의 관계를 불가능하게 만드는 세력과 협상하는 것은 온당하지 않다고 여겼다. 화가 난 뜨리스땅은 전함을 보냈다. 오자는 그들이 도시 외곽 야자 숲 근처에 이르기까지 거의 저항하지 않았다. 결국 오자의 왕은 후일 인도의 총독이 됐던 알퐁소 달 부께르끼(Alfonso d' Abuquerque)에 의해 살해됐다. 뜨리스땅은 오자에 불을 지르고 그곳을 떠났는데, 이후 오자는 더 이상 회생하지 못했다. 이 같은 비극은 스와힐리 도시들 간의 알력이 하나의 원인이었던 것으로 크납페르트는 보고 있다. 이러한 배신의 역을 담당했던 도시 말린디는 별 이득을 얻지 못한 채 1세기가 지나 버림받았으며, 이와 함께 그의 왕조도 사멸되었다. 오늘날 많은 해안 사람들이 오자라는 이 스와힐리 도시의 이름을 모르고 있는 듯하다. 도시민들은 모두 사라지고, 후손들만 뿔뿔이 흩어져, 스와힐리인들의 고향 웅구와나의 정확한 위치가 과연 어디인지 그 누구도 알지 못하는 듯하다.

[라무의 항복] 라무(Lamu)는 이러한 재난으로부터 이익을 본 도시라 할 수 있다. 뜨리스땅이 나타났을 때 라무는 이 같은 오자의 비극적 종말을 잘 알고 있었다고 한다. 두려움이 라무의 셰이크에게 지혜를 주었다고 크납페르트는 계속 설명하고 있다. 그는 포르투갈의 신민이 되기를 희망하여, 뜨리스땅의 지배에 부응했다. 1년에 1,200파운드에 달하는 금을 공물로 바치고, 함대에는 식량을 제공했다. 생명에 대한 높은 대가였지만, 그만한 가치는 있는 것이었다는 것이다.

[바라와의 몰락] 바라와(Barawa)는 비극적으로 끝이 났다. 뜨리스땅은 정박지에 공물에 대해 논의를 하고자 바라와 도시 대표자들을 소환했다. 그들이 협상을 지연시키자 공격이 개시됐다. 알퐁소가 허술한 방벽을 뚫고 입성했으나 싸움은 격렬했다. 뜨리스땅 마저 부상을 당했다. 3일간에 걸

친 약탈과정에서 800여 명의 여자들의 손과 귀가 잘려 나갔다. 팔찌와 귀걸이를 약탈하기 위함이었다. 며칠 후 뜨리스땅은 모가디슈에 진출했으나 군대를 상륙시키지는 않았다고 한다.[100]

[몸바사의 2차 약탈] 1528년 11월 뜨리스땅의 아들 누노 다 꾸냐(Nuno da Cunha)는 인도양에서 불어오는 순풍을 기다리는 동안 필요한 식량을 공급받기 위하여 몸바사 항에 입항했지만, 그동안 재건하여 요새화한 몸바사인들의 저항을 다시 받게 된다. 그러나 계획된 대로의 점령이 재차 성공리에 이루어졌다. 명예(Heshima)는 아직까지도 스와힐리인들 사이에서 용감한 행동을 위한 강한 모티브가 되고 있다. 몸바사는 다시금 약탈당한다. 그러나 이들은 놀라운 회복력으로 그 다음 날 계속 포르투갈인들을 공격했다. 포르투갈인들이 섬에 있는 관목들을 잘라내고, 모든 배들을 파괴했지만 별 소용이 없다. 그러나 포르투갈인들은 마침내 몸바사인들을 몰아내는 데 성공한다. 몸바사인들은 내륙으로 피난했지만, 이후 지속해서 마쿠파(Makupa)여울을 건너와 포르투갈인들을 공격해 왔다. 이에 화가 난 누노는 몸바사의 모든 집들을 파괴했다. 결국, 몸바사 왕은 도시를 구하기 위하여, 포르투갈 왕을 영주로 모시고 매년 1천 파운드의 금을 지불하기로 동의한다. 바람의 방향이 바뀌어 떠날 때가 되자 누노는 일부 몸값만 지불된 것에 분개하여 도시를 방화하여 파괴했다.

[터키 세력의 등장] 1541년 죠앙 지 세뿔베다(Joan de Sepulveda)는 바라와인들이 터키인들에 협조했다는 이유를 들어 바라와를 파괴했다. 터어키인들은 1547년 아덴(Aden)을 점령했고, 1551년에는 무스카트(마스캇)를 정복했다. 이런 일이 있었던 후 죠앙은 말린디 왕에 고무되어 몸바사를 공략했으나 격퇴 당한다. 13년 동안 몸바사인들은 도시를 완전히 재건하고 더욱 튼튼한 방벽을 도시에 구축해 놓았던 것이다. 두 차례의 완전한 파괴에

100) 오자와 함께 바라와도 역사의 뒷전으로 사라져 버렸다. 문학이나 방언 혹은 그 어떤 다른 문화영역에서도 이후 더 이상 언급되지 않고 있다. 신화의 영역으로 넘어간 것으로 해석될 수 있을 것이다.

도 불구하고 몸바사는 여전히 가장 중요한 스와힐리 도시로 남게 되었다. 한편 터키는 1571년 이집트를 정복하여 동아프리카 해안으로의 진출을 모색하고 있었다. 포르투갈인들은 이제 소팔라, 모잠비크, 그리고 말린디에서만 효과적인 점령상태를 유지해 나갈 수 있었다. 킬와는 1512년에, 몸바사는 1541년에 포르투갈로부터 해방된 셈인데, 모가디슈는 결코 점령된 적이 없었다. 포르투갈의 지휘관들은 인도에서 동아프리카로의 면화 무역을 독점했고, 동아프리카에서 인도로의 상아무역, 사향, 정향 등의 개인 사업을 통하여 자본투자를 회복해 나갔다.

1571년 프란시스코 바렛토(Francisco Barreto)는 잔지바르로부터 공물의 체불금을 요구해 받아냈다. 그는 '황금의 땅'을 정복하고자 마니카(Manika; 현 짐바브웨)로부터 모잠비크로 항해했으나, 같은 해 세나(Sena)라는 곳에서 사망했다. 짐바브웨는 나중에 점령당했으나 그들이 귀환하던 1575년 반투인들의 급습을 받았다. 1581년에는 터키 함대가 알리 베이(Mir Ali Bey)의 명령 하에 무스카트를 재차 점령하였다고 크납페르트는 설명하고 있다.

2.2 아랍시대(1600년대)[101)]

아랍인들과 해안 반투민들의 접촉 과정과 양상은 아주 오래되었고 최근에 이르기까지 지속되고 있는데 그 실질적 내용을 정확히 기술하는 것은 쉬운 과제가 아닐 뿐더러, 앞으로 연구되어야 할 중요한 과제가 아닐 수 없다. 언어학적 측면에서는 수많은 아랍 차용어들이 이를 방증하고 있다. 문화적으로는 단연 이슬람 종교와 아랍인들의 문화와 직결된 다양한 제

101) 이 부분은 크납페르트의 책 16~17쪽에 기술된 내용을 정리한 것이다. 스와힐리 해안에 새롭게 등장하는 오만 아랍은 포르투갈과 달리 이슬람과 글자, 문학과 제 문화들을 가져옴으로써 지대한 영향을 끼치게 된다. 특히 스와힐리 문자문학의 모태가 되는 시작활동은 기실 아랍 문학과 무슬림 종교 관련 기록들이 스와힐리어 문자로 기록되거나, 번역되면서 시작되게 된다. 반투-아프리카인들이 주체가 된 것은 아닐지라도 문학의 양식과 내용의 틀이 구축됨으로써 향후 스와힐리 문자문학의 발전에 본질적인 기여를 한 것으로 보인다.

도나 생활 관습들이 스와힐리인들의 문화를 형성하는 데 적지 않은 기여를 하고 있다. 이런 양상들은 스와힐리 고전 시에 깊게 배어 나타난다. 여기서는 운문 텍스트에 나타난 사항을 주관심사로 하고 있지만 텍스트 외적 역사, 문화 연구 역시 시 이해에 도움이 된다는 사실을 부인할 수는 없을 것이다. 언어외적 역사, 사회연구에 대한 모든 사항을 여기서 요약 정리하는 것은 이 책의 범위를 넘는 것이다.[102] 그런 이유로 여기서는 스와힐리 전통시 이해를 위해 소개한 크납페르트의 해설을 소개하는 것으로 만족하고자 한다.

동-아프리카 스와힐리 해안 도시국가들을 놓고 벌인 오만 아랍과 포르투갈 사이의 쟁패 양상은 다음과 같은 에피소드로 묘사될 수 있을 것이다.[103]

2.2.1 아랍 오만과 무스캇 세력의 부상

17세기 중반 포르투갈 시대를 맞이하여 상호 경쟁 관계에 있던 스와힐리 해안 도시국가들 사이에는 평화가 지속되어 순탄한 발전이 기대되었다. 그러나 뜻하지 않게 북으로부터 아랍세력이 부상하여 포르투갈령 동아프리카 식민지에 상당한 위협적인 존재가 되었다. 오만의 지도자 나시르(Nasir bin Murshidi al Yarubi)는 1643년 수하라(Suhara)를 정복하고, 1648년에는 강제로 포르투갈로 하여금 페르시아만에 있는 쿠르야트(Kuryat), 마테라(Matera), 두바이라(Dubaira)를 포기케 했다. 나시르의 사촌인 술탄 빈 사이프(Sultan bin Sayf)는 1622년 오르무즈(Ormuz)가 몰락한 이후 아라비아해에 있던 포르투갈의 해외기지인 무스카트를 1650년에 정복하는 데 성공했다. 1650년 이후 오만과 무스카트의 영주들은 포르투갈의 강력한 적대세력으로 등장하게 되었다. 이후 1652년에는 무스카트의 아랍인들은

102) 스와힐리인들과 아랍인들 사이의 관계와 상호 영향에 대한 역사적, 종교적 그리고 문화적 설명서로는 Middleton(1992, 2004), Horton & Middleton(2000)이 유용하다. 몸바사라는 스와힐리 도시국가의 문화와 의식을 보다 정교하게 기술한 저술로는 J. Glassman(1995)가 있다.

103) Knappert 1979. ch. 1 p. 16-18의 내용을 정리 한 것임.

잔지바르의 포르투갈인들을 습격하여 파괴했다. 이후 포르투갈인들은 인도인과 스와힐리인들의 도움을 바탕으로 이를 재탈환했지만, 아랍인들은 이후에도 동아프리카 해안을 빈번히 공략했다.

2.2.2 아랍세력에 대한 포르투갈의 반격

동아프리카 사람들은 점차 불안해하기 시작했다. 아랍인들은 이제 해안에서 포르투갈인들보다 더 강력한 세력이 되었다. 따라서 해안 사람들은 더 이상 아랍인들에게 저항하지 않았다. 1660년 아랍인들은 한때 몸바사를 점령했지만, 요새를 장악하지는 못했다. 1669년에 가서 아랍인들은 모잠비크를 한때 정복하기도 했다. 이를 보다 못한 포르투갈의 총독(Viceroy) 알메이다(Dom Pedro de Almeida)는 1678년 모잠비크로 건너가 거점을 확보한 후 끈질긴 공략 끝에 파테(Pate, Faza)섬을 재정복하는 데 성공했다. 정복한 후 파테 대 회교 사원에 본부를 구축했다. 주요 섬의 지도자들이 그에게 굴복하는 조건으로 강화조약을 맺었으나, 파자(Faza)섬의 왕을 제외한 다른 모든 왕들, 예컨대 라무, 만드라(Mandra), 파테, 시유의 왕들이 무분별한 저항을 했다는 죄목으로 즉각 처형되었다. 파자(Faza)의 왕은 총독에게 1,200명에 달하는 와구냐(Wagunya) 군대를 제공함으로써 무사할 수 있었다. 총독 알메이다는 3만 명의 군사를 요구함과 동시에 전리품을 구매해 달라고 요구했다. 그러나 곤궁한 스와힐리인들은 재정능력의 부족으로 주조화폐, 상아, 거북이 등껍질 등 화폐로 유용될 만한 것들을 바칠 뿐 그의 요구를 충족시키지 못했다. 이에 알메이다는 약탈을 수행함과 동시에 도시를 불 질렀다.

2.2.3 파테와 펨바에서의 쟁패

1679년 4척의 아랍 배가 상륙하자, 포르투갈 인들은 파테 섬에서 철수했다. 200여 명의 귀족들을 처형했고, 쓸모 있다고 판단되는 2만여 명의 전사들을 데려갔다. 조각한 상아로 만든 전통 스와힐리 뿔과 왕관도 가져갔다. 그러나 막대한 양의 상아를 버려둔 채 달아났다. 알메이다는 이후

모잠비크에서 사망했다. 1686년 붐바(Bumba, Vumba)의 왕은 펨바 섬을 정복하고자 했다. 그 섬의 여왕은 기독교로 개종한 것으로 알려졌는데, 포르투갈에 함대지원을 요청했다. 포르투갈인들은 이를 흔쾌히 수락했는데, 이유는 펨바가 몸바사에 식량을 공급해주는 근거지였기 때문이었다. 1686년과 87년, 두 차례에 걸쳐 포르투갈이 토벌대를 보냈으나 성공하지 못했다. 3차 시도에서 죠앙 앙뚜네스(Joao Antunes)는 아랍인들이 항해를 나간 틈새를 이용하여, 파테를 정복하는 데 성공했다. 그러나 현지 안내인이 그를 속여, 멀리 떨어져 있는 곳에 정박케 하고, 나중에 아랍인들이 항해에서 돌아오자 앙뚜네스는 작은 배를 이용하여, 그의 배가 있는 곳으로 겨우 탈출할 수 있었다.

2.2.4 몸바사에서의 패배와 포르투갈의 퇴각

1652년 이후 포르투갈인들은 몸바사, 펨바, 잔지바르를 제외한 다른 지역에서는 세력을 장악할 수가 없게 됐다. 아랍인들이 매년 북동 계절풍을 타고 내려와 위 세 곳을 제외한 나머지 해안지역에서 자유로이 무역을 수행했다. 1696년에 이르러서는 몸바사 섬 남단에 있는 킬린디니 항구에 입항을 시도했다. 아랍 배와 성 요셉이라는 조그만 요새 사이에 포격전이 벌어져 요새뿐만 아니라, 섬 전체가 불길에 싸이게 되었다. 모든 포르투갈인들은 군인과 시민 할 것 없이 몇 년을 버틸 수 있는 충분한 식량과 물, 탄약을 가지고 포트 지저스(Fort Jesus) 요새로 피난 갔다. 1697년 증원군이 도착했으나 역병을 갖고 오는 바람에 병력 수는 오히려 감소했다. 1698년 바스코 다 가마가 상륙한 지 정확히 200년 만에 아랍인들은 총공세를 펼쳐 요새에 있던 포르투갈인 전원을 살해했다. 이슬람 국기가 다시 나부낌으로써 동아프리카에서 포르투갈의 시대는 종말을 고하고, 이슬람 문화의 부흥을 예고했다.

2.3 18세기 동-아프리카[104)]

스와힐리 고전 시가 태동하게 되는 이 시기에 관련된 역사적 상황을 정교하고 완벽하게 기술하는 일은 역사가의 몫이라 하겠다. 포르투갈 세력의 후퇴와 이에 따른 오만 아랍 세력의 부상과 진출로 설명될 수 있는데 이 틈 사이로 기존 반투민과 오래전 이미 도래하여 동화되었던 쉬라지, 아랍 혼혈인들의 위치와 사회 상황 등은 사실 연구의 저 뒤편에 있어 그 실상을 짐작하기조차 어려운 실정이다. 역사의 기술이 매번 그러하듯 정치적 헤게모니를 쥔 세력의 입장에서 이루어져 왔기 때문에 아랍인들의 시각, 혹은 뒤이어 유럽인들의 시각으로 쓰여 지는 바람에 정장 토착 반투민들의 시각에서 바라본 해안 거주민들의 삶과 문화는 침묵되거나 주변화 되어 나타났다. 최근 아프리카 역사 비교 언어학자들과 몇몇 인류학자들을 이런 왜곡된 시각을 벗어나 새로운 시각에서 동-아프리카 해안 스와힐리 역사를 조망해 보고자하고 있다.[105)] 그 구체적인 성과와 내용을 여기서 일일이 서술하는 것은 오히려 이 책의 본래 성격을 벗어나는 것으로 보인다. 하지만 그 같은 시각은 주어진 텍스트의 해석과 해설 그리고 비평을 해 나가는 가운데 자연스럽게 도출되어 나올 것으로 믿는다.

2.3.1 파테와 몸바사의 쟁패

크납페르크는 18세기 스와힐리 해안의 상황을 다음과 같이 설명하고 있다. '동아프리카 해안지역은 빼어난 절경과 풍부한 자원으로 인하여 외세의 많은 침입을 받아왔다. 1698년 오만과 무스카트에서 건너온 아랍인들은 포르투갈인들을 축출하고, 모잠비크 이북에 위치한 스와힐리 도시국가들에 대하여는 아랍인 총독을 임명했다. 그러나 아랍인들 사이에 내

104) 이 부분은 Knappert 1979: 18-19에서 따온 것으로 1700년대 오만세력이 득세해가는 와중에서도 스와힐리 도시국가들 사이에서 세력을 다투거나(파테, 몸바사), 몸바사가 실질적인 독립을 구가하여 번영의 길로 들어서게 되는 부분을 다루고 있다.

105) 앞에 소개한 Middleton(1992, 2004), Horton & Middleton(2000)이 그런 시각에 있다.

분이 일자, 몸바사인들은 스스로 독립을 모색해 나가기 시작했다. 스와힐리 연대기를 보면 파테 섬의 영주인 타무 음쿠(Bwana Tamu Mkuu)와 적대관계에 있던 몸바사의 악흐마드 빈 쿠바이(Ahmad bin Kubai)가 모잠비크 총독과 접촉하여 그들로부터 4척의 배를 지원받았다. 그리고 파테로 진격했다. 그러나 파테는 그들을 우호적으로 맞이하여, 그들과 연합한 배 60척을 이끌고 몸바사로 진격했다. 그러나 킬린디니 근처 암초에 좌초하고 말았다. 몸바사 내해인 킬린디니의 독특한 지형에 힘입어 이들을 제압할 수 있었는데 후일 이 사건은 다음과 같이 읊어지고 있다.'(Knappert 1979: 18)

1. Huweza kucheza katikati baharini,
   그들이 대양에서는 도모할 수 있으나,
   Hawakukuweza karibu na Kinlindini.
   여기 킬린디니 인근에선 그리하지 못하였네!

이어서 크납페르트는 몸바사와 포르투갈의 관계 및 상호 영향에 관련하여 다름과 같이 기술하고 있다. '... 그러나 1728년 3월 16일부터 11월 26일까지 몸바사는 다시 포르투갈-파테 연합군에 넘어갔다. 그러나 시민들의 생활방식에 큰 영향을 끼치지는 못하였다. 점령했던 포르투갈인들이 기아에 허덕이자, 몸바사인들은 총독 및 관리 3명을 포함한 29명의 생존자들을 배에 태워 모잠비크로 보내기로 결정했다. 두 척의 배에 나누어, 이들 마지막 포르투갈 군대가 몸바사를 떠났다. 마지막 통치자였던 삼파요(Luiz de Mello Sampayo)는 1730년 5월 17일 폭풍우 속에서 잃어버린 재산을 되찾으려다 종말을 맞이했다. 포르투갈인들이 대중의 지지를 받지 못한 이유는 상아를 독점 전매했다는 점과 스와힐리인들의 성격을 제대로 이해하지 못했다는 점에 있었다.

스와힐리인들은 관대한 성격을 갖고 있었는데 이는 정부, 종교, 생활방식뿐만 아니라, 무역에까지 그대로 적용되었다. 즉 법에서 크게 벗어나지 않는 범위 내에서는 모든 것을 묵인하여, 포르투갈인들로부터도 많은 관습을 수용했다. 스와힐리어로 포르투갈인들을 '와레노(Wareno)'라 하는데, 이는 '왕국 사람들'이라는 뜻이다. 행정부와 사법기구 그리고 항해술과 건축분야는 아랍인들로부터, 상업 활동이나 재정 같은 상술분야에 필요 되는 것 그리고 항해 분야는 인도인들로부터 받아들였다. 이상에서 보듯이 스와힐리인들은 포르투갈인들 보다는 아랍인들이나 페르시아인들과 같은 걸프지역 사람들로부터 더 많은 것을 배웠다(ibid 19).'

포르투갈인들에 대한 이미지와 이들이 스와힐리 문학에 남긴 자취에 대한 연구에서 양철준 선생(C. Yang 2010)은 다양한 자료를 제시하고 있다. 다음은 그의 연구에 나타난 몇몇 시들 중 하나로 포르투갈 어휘가 들어간 시의 예이다.

Mreno yuma hunena, hunena mambo ya kale
포르투갈인들은 말을 많이 하는데 지난 일을 말하곤 하지
Baziada Msipana, dira yuilekezele
스페인인 바지아다는 그의 나침판을 조정하여
Si nyama za muamana, heri zitoe kimbele
그것은 불법적 고기가 아니니, 너는 그것들을 먼저 가져오는 게 좋을 듯
Chupani imeshupana, mvinyo ikudhikile.[106)]
와인은 너를 혼란케 하며 너를 어렵게 만들지니.

다음은 포르투갈인들에 대한 부정적 이미지가 담긴 시이다.

Mzngu Migeli u muongo	유럽인인 미구엘 너는 거짓말쟁이
Mato yako yana tongo	너의 눈엔 눈곱이 끼었네.
Kwani kuata mpango	너는 왜 너의 계획을 포기하지?
Kwenda kibanga uani?[107)]	정원에 있는 오두막에 가기 위해서?

106) C. Yang 2010: 28.
107) Nassir 1974, Yang, C. (2010: 34)에서 재인용.

포르투갈인들에 대한 미움과 그와 더불어 떠나주기를 바라는 시도 있다.

Edna Manoeli ututukiziye
떠나세요, 마노엘 당신은 우리로 하여금 미워하게 하였지
Enda na sulubu uyitutizie[108)]
당신의 십자가를 가지고, 떠나 주세요.

2.3.2 몸바사의 독립과 번영(1742~1834)

오만과 무스카트 영주들은 스와힐리 주요 도시에 왈리(Wali, 감독관)라 불리는 행정 관리들을 임명했다. 이들은 적응능력이 뛰어난 스와힐리인들과 어우러져 남부 아라비아에서 온 아랍인들과의 정치 게임을 즐겼다. 샤이크 나바하니(Sheikh Nabahani)는 파테 섬의 영주 딸과 결혼하여 아들 브와나 타무(Bwana Tamu)를 낳았다. 1739년 무하마드 빈 오스만(Muhammad bin Osman)이 몸바사의 감독관으로 임명되었는데, 오만의 지도자가 실각하자, 1742년 독자적으로 독립을 선포했다. 그는 현지 귀족들의 지지를 받게 됐다. 이후 커크만(Kirkman)이 말하는「몸바사의 황금기」가 도래하게 되었다. 1838년 잔지바르의 영주에게 무너질 때까지 몸바사는 자유로웠고, 번영을 누렸다. 이 당시 몸바사는 스와힐리 문학의 중심지로 부상됐다. 1760년 무야카 빈 하지(Muyaka bin Hajji)가 몸바사에 태어났는데, 셰헤 빈 사이디 알- 말디(Shehe bin Saidi al-Maldi)가 1780년경 그를 찬양하는 노래인 'Ai Wangi Wangi'를 썼다. 이렇게 번영을 누리게 된 것은 오만의 지도자가 몸바사를 떠나, 단지 잔지바르를 통제하는 것으로 만족했던 사실에 기인된다고 할 수 있겠다.

108) Knappert 1979: 18, Yang, C. 2010: 34.

2.4 몸바사, 파테의 역사, 문화[109)]

2.4.1 몸바사의 포르투갈 문화

17세기를 통틀어 스와힐리 지역에서 가장 번성을 구가한 도시는 바로 몸바사였다. 지저스 요새(Fort Jesus)가 포르투갈지배의 핵심에 된 이후, 무역과 정치의 초점 역시 이곳에 집중되었다. 포르투갈 문화가 끼친 영향은 실로 막대했다. 많은 몸바사인들이 카톨릭으로 개종했고, 포르투갈인들이 이곳에 정착하여 일자리를 차지했다. 그들은 아프리카인들과 인도여인을 아내로 맞이했다. 술집도 많아 뱃사람들이 환영을 받았다. 술을 의미하는 스와힐리 단어 {mvinyo}는 포어인 {vinho}에서 왔고, 배를 만드는데 사용되는 다양한 용어들, 예컨대 널판지, 프로펠러, 뱃 밥 먹이기 등이 역시 포어에서 왔다. 술집 여급을 의미하는 {malaya}는 말레이 여인을 의미하는 {malaia}에서 왔다. 또한, 카드놀이나 주사위, 서양장기 등의 용어도 마찬가지이다. 한편 과일과 카레는 인도에서 들어오고, 카사바, 칠리, 담배 등은 남미로부터 들어왔다.

가정에서 사용되는 많은 용어들이 포어에서 유래된다. 이런 식으로 포르투갈 인들은 그들의 생활 방식을 도입 소개함으로써, 회교도들이었던 스와힐리인들의 생활 방식을 어느 정도 환락적인 것으로 바꾸어 놓았다. 이 기간 동안은 포르투갈어가 세계에 널리 퍼지고 있었는데, 인도의 실론(스리랑카)이나 인도네시아의 자바 섬에 사는 독일 상인들은 그들의 아이들이 독일어보다 포르투갈어를 더 잘한다고 불만을 털어놓기도 했다. 인도의 고아(Goa) 다음으로 중요한 도시였던 몸바사에서도 적어도 당시 상류층과 중류층에서 포르투갈어가 사용된 것으로 보인다. 이런 식으로 포르투갈어가 확대되긴 했지만 스와힐리어로된 노래와 시들은 이후에도 지속

---

109) 이 부분은 Knappert(1979:19-22)에서 따온 내용으로 스와힐리 해안의 양대 세력이라 할 수 있는 몸바사에 남겨진 포르투갈 문화요소와 스와힐리 문학의 기원지로서의 파테를 다루고 있다. 파테 왕국의 역사에 대한 보다 상세한 기술은 Knappert원전 참조.

적인 성장을 거듭하게 된다. 이 기간 동안에 아랍식이 아닌 포르투갈식 운율에 일치하는 새로운 운율 규범이 나타나기도 했다.

2.4.2 스와힐리 문학의 기원지, 파테

몸바사 방언으로 가장 오래된 시는 1783년에 쓰여 졌다. 1780년에서 90년대까지의 스와힐리 시로 우리에게 알려진 것들은 거의 모두가 파테(Pate 혹은 Faza라고도 불림)라는 섬의 작은 마을에서 쓰인 것이다. 그만큼 파테는 스와힐리 문학이 탄생한 곳이라 할 수 있다. 파테는 파테라 불리는 작은 섬의 아주 오래된 마을인데, 스와힐리인들은 이 섬을 파자(Faza)라 불렀다. 포르투갈인들의 기록에는 말라가시어로 암파자(Ampaza)라 적고 있다. 지금 Faza라 불리는 이 마을은 예전에는 Mui Rasini(=Cape town)로 알려졌었다.

파테는 중세까지 거슬러 올라가는 긴 역사를 갖고 있다. 파테 연대기에 의하면 1227년에 죽은 술레마니(Sulemani)라는 사람에 대하여 언급하고 있다. 그의 왕위는 무하마드 1세에 계승되고, 그의 아들 악흐마드 2세는 1305년에 사망한다. 뒤를 이어 무하마드 2세(1305-1331), 무하마드 3세(1348-1394), 악흐마드 3세(1394-1436)로 이어진다. 이후 그의 조카 아부 바카리(1436-1470), 무하마드 4세(1470-1494), 아부 바카리 2세(1494-1538)로 이어진다.

이때 포르투갈인들의 출현으로 파테 영주들의 평화로운 역사에 크나큰 파문이 일게 된다. 이후로는 두 번 다시 그런 생활을 영위하지 못했다. 평화주의적인 영주들의 통치는 역사가들이 신이 내려준 것이라고 표현할 정도로, 이들이 결코 남의 것을 탐내지 않았음을 암시하고 있다.

2.	Bughudha kwa yalopita	지난 것에 대한 분노
	Moto mwekundu wa vita	전쟁의 붉은 불길[110]

포르투갈 기록에 나타나 있는 첫 번째 파테의 영주는 무하마드 5세(1565-

110) 분노를 의미하는 단어로는 hasira, ghadhabu, chuki, uchungu, ukali, kasirani, virugu, ghaidi가 있는데 위 시에 나타난 bu-ghudha는 ghadha-bu와 관련이 있는 듯하다.

1593)인데, 그는 아부 바카리 2세의 아들이었다. 제임스 커크만이 그의 비문을 발견했는데, 무하마드 5세의 아들 아부 바카리 3세(1602-1650)가 지은 것으로 1615년이라는 연대가 적혀 있다. 스와힐리 구전에서는「통나무 선생(Bwana Gogo)」으로 알려진 아부 바카리 3세는 포르투갈인인 가스파(Friar Gaspar)에 의해 1606년에 이미 언급된 바 있다. 이 기록은 스와힐리 연대기나 아랍 기록보다 더 신빙성이 있는 것이다. 1650년 파테의 왕위는 부와나 음쿠 2세에게 계승됐다. 그는 그의 이름에 나타나듯 매우 현명한 사람으로 유럽인과의 타협을 선택한 인물이다. 그는「갈대는 휘지만 부러지지는 않는다」는 속담을 잘 알고 있었던 것 같다. 이 당시 스와힐리 최초의 문학작품인 하음지야(1652년)가 아이다루시에 의해 쓰였는데, 아이다루시는 파테에 살고 있었고, 이 작품은 라무 방언으로 되어 있다.

3. 이슬람전통의 형성[111)]

1600년대는 인도양의 지배를 놓고 유럽 열강들이 각축을 벌인 시기라고 할 수 있다. 1699년 포르투갈인들이 동해안으로부터 아래로 퇴각을 했지만 1729년까지 계속해서 몸바사를 넘나들었다. 그러나 그 이후로부터는 아랍 오만국가가 독점적으로 영향권을 행사하게 되었다. 이리하여 해안의 스와힐리 인들은 언어와 문학의 부흥을 다시 맞이할 수 있게 되었다. 오만 아랍지배의 절정은 1810년대에 이루어졌다. 이 기간 동안 이루어진 문학은 이슬람의 종교관에 큰 영감을 받았다. 스와힐리 고전 문학은 전적으로 이슬람의 영향에 의한 것이라 볼 수 있다. 다음은 스와힐리 문학을 이해하기 위한 예언자 무함마드의 생애와 이와 관련하여 이슬람교가 형성되게 된 배경을 요약한 것이다.

3.1 예언자 무함마드(570~632)의 생애와 이슬람 태동의 역사적 배경[112)]

예언자는 절대 신을 대신하여 신의 말씀을 인간에게 전하는 역할을 부여받은 인물이다. 신은 절대적이고 전지전능하여 인간은 그에게 순종하고

111) 소수이기는 하나 오만 아랍 이주민들은 해안에서 엘리트를 형성했고, 이들이 신봉하는 이슬람 종교가 그들 삶의 근간을 이루었다. 흥미로운 것은 이들이 스와힐리 전통문학의 기틀을 세우는 데 결정적인 역할을 했으나, 그들의 언어인 아랍어가 아니라 현지어인 스와힐리어를 사용했다는 점이다. 언어의 선택 혹은 교체는 사회언어학적 제 요인들의 작용결과이겠으나, 인구수와 혼인, 현지 문화로의 동화가 스와힐리어를 사용하게 된 요인이라는 것은 어렵지 않게 예측할 수 있을 것이다.

112) 김정위(1981) 참조.

그의 뜻을 따라야 구원을 받고, 그렇지 않으면 죽어서 최후 심판의 날에 벌을 받는다고 경고된다. 신은 예언자들을 보내 잊기 잘하고 복종치 않는 인간들에게 자신의 징표를 보여줌으로써 섬기도록 유도한다. 무함마드의 40세 이전의 삶에 대한 기록은 별로 없고, 메디나로 이주한 52세 이후의 행적은 소상히 전해 내려오고 있다. 752년에 쓴 이샥(Ibn Ishaq)이 쓴 '예언자의 일생'이라는 책이 나왔으나, 지금까지 내려오는 것은 히샴(Ibn Hisham)이 833년에 쓴 교정본이다. 1955년 길롬(A. Guillaume)이 'A life of Muhammed'라는 제목으로 번역하여 출간했다.

구약에 나오는 아브라함(Abraham)은 본처 사라(Sarah)로부터 이삭을 낳아 유태인들의 가문을 이루었다. 사실은 그의 하녀 하갈(Hagar)이 먼저 첫 아들 이스마일(Ismail)을 낳았는데, 이가 곧 아랍인들의 조상으로 메카의 쿠라이쉬(Quraish)부족 계보로 이어진다. 무함마드의 증조부 하심(Hashim)은 시리아 대상 무역업자였고, 조부 무탈립(Muttalib)은 카바 순례객에게 음식을 제공하는 일을 했다. 아버지 압둘라(Abdullah)는 대상 무역을 하던 중, 병으로 사망했다. 그의 어머니는 아미나(Aminah)라는 여인이다. 그는 유복자로 태어나, 하심가의 씨족장인 백부 아부 탈립(Abu Talib)의 보살핌 속에서 성장했다. 25세 때 15년 년 상의 돈이 많은 과부 하디자(Khadijah)에게 결혼하여 딸 파티마(Fatimah)만을 직계후손을 낳았다. 이후 무함마드는 하디자 이외에 아이샤(Aishah)등 10여명의 아내를 더 두었다. 일찍이 그는 히라(Hirah)동굴에서 하나님(알라)의 계시를 받고, 우상숭배를 바로 잡고 부패한 윤리 도덕을 바로 잡고자 했다.

당시 메카는 예멘 상인의 출입 문제로 대상인과 중소 상인들이 서로 대립하고 있었다. 40세부터 예언자로 자처한 무함마드는 두 번째 계시에서 가브리엘 천사를 직접 목도했다. 그가 받은 계시들은 이후 기록되어 쿠란이 되었다. 서구 일부 반이슬람 학자들은 그를 간질병자, 히스테리발작, 혹은 기회주의자로 비난하기도 하고, 이에 관련된 사건을 '자기도취적 일화'로 폄하하기도 했다.

사실상 무함마드는 지니(Jinn, 마귀, 도깨비)에 홀린 게 아닐까 하는 의심으로 자살을 생각하며 두려워하다가 아내에게 고백하자 아내가 그 계시를 따르도록 하라고 충고했다. 셈족의 종교 전통에서 사성(사자; messenger of God, rasul Allah)의 반열에 올라가 있는 이는 이미 아브라함, 모세, 다윗, 예수가 있고, 예언자로는 노아, 요셉, 세례 요한, 그리고 아랍인으로 후드(Hud), 살리(Salih)가 있었다. 615년 예언자 무함마드를 따르던 무슬림들이 피박을 피해 아비시니아 피신했다. 619년에는 하심가의 씨족장이요 백부인 아부 탈립이 사망하고 아부 라합(Abu Lahab)이 등장했다. 예언자는 이제 씨족의 보호로부터 추방을 당했다.

아내 하디자의 죽음 이후, 예언자는 분쟁의 원인이 '전통적 신앙과 사회체제에 있다'고 보고, '부족신과 혈연적 관계를 버리고 종교적 이념 공동체인 움마(Ummah)를 건설해야 한다'고 생각했다. 622년 6월 메디나(Medina)인들의 초청을 받아 그곳의 만성적인 분쟁인, 아우스와 하즈라즈(Aus vs. Khazraj) 부족간의 분쟁을 조정했다. 이것이 바로 헤지라(Hijrah, 이주, 성천)로서 이슬람 역의 원년이 되고 있다. 세 개의 유대 부족들, 카이누카(Qaynuqa), 나디르(Nadir), 쿠라이자(Qurayzah)가 그를 도왔다. 무하지룬(Muhajirun)은 메카에서 함께 이주해 온 자들이다. 이들을 도운 메디나 주민들을 안스라(Ansra)라 한다. 알라의 길에 나서서 노력하는 사람들을 무자히둔(Mujahidun)이라 한다. jahada는 '노력하다'라는 의미이고, 지하드(jihad, 성전)라는 용어도 여기서 나왔다. 624년 바드르(Badr)전투에 이어, 630년에는 메카를 점령하였다. 이후 기도의 방향을 예루살렘에서 메카로, 유대인의 '속죄의 날'을 '단식행사 라마단'으로 바꾸었다. 유대족들인 카이누카, 나디르, 쿠라이자 족들을 여성모독, 맹약 위반, 배신행위 혐의로 모두 제거하였다. - 베두윈들을 개종시켜, 이들을 지하드로 끌어들였다. 이후 타북과 비잔틴 영토 원정을 개시하였다. 이스라(isra, 메카에서 이스라엘까지 야행), 미라지(miraj, 승천) 기적이 전해지고 있기는 하나, 기적을 행하지 못한다 하여 유대인의 조롱을 받기도 했다.

3.2 시이드 아이다루시(Siyid Aidarusi b. Athumani)의 하음지야(Hamziya)[113)]

리용고가 기사이자 모험가라면, 같은 시대(17세기) 같은 장소(파테)에 살았던 시이드 아이다루시(Aidarusi)는 학자출신의 이슬람-스와힐리 문학의 창시자이다. 그는 본래 아라비아의 하드라마우트 출신 사이드(Saiyid) 가문에 속하는데, 이들 가문은 이후 스와힐리 문학 발전에 지대한 기여를 했다. 리옹고의 이야기가 노래로 구전되어 일반인들에게 널리 알려져 있는 것과는 대조적으로 아이다루시의 시는 경건한 종교적인 내용으로 기록되어 있었으나 지금까지 잘 알려지지도 않았고 또 연구되어 있지도 않았다.

17세기 당시 상황을 보면 내륙에 있던 게디(Gedi)가 쇠퇴하고, 대신 섬에 있던 도시, 파테(Pate)가 융성하고 있었다. 이것은 북쪽으로부터는 쿠시어 일파인 갈라(Galla, 혹은 Oromo)족들이, 그리고 남쪽으로부터는 반투인인 짐바(Wazimba)족들이 자주 침입해 왔기 때문이었다. 그리하여 섬 내부에 있던 도시들, 파자(Faza), 파테, 시유(Siu) 등이 부유하여, 번영을 구가할 뿐이었다.

파테의 왕 타무 음쿠(Bwana Tamu Mkuu)는 친 아랍정책을 펼쳤는데, 1652년 그의 궁정에서 하음지야(Hamziya)[114)]가 지어졌다. 이 스와힐리 시는 지금까지 남아있는 것들 중 가장 오래된 것으로 알려져 있다. 이 작품은 13

113) 이 부분은 Knappert 1979: 103-108에 있는 내용에서 가져온 것이다. 앞에서도 언급한 바와 같이 아이다루시에서 볼 수 있듯이 이들은 아랍 하드라마우트 가문 출신으로 아랍인이라 할 수 있다. 이들이 스와힐리어를 써 작품 활동을 했다는 것은 쉽게 이해하기 어려운 부분으로 앞으로의 연구가 필요되는 대목이다. 요컨대 스와힐리 전통문학은 반투인 스스로의 상상과 경험이 직접 문자로 이어져 생성되었다기보다는 몇몇 아랍 이주민 출신 학자들에 의해 주도된 것으로 볼 수 있다. 여기서 이슬람적 신앙과 이미 형성된 중동지역의 문학적 전통이 자연스럽게 스와힐리 해안지역으로 전파되어온 것으로 볼 수 있다. 결국 스와힐리어를 빌어 이들의 종교세계가 표현됨으로써 이 언어의 주체인 반투민들에게 후일 엄청난 영향력을 과시하게 된다. 언어시스템 그 자체와 이를 쓰는 집단이 함께 갈 수도 있지만 별도의 영역으로 분리될 수도 있음을 보여주는 사례라 할 수 있다.

114) 총 456개 연으로 된 이 시가 쓰인 시기는 1749년경으로 알려졌으나 이 시에 나타난 언어 형태를 볼 때 17세기의 것이 아닌가, 추정되기도 한다(J. Knappert 1967:3). 하음지야에 대한 보다 자세한 설명은 Knappert(1979:103-107) 참조. 하음지아가 쓰인 시기에 대한 논의로 Chiraghdin(1973:1)은 키옹고지 중기(Kingozi cha kati)로 보았다. 하음지야 원본 중 일부인 60연을 번역 출간했던 Knappert(1968:55)는 원본 해석이 너무 어려워 아랍어 원본을 대조해야 했다고 한다(Miehe 1979: 26). 아랍문자에서 스와힐리 로마자로의 번역(transliteration)의 어려움과 하음지야에 대한 다른 논문으로 Mkelle, B.(1976:71-75)가 있다.

세기 이집트의 유명한 시인 알 부시리(Al Busiri, ? ~ 1296)의 시 '움 알-쿠라(Umm al-Qura, 도시들의 어머니)'를 기초로 한 것인데, 아랍 원문으로 된 총 465개 연을 일일이 스와힐리어로 번역한 것이다. 내용은 예언자 모하메드의 생애를 그린 것이다. 하음지야를 기록했던 당시 스와힐리 문학어를 특히 키옹고지(Kingozi)라 한다.

아래에 소개한 부분은 이슬람의 창시자 모하메드의 아내가 된 하디자가 부른 낭만적인 사랑의 노래이다. 그녀가 처음 예언자를 보게 되었을 때 어떻게 그에게 반하여 이끌리게 되었는지가 묘사되고 있다. 전체적인 분위기는 이제 더 이상 영웅을 숭배하거나 특정인의 삶과 사상, 혹은 행실을 그리지는 않는다. 이슬람종교의 창시자인 모하메드와 그의 가족들, 그리고 그 측근들의 이야기를 신적인 차원으로 끌어 올려 사건 하나하나를 신화적 이야기 차원으로 상승시키고, 동시에 고양해 묘사하고 있다. 이 같은 서술은 독자들에게 깊은 종교적 감명과 더불어 현실로부터 동떨어진 이상화된 낭만성을 부가하는 효과를 지니고 있다.

61. Kwa sababu sizo kamu*posa* amu*lowole*
    이런 이유로 그녀는 결혼해 달라고 청했네.
    ni wema *uloye walangafu* kufika mema.[115)]
    현자에게 베풀 수 있는 가장 좋은 기회라
62. Kajiliya Tumwa Jiburili mwake Hadija
    가브리엘 천사가 하디자의 집에 나타나자
    na mwenye akili katizama mambo kipima.[116)]
    지혜로운 여인은 사정을 헤아려 보았네.

---

115) 위 본문은 Knappert (1979: 105)에서 재인용. sizo > hizo, ka-mu-posa에서와 같이 고형에서는 주격 전철(a-)이 보통 생략된다. -olewa대신 모음사이에는 -l-이 삽입되어 a-mu-lowole(그에게 시집가기를)로 나타나고 있다. uloye(=uliye), -langafu(=-fadhili/믿음이 있는, -pendeleo). 친절한 자가 선량한 자에게 다가갈 수 있는 결혼은 좋은 일이 아닌가!

116) *-ja > -jia > -jilia, d. appl. come to at.. with special purpose, tizama > tazama*

63. Akauta mbali mutu wazi kwamba ajuwe
그 앞에 나타난 이가 진실인가 꿈인가를
amuiliyeyo ni *wahayi* amu *ighima*.[117)]
보기 위해, 그녀는 베일을 벗었네.

68. Miujiza yake tuyawene tuk*ongokeya*
우리는 기적을 확인하고 그에게 인도됐네.
na haki ijapo *mikindano* kondoka thama.[118)]
진실이 오면 온갖 저항도 사라지리라.

70. Kwa ngapi tuwene wasyo *nyoyo* kulihimuwa,
분별없는 자들을 얼마나 많이 보았던가!
yasiyokuonywa ukalau wenye fahama.[119)]
현자에 의해 경고되지 않는 자들이여! (K. 105)

하디자는 모하메드를 보는 순간 반하여 그에게 청혼하게 되는데, 현자에게 베풀 수 있는 최대한의 호의라 생각한다. 이 같은 상황 진척이 현실인지, 꿈인지 모를 정도로 하디자는 흥분하고 감격해 있다. 저자도 이 같은 상황 진행을 기적으로까지 묘사하고 있다. 이슬람의 예언자에 관련된 모든 사건은 일상인들이 겪는 것과 근본적으로 다를 것이 없지만, 이야기 속에서는 신화적인 차원으로 승화되어 있다. 더 이상 속세의 사건일 수 없는 것으로 묘사되어 있는 것이다. 이슬람의 전설과 영웅담에 관련된 이후 많은 작품에서 이 같은 분위기가 그대로 지속되어 나간다.

---

117) *베일(utaji, taji. > uta ?), juwe (<- jua), a-mu-ili-ye-yo 'which came to her' -ye < ja wahayi 출현 revelation, ighima 꿈.*

118) *miujiza(=mwujiza) 기적, ongokeya(< -ongoza)인도하다. haki; 정의, 진실, 신의 뜻/운명, mikindano 저항(< -kinza < kina; 저항하다), =unkinzani. thama; 그때.*

119) *wasyo =wasio, nyoyo(=moyo) 가슴, 분별. lihimuwa (-lihamu, cf. -lehemu to solder, apply solder); 납땜 되다. -onya; 경고하다, u-ka-lau; cf. laumu; to reproach.*

3.3 무웽고 빈 아투마니(Mwengo bin Athumani)의 탐부카; 18세기 구비 전승된 대서사시의 시작

이슬람문화가 스와힐리어 권에 전파되어 가는 과정에서 스와힐리 시인들은 이슬람의 형성 및 확장과정에서 펼쳐졌던 다양한 역사적 사건들을 문학작품의 소재로 삼았다. 이 같은 활동은 본격적인 스와힐리 고전문학의 출연을 가능케 했다. 18세기 들어와 무웽고 빈 아투마니(Mwengo bin Athumani)가 출현함으로써 스와힐리 서사문학은 본궤도에 오르게 된다. 그는 파테(Pate)에서 살았는데, 그 도시 술탄의 요청을 받아 글을 썼다.[120] 그는 18세기 전반부에 살았는데, 후일 또 다른 저명한 스와힐리 시인 아부바카리(Abu Bakari)를 아들로 두었다. 무웽고의 명성은 '헤라클레이오스의 이야기(Herekali cha Heraklios)'에 기초하고 있다. 샤이리(Shairi) 운율로 된 몇 편의 다른 시가 있지만, '헤라클레이오스'보다 늦게 쓰인 것으로 보인다. '헤라클레이오스'는 1728년경에 쓰인 것인데, 이 작품을 보면 무웽고가 시유(Siu) 사람인 것으로 보인다. 작품의 끝 부분에서 저자는 자신을 스스로 '무지한 사람'이라고 겸손해하면서, 시아피 이슬람 율법서를 읽어본 적이 없노라고 고백하고 있다. '헤라클레이오스 황제 이야기'는 스와힐리 서사시의 모태로서 '우텐디(Chuo cha Utendi)[121]'라 불리는데, 유럽에서는 타북의

120) 하음지아를 쓴 아이다루시에 이어 무웽고와 그의 아들 아부 바카리는 인키샤피를 쓴 압달라 등장 이전 스와힐리 문학의 한 획을 긋는 인물들이다. 이들은 비록 파테-라무라는 동-아프리카 해안에 거주하여 살아가고 있지만, 정신적으로는 중동지역의 이슬람에 깊이 뿌리 내리고 있다. 이슬람은 이미 파테-라무 지역의 삶과 제도, 정치 종교적으로 그 모양을 갖추고 있어서 문학활동도 그 테두리 안에서 이루어진 것으로 보인다. 특히 기록문학의 원조로 볼 수 있는 무웽고의 탐부카는 술탄의 요청에 응한 형식을 따름으로써 사적이고 개인적 차원의 기술이 아니라 어느 정도 공식적인 성격을 띠고 있는 것도 특이하다 하겠다. 이런 특질들은 후일에 등장할 압달라나, 무야카와 크게 대비되는 부분이다. 문자문학은 고도로 제도적이며 공식적인 성격을 애초 생성 시점에서 나타낸다고 볼 수 있다.

121) 이미 언급한 바와 같이 우텐디(Utendi, 우텐지 Utenzi라고도 함)는 스와힐리 고전 시 형태의 대표를 이루고 있는 것인데, 내용 면으로 보면 '확대된 이야기체 시(an extended narrative poem)'라고 볼 수 있다. 형식적 특징은 1개의 연(stanza)은 4개의 행(line)으로 이루어져 있고, 이는 다시 8개의 음절로 구성되는데, 각 행의 끝 음이 동일하고 오로지 마지막 행, 즉 1개 연의 마지막 음은 달라지는데 이들은 다시 다른 연들과 일치하게 된다. 이 같은 시 형식은 아랍문학의 '마가지(maghazi)' 전통에 따른 것으로 보인다. 예언자 모하메드의 헤지라 이후 발생했던 일련의 전투들에 관련된 역

이야기(Utendi wa Tambuka[122], 혹은 단순히 '헤레칼리(Herekali cha Heraklios)'로 알려져 있다. 지금까지 8권의 필사본이 나와 있다.

'탐북카'의 내용은 7세기 헤라클레이오스 지배시기에 비쟌틴 군과 이슬람군 사이의 전투를 그린 것이다. 특히 타북 전투가 상세히 묘사되고 있는데 명예와 복수가 주제를 이루고 있다. 기적과 초자연적인 사건들이 많이 일어나는 원시적인 전투상황이 묘사되면서 전투 자체가 찬양되고 있다. 이 서사시의 구성을 보면, 1연에서 13연까지는 서문이고, 14연에서 266연까지는 비잔틴 병사에 의해 초래된 전쟁 중, 예언자 무함마드의 조카인 자아파리(Jaafari)가 죽음을 당하는 부분이다. 이어서 이에 따른 헤라클레이오스에 대한 선전포고가 주 내용을 이룬다. 267연부터 400연까지는 타북이라는 비잔틴 마을에 이슬람군이 도착했을 때, 이들이 예언자의 사위인 알리(Ali)의 도움을 받게 된다는 내용이다. 아내 화투마에게 작별인사를 하는 내용도 포함되어 있다.[123] 아래 3개 연은 이슬람군의 한 장군이 말을 타고 출정하기 직전, 그의 위용과 모습을 그린 대목이다.

447.	Amiri kaji*labisi*	장군은 갑옷을 입고,
	kapanda wakwe farasi	자신의 말에 올랐네
	mu*kundufu* si mweusi	검지 않은 갈색 빛 말 위로
	na zita kuvumilia.[124]	수많은 전장을 견뎌온 그 말.

사적 혹은 전설적인 사건들을 다룬 아랍 문학이 마가지이다.

122) 헤레칼이라 불리기도 하는 이 시는 가장 오래된 원고들 중 하나로 스와힐리 고형을 간직하고 있다. 실제 630년에 있었던 타북 전투를 묘사하고 있는데 비잔틴 군대를 섬멸키 위해 알리가 등장한다. 총 1150개 연으로 구성되어 있다. 독일의 Bttner와 Meinhof에 의해 1912년 최초로 독일어로 번역되어 출간되었다. cf. Miehe 1979: 27, Knappert 1979: 109-114. 권명식(1991:8) 참조.

123) 자신의 외교사절을 살해한 것에 대한 보복으로 예언자 무함마드는 시리아로 군대를 파견한다. 그러나 628년경 그의 군대는 사해 남쪽 음은타(Mn'ta)라는 곳에서 패배한다. 630년 여름 예언자는 비잔틴 제국과의 국경지역에 있는 타북(Tabuk)에 보다 강력한 군대를 파견한다. 역사적 근거는 없으나 탐부카(Tambuka)는 이 타북(Tabuk)의 전투를 배경으로 하고 있다(cf. Gerard 1981:97).

124) amiri; 사령관, 지도자, *-labisi는 -vika, vaa, valia와 같이 (옷 등을)입는다는 의미이다. -kundufu는 갈색(rangi kama ya majani makavu)이라는 의미이다.*

457.	Farasi kawa kwinuka kushitadia kutaka kashika ndia Tambuka *kozi kinda* kuwakoa	말이 우뚝 일어섰네. 나아가 싸우기 위하여, 타북으로 향하는 길을 따라 병아리를 낚으러 수리가 간다.
466.	Sahaba za Muongofu wakalinganya sufufu myoyo isina *haufu* wayakinile kitaa.[125]	안내하는 동료들이여 그들은 전열을 가다듬는데, 그들 심장엔 두려움이 없어라 전투에선 믿을 만한지라! [126] (K.112-113)

탐부카의 소제는 십자가와 초승달의 투쟁, 요컨대 기독교세력과 이슬람 세력 간의 투쟁이다. 등장인물들의 주요 동기는 명예에 대한 욕망과 복수에 대한 집착이지만 그 뒷전에 있는 알라에 대한 헌신이 핵심 주제라 할 수 있다.

3.4 아부 바카리(Abu Bakari)의 '파티마'와 '카티리푸(Utendi wa Katirifu)'

무웽고의 시 형식이나 주제를 답습한 사람은 그의 아들 아부 바카리(Abu Bakari)이다. 그의 작품으로는 카티리푸(Utendi wa Katirifu)와 파티마(Fatima)가 있다. 파티마는 예언자의 딸로서, 두 번째 작품은 그녀의 일생과 특히 알리와의 결혼을 준비하는 과정이 그려져 있다. 이 결혼은 이미 천상에서 결정되며 천사장인 가브리엘에 의해 예언자에게 알려진다(Miehe 1979: 25). 파티마는 '헤라클레이오스'나 '카티리푸'처럼 우텐디 운율로 되어 있다. 총 446연으로 된 이 시는 함부르크 대학의 담만(Damman 1940)교수에 의해 출간되었다. 화투마는 18세기에 쓰인 3개의 스와힐리 서사시에 등장하는 유

125) *kozi는 독수리(koho, tai)를 의미하고, kinda는 병아리, 새(kifaranga, kinda la ndege)를 의미한다. haufu는 공포, 두려움(hofu)를 의미한다.*

126) 원문은 Knappert (1979:112-113)에서 인용.

일한 여성이다. 이슬람문학에서 그녀처럼 추앙받는 여성은 없다. 예언자의 첫 두 아내는 하디자와 아이샤(Aisha)인데, 라무에서는 하디자만 추앙받고 있다. 화투마는 모하메드의 양자인 알리와 결혼하여 두 아들 핫산과 후세인을 둔다. 이들은 예언자의 유일한 (외)손자들인 셈이다.

450개 연으로 구성된 카티리푸 이야기는 '세세바니의 계곡(Wadi Sesebani)'이라고도 알려져 있는데, 바카리는 아버지의 작품 '헤라클레이오스'에 큰 영향을 받은 것으로 보인다. 무웽고의 작품에서와 마찬가지로 바카리의 서사시 대부분은 예언자 모하메드와 이교도인 카티리프와의 전쟁을 다루고 있다. 헤레칼에서 처럼 나중에 알리가 전투에 등장한다(Miehe 1979: 27). 이 작품의 내용은 다음과 같다.

> "어리석은 갑부 카티리푸는 이교도 여왕 하시나와 결혼하고자 한다. 그녀는 자신의 남편이 예언자와 싸우다 죽었다는 이유로 청혼자인 카티리푸에게 모하메드와 그의 아들 알리(예언자의 양자 겸 사위, 파티마의 남편)를 몸값으로 요구한다. 이 같은 음모가 개종한 유태인에 의해 메디나에 있는 예언자에게 알려지게 되자 일련의 싸움이 벌어진다. 종국에 가서 가브리엘 천사의 도움을 받은 무슬림 군대가 대승을 거둔다." Knappert 1969, Gerard 1981:98, 권명식 (1991:8).

이슬람 역사 이야기의 종말은 대개 해피엔딩으로 마무리된다. 알라신이 항상 정의로운 쪽에 승리를 가져다주기 때문이다. 다음은 유대인이 이슬람으로 귀의한 것을 찬양하면서, 이슬람군의 장수 아므르에 대한 성전을 독려하는 메시지를 담은 부분이다.

4.	Kwalina mtu Yahudi	옛날에 한 유태인이 있었는데,
	moyo wake ukarudi	그의 마음이 되돌아와
	kalekea Muhamadi	모하메드에게 향했노라.
	Tumwa wetu Mansuri	신이 보호하시는 우리의 예언자.

16. Kaata yake *biladi*	그는 자기 조국을 떠났네
na mali na *auladi*	재산과 가족 모두를 데리고
kumwitikia Wadudi	예언자의 부름에 응하여
yote asiyafikiri.[127)	다른 모든 것엔 개의치 않았네.

199. Enda kapijane nao	나아가 그들과 대적하라!
haki wataadiyeo	신에게 대적하는 무리의 몫이라
na za Peponi funguo	천국에 이르는 열쇠는
zi mikononi mwa huri[128)	자유로운 자들의 손안에 있도다.(K.114-118)

이들은 이슬람에 몰입하여 그것이 절대 가치를 지닌 것으로 파악하고 그 밖에 있는 것은 적으로 간주한다. 이슬람을 믿지 않는 이교도들과 유태교도들, 기독교도들은 타도의 대상이 될 뿐이다. 절대적인 신앙은 그 안에 있는 자들에게 완벽한 평화와 확신, 믿음을 약속해 주지만 그 경계를 벗어나면 극단적이고 가혹한 대립을 불러일으킨다. 스와힐리 문화권은 이슬람 세계로서 이 같은 철저한 믿음이 그들의 삶을 완벽하게 지배했다.

---

127) *kaata=ka-acha, biladi는 조국(nchi, jimbo, wilaya)을 의미한다. auladi는 가족(jamaa, ukoo, ahali)을 의미한다.*

128) 원본은 Knappert (1979:114-118)에서 재인용.

4. 스와힐리 고전 문학의 황금기[129)]

아이다루시와 무웽고에 의해 스와힐리 고전 문학의 초석이 놓인 이후 압달라에 이르러 명실 공히 스와힐리 문학의 꽃이 피기 시작한다고 볼 수 있다. 여기에는 작가의 정체성의 문제가 드리워져 있다. 아랍에서 이주해 온 귀족들이 아랍어와 스와힐리어를 병행해 쓰고, 토속 원주민들과 거리를 두면서 동시에 그들과 함께 살아가야 하는 처지에서 이들의 이중적 정체성이 나타난다. 아랍 문학의 화려한 전통 속에 그들의 의식이 뿌리 깊게 내려있는 한편 새로운 삶의 터전에서 생활의 매개인 스와힐리어와 아프리카 해안 문화의 내용들이 마냥 부인하거나 거부할 수 없는 진실로 다가온다. 스와힐리 문명처럼 문학도 이런 혼성, 다중적 성격을 바탕으로 생겨난 특이한 성질을 지닌다고 볼 수 있다.

4.1 영혼의 각성: 사이드 압달라 빈 나시르 (Saiyid Abdallah b. Nasir c.1720~c.1820)

압달라의 첫 작품 '리옹고의 이야기(Thakhmis wa Liyongo)[130)]'는 기존의 전

129) 이 장은 Gérard(1981)의 3장 서술을 따라 기술했다. 그의 책은 원어 텍스트가 결여되어 있으므로 여기서는 Abdulaziz(1979) 및 Knappert(1979)에서의 원본 텍스트를 인용하여 번역한 후 해설하였다.

130) 압달라는 Thakhmis wa Liyongo와 al-Inkishafi를 남겼다. 타크미스(Thakhmis)라는 아랍문학은 5개 연으로 된 시 형태를 일컫는 것으로서 그가 처음으로 스와힐리어로 형상화했다. 리용고라는 인물로 대변되는 두 개의 상반되는 덕목, 명예를 추구하는 호전적 용맹스러움(warlike fame, prowess)과 자유를 추구하는 인성이 압달라의 시에서도 추구되고 있다. cf. Gerard 1981:99, 권명식 1991:9.

통을 그대로 이어받은 것이다. 모험과 죽음을 불사하는 영웅을 찬양하고, 살아남기에 급급해하며 현세의 안락을 도모하는 비겁자들을 경멸하는 내용이 중심주제이다.[131] 형식은 5행으로 마지막 행의 각운이 달라지는 타크미스(Thakmis) 전형을 따르고 있다.

Naapa kwa Mungu na Mungu ndiye kiapo
신에 맹세하노니 오직 내가 맹세할 자라
Nampenda mtu pindi naye anipendapo
나를 사랑하는 한 나는 그를 사랑하네.
Bali nduu yangu pindi ari abwagazapo
하지만 내 형제라도 명예를 손상시키면
Ninga mwana kozi sioneko niwakuapo
보이지 않게 덮치는 독수리가 될지니
Ni muwi wa nyuni anwakua katika nyama.[132]
무리에서 잡아채는 사나운 새 이러라.

파테에서 쓰여진 마지막 서사시 '인키샤피(Utendi wa Inkishafi, 혹은 al-Inkishafi)'는 저자의 인생 말기에 쓰인 것으로 '영혼의 각성', '자아성찰' 혹은 '계시록'이라는 부제가 붙어 있다.[133] 파테의 부와 영화를 배경으로 지상의 영화가 무상(無常)하고 덧없다는 것(vanitas)을 노래한 철학적인 시

131) "The intrinsic interest /../ lies in defining a code of behaviour which is based on the antithetic values of gentleness and warlike fame."(Gérard 1981:99). 제라르드의 지적처럼 리용고에서는 모종의 행위 지침을 제시하고 있는데 용감함과 비겁함, 점잖음/명예와 수치를 양분법적으로 대치시켜 신이나, 사회집단의 판단 앞에서 두려워하지 않을 수 있는 인간이 되기를 리용고를 통해 보여주고 있다.

132) I swear by God and God is the only One whom you swear an oath by. I will love a fellow being as long as he loves me. But even my own kinsman, if he should tarnish my honour. Then I became ninga the young goshawk who swoops down unseen. The most ferocious of birds snatching its prey at will from the brood. Abdullaziz 1979: 57.

133) 인키샤피는 스와힐리 속담을 수집하여 해설한 것으로 유명한 테일러(Taylor)에 의해 최초로 스티건드(Stigand 1915)의 방언 기술 문법책에 예제로 몸바사와 라무 방언의 두개 버전이 발표되었다. 후일 히친스는 '영혼의 각성, 인키샤피'라는 제목의 별도의 책을 출간했다(Hichens 1939).

라 하겠다. 이전에도 교훈적인 시가 적지 않았으나 구체성이 결여된다는 약점이 있었다. 압달라는 장중함과 긴박감을 가지고 '추악한 현세의 삶(Contemptus Mundi)'주제를 다루고 있다. 요컨대 '지상에서의 삶이 사악하고 비루하여 경멸스럽다'는 생각이 바탕을 이룬다. 지상의 온갖 유혹이 헛되다는 것, 혹은 세상이 거친 바다와 같아 결국 모든 것을 잃고 만다는 생각이다. 삶은 신기루와 같아서 얼핏, 보기에는 황홀하지만 다가가 보면 혹독한 태양의 열기만 가득할 뿐이라는 것이다. 세상의 갈증은 영원히 충족될 수 없는 것으로 오히려 그것에 하염없이 휘둘리는 우리의 속된 삶이 바로 오염되어 있고 더럽다는 '콘템프투스 문디' 주제이다.

이는 '우비 순트(Ubi Sunt)'주제와도 관련된 것인데, '한 때 이 세상을 살던 수많은 사람들이 지금은 다 어디 갔느냐는 것'이다. 결국, 이 주제는 죽음을 기억하라는 죽음 주제(Memento Mori)와도 연결된다. '인간은 피해갈 수 없는 죽음을 생각하지 않을 수 없다는 것'이 그것이다. 결국, 이 작품은 인간의 삶에 관한 가장 본질적인 주제들을 다루고 있다. 17세기 말 파테가 정치적으로, 경제적으로 몰락하면서 지상의 권력과 번영이 일시적이었고, 무가치한 환영에 불과했다는 것(Transitoriness & Worthlessness)이 그려지고 있다(Gérard 1981:100-101).

작품의 내용은 저자 압달라가 당시 왕의 운명을 애도하고, 다른 한편으로는 파테의 궁정인 융가(Yunga)의 폐허를 묘사하는 것으로 되어 있다. 이제까지 작품이 주로 동아프리카의 공간과 사건을 접어둔 채, 저 멀리 아라비아 반도 혹은 이슬람 세력이 펼쳐졌던 이집트, 걸프, 혹은 소아시아를 무대로 했던 것과는 달리 이 작품에 와서는 동아프리카의 스와힐리 도시 파테(Pate)가 직접 작품의 중심으로 떠오른다. 스와힐리인들이 현재 살고 있는 바로 그 공간과 시간이 문학작품의 중심소재로 떠오르게 되었다는 사실은 스와힐리 문학사상 중요한 시각의 변화가 아닐 수 없다. 1811년 영국의 스메(Thomas Smee)가 파테를 처음 방문하여 당시 상황을 묘사했는데, 흙으로 된 오두막이 옹기종기 모여 있고, 부락민들은 바깥으로 나오려 하지 않았다고 한다. 왕좌에서 쫓겨난 집권자들의 부하들로부터 공격을 받을 것이라는 두려움에서였다. 한 때는 동부 해안과 수백 마일을 지배했던 자랑스러운 도시의 슬픈 몰락을 그리고 있다. '모든 것에 종말이 있음'은 스와힐리 노래에도 다음과 같이 표현되고 있다.

Hutimiza zitu zote	모든 것에 종말이 있나니,
watazikwa watu wote[134)]	모든 사람이 땅 아래 묻히리라.(K. 127)

인키샤피의 형태적 특징을 살펴보면 우선 각 절은 대개 11개의 음절로 이루어져 있는데, 전반부가 6음절이고, 후반부는 5음절이다. 이는 읽어 가는 과정에서 교묘한 리듬을 자아내는 효과를 지닌다. 이렇게 해서 형성된 한 개의 행은 4개가 합쳐져 하나의 연을 이룬다. 이들 행 사이의 형태적 관계는 각 절의 마지막 음절의 동일성으로 특징지어진다. 예컨대 34연의 경우는 처음 세 행이 모두 {-si}음절로 끝이 나는 것이다(이는 다른 연에서는 *-zi, -wa, -ma, -zi, -ri, -ka, -nde, -mbe, -wa, -nda*로 각운변이를 하고 있다). 다만 마지막 행인 네 번째의 경우만 {-ye}로 끝나는 변칙성을 보이게 되는데 이는 다른 연들과의 맞추기 위함이다. 아래 주어진 예에서 볼 수 있듯이 73연까지 모든 연의 마지막 음절은 {-ye}로 끝이 나고 있다. 이상 살펴본 바와 같이 인키샤피는 내용상의 특성과 함께 그 형식에서도 고도의 정교함을 과시하고 있다. 이 같은 형식미를 지켜나가기 위해 작가는 단어들을 도치시키기도 하고, 일상의 쉽거나 흔한 어휘대신 고어, 아랍 차용어, 전문 종교용어 등 독특한 어휘들을 발굴하여 시어로 사용하고 있다. 다음은 지상에서의 권력과 영광이 하나같이 일회적이고 무상한 것이지만 한 때는 찬연히 빛났던 것임을 노래한 부분이다.

34. *Uwene* wangapi watu *wakwasi*	얼마나 많은 부자들이
walo waki*waa* kama shamsi	태양처럼 빛났던가!

---

134) *timamu* n. 완료, 종결, adj. 끝난, -timu; v. 끝나다 > -timia, timiza, -zika; 매장하다, 묻다.*

	Wamuluku zana za adhurusi	전쟁의 살인 무기를 가진 자들
	dhahabu na fedha wa*hiziniye*.[135)]	그들이 쌓아 모은 저 금은 보화들
37.	Nyumba zao mbake zikinawiri	그들의 거처는 찬연히 빛나고,
	kwa taa za kowa na za sufuri	수정과 황동의 불빛 아래
	masiku yakele kama nahari	어두운 밤은 대낮같이 밝아
	haiba na jaha iwazingiye.[136)]	아름다움과 행운으로 둘러 싸였네.
38.	Wapambiye swini ya kuteuwa	그들은 선택된 자기로 장식되었고,
	na kulla kikombe kinakishiwa	온갖 잔들은 채색되어 있는데
	kati watiziye kuzi za kowa	가운데로는 수정 유리 물병이 있어,
	katika mapambo yanawiriye.[137)]	아름다운 것들 가운데 빛나는 도다.
40.	Kumbi za misana zalikuvuma	중앙 복도는 생명의 소리로 가득하고,
	na za masuturi zikizizima	휘장 친 방은 시원하고 쾌적하구나!
	kwa kele za waja na za hudama	노예와 시동들의 말소리와 함께
	furaha na nyemi zishitadiye[138)]	즐거움과 기쁨만이 더해만 가네.
41.	Pindi walalapo kwa masindizi	그들이 수면을 취하고자 하면,
	wali na wakandi na wapepezi	왕은 안마사와 부채질하는 하녀가 있고

135) *uwene는 u+a+ona(=waona)이고, wakwasi는 부, 부자(utajiri, ukwasi)를 의미한다. -waa는 빛나다(-angaza, -mulika, -ng'aa)이고, miliki; n. 지배자 zana; apparatus, ~ za vita; 탄약, -hizini는 쌓다(-kusanya)는 의미이다.*

136) *-nawiri < -nuru, n. 빛, kowa? 수정? < koa; 껍질, yakele < -kaa; 지속되다, nahari; mto wa maji, 2) mchana 대낮의 빛, haiba; uzuri, wema, 용모, 외모, 형식미, 웅장함, 화려함, jaha; prosperity, honour, glory/ 번영, 명예, 영광.*

137) *pamba; 장식하다/to decorated, swini; 자기/porcelan, -teua; 뽑다, nakishiwa; 채색되다/새기다, be painted, kuzi; carafes, 물병, -tia; 놓다.*

138) *kumbi; corridor, 복도, misana; central, 중앙의, -vuma; 1) 바람이 윙윙불다, 2)화제가 되다, -zizima; be cool, kele; noise, waja; slave, hudama; servants, furaha; 기쁨, joy/즐거움, nyemi; pleasure, 쾌적함, 안락함, -shitadi; be intensified.*

na wake wapambe watumbuizi	어여삐 차려입은 여가수들이 있어
wakitumbuiza wasinyamaye.[139]	쉬지 않고 부드러운 노래를 불러 주누나.

(K. 132)

파테의 전성기는 권력과 물질적인 풍요로움, 우아함과 쾌적함("power and prestige, of opulence and gaiety, of elegance and sensuous enjoyment" Gérard 1981:101)으로 가득 차 빛나고 있다. 이것은 모든 인간이 갈구해 마지않는 달콤한 꿈이기도 하다. 그러나 이런 모든 것들이 파테의 몰락과 함께 일거에 사라지고, 도시는 지금 파괴된 폐허 속에 썩어버린 시체, 버려진 건축물 쓰레기들로 내팽개쳐져 있다. 고상했던 인사들이 시체로 변해 있고, 그 속으로는 구더기들이 황급히 오고 갈 뿐이다. 저자는 인간의 삶 과정에서 나타나는 양극단의 모습을 다음과 같이 함께 묘사하고 있다.

44. Ukwasi ungapo na *tafahari*	재물은 오만함의 근원이었으나,
waka*nakili*wa ili safari	여행을 위해 이동하게 되었으니,
washukiye nyumba za makaburi	공동묘지에 이제 내리고 보니
fusi na *fusi*ze ziwafusiye.[140]	자갈과 쓰레기가 그들을 덮는구나!

삶과 죽음, 영광과 오욕이 극적으로 대비된다. 양극단(재물/ukwasi과 오만함/tafahari, 공동묘지/makaburi, 쓰레기/fusi)은 인간의 삶 과정에 언제든지 나타날 수 있다는 점에서 함께 존재하는 잠재적인 양상의 하나이다.

45. Sasa walaliya mji *shubiri*	이제 비통한 도시에 눕고 보니,
pasipo zulia wala jodori	쿠션도 베게도 하나 없네.

139) *masindizi(< -sinzia); doze/졸다, wakandi; masseurs/안마사, wapepezi; fanners, -tumbuiza; soothe by singing, (<-tumbuika < -tumbua), nyamaye (< -nyamaza); keep quiet, repress oneself/조용히 하다.*

140) *ukwasi; 재물, tafahari는 오만함(kiburi, majivuno, kinaya, kimene, usodawi), -nakili > -nakiliwa는 '이동하다', fusi(ma-)는 잔해물(mud of the walls). -fusa; to attack, beat.*

ikawa miwili kuta *athari*	그들의 온몸이 더럽혀졌으니,
dhiki za *ziara* ziwakusiye.[141)]	무덤의 압박만이 그들을 짓누를 뿐.

살아있을 때는 죽음을 생각하지 못하고, 영광스러울 때는 비통함(shubiri)과 압박(dhiki)을 알지 못하며, 안락할 때는 고단함을 알지 못한다. 그러나 때가 되면 우리는 곧 그 곳, 다른 극단으로 치달아 간다.

46. *Zitukuto* zao hutuwalika	그들의 흥분은 사라지고,
wasaha na damu huwa*atika*	그들의 침과 피도 말라붙었구나!
pua na makanwa bombwe hutoka	코와 입으로 구더기가 기어 나오니,
haiba na sura zigeushiye.[142)]	아름다운 형체는 온데간데없네.(K. 133)

흥분(zitukto, hangaiko), 침(wasaha), 피(damu) 그리고 아름다운 형체(haiba na sura)는 삶의 영역에 속한다. 그러나 그런 것들이 어느덧 홀연히 사라지고(-fiye, -fia, -fifia) 모든 생명의 물기도 말라버렸다(-atika/뽑아내다). 아름답던 얼굴, 코(pua), 입(makanwa)으로는 구더기(bombwe)가 오가고 있다. 우리가 경험하는 현실이라는 것이 순식간에 사라질 환영(maya)과 같다.

52. nyumba kati zao huvuma mende	저택 사이로 바퀴벌레 기어가고,
kumbi za misana hulia ngende	회랑 안으로는 귀뚜라미 울어 댈 뿐,
yali*fiye* vumi makumbi ya-nde	바깥 정원 부산한 말소리도 간데없네.
kua mazibala yaliswiriye.[143)]	이제 그곳은 먼지만 가득하여라.

---

141) *shubiri는 비통함(uchungu, ukali, kasirani, ukakasi, wivu, uhasama), zulia; 쿠션, jodori; 베개, athari는 얼룩, 오점, ziara(ma-)는 무덤(kaburi), kusiye (< kuta, kusha, kusa), to cause to come, bring upon.*

142) *zitukuto; -tukuta; kosa kutulia, sukasuka, tikisa, 동요하다, walika; 사라지다/ceased, wasaha; 침/saliva, -atika; 말라버리다/be left to dry on them, makanywa; 입/mouth, haiba; 아름다움/beauty, sura; 모습/features, geushiye; 변하여 없어지다/changed, beyond recognition.*

143) *vuma; 부시럭거리다/rustling, misana; 중앙복도, 회랑/corridors, ngende; 귀뚜라미/cricket, vumi; 시끌시끌한 말소리/boisterous talk, mazibala; dust.*

저택(nyumba)과 회랑(kubi za misana)은 바퀴벌레(mende)와 귀뚜라미(ngende)로 대비되고 있다. 정원(makumbi)과 정적과 먼지(mazibala)가 계속 대비되는데 이 같은 양극단들은 모두 삶의 본질들이다.

59. Wa wapi wenzangu wawende kumbe	친구들은 다 어딜 갔나?
na mashaha wema wa *kisarambe*.	왕궁의 고귀한 임금은 어디 계신가?
Walaliye nyumba za fumbe-fumbe	그들 모두 과부 새 집안에 묻혔구나!
ziunda za miti ziwaaliye[144)]	관 뚜껑만이 무겁게 그 위에 얹혀 있네.

'ubi sunt(wapi waende?)'의 모티브이다. 모두(wenzangu/친구들, mashaha/임금님)가 다 어디 갔는가? 환영처럼, 연기처럼 모두 사라지고 말 우리의 운명이다. 부귀영화(kisarambe/왕궁)가 찬란한 만큼 그 허망함도 더하다. 그것도 죽음(ziunda/관 뚜껑) 앞에서는 속수무책이다.

66. Amba siku ya 'ti kupinduliwa	세상 뒤바뀔 날이 오리
na mbingu sabaa kugeuliwa	일곱 개의 하늘이 바뀌리라.
ukatelelezwa mwezi na yuwa	그때가 되면 해와 달도 사라지리니
hari na harara zisitwisiye.[145)]	타는 갈증, 뜨거운 열기가
	그치지 않으리.[146)]

종말의 모티브이다. 모든 것은 끝이 있다. 나의 삶이 끝나듯이 세상이 끝날 때(siku ya 'ti kupinduliwa)가 있다는 것으로 종말의 순간이 묘사되고 있다(mbingu saba/ 7개의 하늘, 해와 달이 사라짐). 이승에서의 삶에 대한 응보(심판, 지옥)가 주어질 것이라는 것(hari/갈증과 harara/ searing, 열기)이다.

---

144) *mashaha; 왕들, kisarambe; 왕궁, fumbe-fumbe; widow birds, ziunda; 관 뚜껑/cover-board.*

145) *-pinduliwa; turned upside down, -geuliwa; 뒤집어지다, yuwa =jua, hari; thirst/갈증, harara; searing/열기.*

146) 코란의 74장 47절에서 51절을 보면 심판의 날이 와, 믿지 않는 자들이 겁먹은 당나귀같이 될 것임을 계시하고 있다.

73. Uye ukivuma na kuta panda	자, 이리와 너의 피리를 불어보라
Uketa sauti kama ya punda.	당나귀 같은 소리를 외쳐 보라.
Mjani akupe sura za punda	죄인들아 당나귀 꼴이 되리니.
ndimi na ziyali zimtatiye[147]	화염과 불꽃이 너희를 덮으리라.

(K. 134-137)

44연에서부터 지난날 영화를 누렸던 사람들의 말로가 대조적으로 그려져 있다. 재물과 권력을 바탕으로 한 그들의 오만함도 사라지고, 이제는 공동묘지에 하차하여 자갈과 쓰레기 더미에 파묻혀 있는데, 예전에 썼던 안락하고 깨끗한 쿠션이나 베게는 없고, 그들의 몸은 더렵혀져 있다. 생생했던 그들의 침과 피는 말라버렸으며, 코와 입으로는 구더기만 오갈 뿐이다. 예전에 있던 저택 사이로는 바퀴벌레만 기어 다니고, 궁성에서 들리던 부산한 말소리조차 지금은 사라지고 없다. 우리 삶의 본래 모습을 아름답고 현란한 외부 모습에 가려 보지 못하면 결국 어리석은 삶을 살고 말게 될 것임을 암시하고 있다.[148]

147) 위 본문은 Knappert 1979:132-137에서 재인용하였음. *kuta panda; to blow your own trumpet, punda는 소란하고 우둔함(loud & stupid)을 상징함. 믿지 않는 자들을 당나귀에 비교함*. *ndimi na niyali; flame and sparkle, tatiye; to envelop.*

148) 여기에 인용하지는 않았지만, 마지막 부분에 이르러 현세의 삶에서 억압받은 자들을 위한 보상이 준비되어 있다는 언급이 나타난다. 덧없는 것이기는 하나 지상의 즐거움을 누리는 자는 권력 있고 부유하며 거만한 자들이기 때문이다. 마지막 최후의 심판 부분에 이르러 저자는 이들과 다른 '짓눌린 자들'을 구분하여 이들이 마침내는 그들을 고발하게 되고, 이어서 신은 이들에게 덕목이라는 영원한 보상(the eternal rewards of virtue)을 주게 될 거라는 것이다. Gérard(1981: 102).

제3장 몸바사를 중심으로 한 스와힐리 문학

<Fort Jesus>

제3장 몸바사를 중심으로 한 스와힐리 문학

1. 19세기 초반의 몸바사의 상황[149)]

1800년 직후 파테(Pate)는 한 촌락으로 몰락했다. 예술을 후원해 줄 부유한 술탄도 사라졌다. 그러나 스와힐리 문학이 사라진 것은 아니다. 부유한 도시가 된 몸바사가 그 시적 재능의 불꽃을 태우고 있었다. 이제 문학의 중심은 아랍인들에게 '만남의 장소'라는 의미가 있는 몸바사(Mombasa) 섬으로 옮겨지게 된다. 이 장에서 다루게 될 위대한 시인 중에는 몸바사 출신이 셋이 있다. 그 하나는 1776년에 태어난 무야카(Muyaka)이다. 이 이름은 '향수(香水) 제조자'라는 뜻으로 아랍어의 'attar(향수)'를 번역한 것으로 보인다. 무야카가 무웽고나 리용고와 비교되기는 어렵다는 평가가 있지만, 특출난 스와힐리 시인임에는 이견이 없다. 무야카의 작품집은 이렇다 할만한 것이 없고, 1940년 요한네스버그에서 출간된 소책자가 있을 뿐이다. 크나퍼르트는 소장본의 초고를 검토하고, 몸바사의 선생 야히야(Yahya)와 함께 무야카 시를 연구했다.

그의 시는 중의적이고, 난해한 측면이 있다. 그는 다의어를 선호했으며 알레고리적을 정치를 풍자한다. 겉으로는 배반한 여자 친구를 비난하고 있지만, 실제로는 잔지바르 술탄의 반역(反逆)행위를 꾸짖고 있는 것이다.

149) 몸바사의 중요한 시인 무와타카, 음바룩 히나와이 그리고 무야카에 대한 설명과 이들의 배경이 되고 있는 당시 몸바사의 역사적 사회적 해설은 크납페르트의 책(Knappert 1979: 138-141)의 내용을 발췌하여 그의 시각에서 기술한 것이다.

공공연하고, 적나라하게 떠벌리는 것이 현명하지 못하고 아름답지도 못하다는 것을 그는 잘 알고 있다. 그는 서정시(抒情詩), 풍자(諷刺)시 및 촌극의 창시자다. 리용고는 신화 같은 존재였고, 이제까지 스와힐리 시인들이 이슬람 전통의 하수인 역을 벗어나지 못했다는 평을 면치 못한데 반하여, 무야카는 차별적이지 않은 인간을 위한 인간 보편의 세세한 면면들을 문학의 소재로 끌어들인다.

1.1 무와타카

몸바사의 세 시인 중 다른 한 사람은 (2) 무와타카(Bwana Mwataka)이다. 그는 시유(Siu)에서 출생했지만, 몸바사에서 죽었다. 그의 작품으로 확실시되는 유일한 시는 '잔지바르의 전령(Risala wa Zanzibar)'으로 시작되는 시이다. 무야카와 동시대 인물로서 불운했던 무와타카는 잔지바르의 술탄을 신뢰하여 그의 초대에 응했다. 그러나 그는 지저스 요새(Fort Jesus), 지하 감옥에 투옥되어 끝내 살아 나오지 못했다. 그의 시는 그의 지하 감옥에 찾아온 이들에게 기억되어져 후일 기록된 것으로 보인다. 오늘날까지 그 복사본이 전해 내려오고 있다.

1.2 음바락의 '알-아키다'

알-아키다(Al-Akida)에 대한 이야기는 몸바사가 아랍의 압제로부터 독립하고자 애쓰던 시기보다 반세기 더 올라간다. (3) 음바락(Mbarak Ali Hinaway)에 의해 기술된 당시 역사 이야기는 당시 스와힐리인들의 시각을 잘 전해주고 있다. 대개는 아랍인들이나 유럽인들의 시각에서 역사가 기술되어졌던 것이다. 여기서 우리는 몸바사 시인들이 얼마나 깊이 혼란스런 정치 상황에 연루되어 있었는지를 볼 수 있다. 몸바사는 18세기 아랍인의 후예인 마즈루이(Mazrui)가문에 의해 재 이슬람화되면서 재건되었다. 이들은 오만출신의 아랍인들로서 일찍이 이맘에 의해 파견되었었다. 나시르(Nasir bin Abdallah)는 몸바사의 마지막 스와힐리 통치자인 아흐마드 말림비의 손녀인 카리마와 결혼하여 1727년까지 몸바사의 통치자로 있었다. 그의 조카인 무하마드(Muhammad bin Uthman)는 1730년에서 1744년까지, 그의 아들 알리는 1744년에서 54년까지, 그다음에는 나시르의 아들 마수디가 1754년에서 1779년까지 통치했다. 이후 무하마드의 가계는 아들 압둘라와 아흐마드에게 이어지는데 특히 아흐마드의 아들 압둘라 2세와 살리시대는 몸바사의 황금기라 평가되고 있다.

무야카 빈 하지의 가문 명은 알-가사니(Al-Ghassani)인데 이는 그가 스와힐리어를 사용하는 많은 아랍인 중의 하나였음을 의미한다. 그러나 아랍인이라는 개념은 매우 유동적인 개념으로 과거의 혈통과는 상관없이 완전한 흑인에게도 적용될 수 있는 개념이었다. 순수 스와힐리 이름인 '와킬린디(Wakilindi)'라는 명칭도 아랍식으로 '알-킨디(Al-Kindi)'라 쓰기도 하는 것이다. 무야카는 몸바사에서 태어나 그곳에서 사망하여 지금은 이곳에서 가장 오래된 회교사원인 쉐헤 음비타(Shehe Mvita)사원 근처에 묻혀있다(Knappert 1979:141).

1.3 몸바사의 사회, 정치, 문화적 배경[150)]

1.3.1 가바니 지구(Kavani~Gavana)

카바니 지구는 몸바사의 상업, 행정(行政) 지구이다. 이곳에는 우측 해변 끝에 유명한 지저스 요새(Fort Jesus)가 위치해 있는데 16세기 말(1590년대) 포르투갈인들에 의하여 지어진 것이다. 역사의 전개과정에서 아랍인과 포르투갈인들 사이에 9번이나 주인이 바뀌었는데, 속임수와 전면공격, 혹은 기근, 폭격, 협상 등의 방법에 따라 이루어졌다.

1.3.2 몸바사 내의 다양한 파벌들 사이의 관계

150) Abdulaziz. M. 1979. Ch. 2. 참조.

몸바사에는 전통적으로 12개의 스와힐리 부족이 있고, 인근에는 다시 스와힐리와 가장 가깝다고 볼 수 있는 9개의 미지켄다(Mijikenda), 혹은 니카(Nyika)족이라 불리는 반투민들이 있다. 이외에 소수의 이주해온 아랍인들이 중심역할을 담당했다. 몸바사 시는 포르투칼인들이 거주했던 가바나(Gavana, Kavani)지역과 스와힐리인들이 사는 구시가 지역인 음지와 칼레(Mji wa Kale)로 구분되어 있었다.

1.3.3 요컨대 몸바사는 12개 부족들, 9개의 음비타(Mvita, =Miji tisa), 3개의 킬린디니(Kilindini, Miji mitatu)로 나뉜다. 1844년경 인구는 8,000명에서 1만 명 정도를 헤아렸다. 1741년 무스캇(Muscat)의 이맘은 5명의 자객을 파견하여 9개 부족의 협조를 구했다. 1836년에는 두 파벌이 단결하여 마즈루이(Mazrui) 가문을 몰아내기도 했다. 이들 배후에는 미지켄다 9개 부족들이 있었다. 1819년에는 파테와 전쟁을 벌이기도 했다.

1.3.4 미지켄다(Mijikenda)

몸바사인들에게 미지켄다는 내륙과의 교역 파트너, 혹은 피난처의 역할을 담당했다. 도시민 등은 미지켄다와 혼인을 하기도 했는데, 이들은 스와힐리인들을 사촌(jomba)이라고도 불렀다. 니카인들은 대략 5만 정도를 헤아렸다.

1.3.5 마즈루이(Mazrui)가문

몸바사의 마즈루이 가문은 본래 오만(Oman)의 아랍부족이었었다. 1730년대 야루비 왕 때 이주해 와, 총독(Liwali)체제를 구축하였다. 초대 총독은 킬린디니(Kilindini)인들의 지지를 받았다. 마즈루이 가문의 수는 적었고, 대외적으로는 오만의 위협을 항상 받았다. 결국, 이들은 현지 원주민과 통혼했다. 무야카의 친구였던 총독 헤메디(Liwali Hemedi)는 스와힐리 시인이기도 했다. 총독과 몸바사 씨족들 간에는 이따금 갈등이 일기도 했다.

2. 무야카 빈 하지 알 가싸니
(Muyaka bin Hajji al-Ghassaniy c. 1776~c.1840)[151)]

압달라의 시가 파테라는 공간과 17세기 몰락 이후의 시간을 직접 문학화 하였다는 점이 스와힐리 문학발전의 전기를 이룬 것과 마찬가지로 무야카의 시는 몸바사라는 독특한 공간 그리고 그가 살았던 1776년부터 1840년에 이르는 시간을 작품 속에서 직접 다루고 있다는 점이 높이 평가할 만하다. 더 나아가 그는 지금까지 작가들이 가졌던 시각을 탈피하고 있어 더욱 주목을 받는다. 1) 영웅에 대한 찬양이나, 2) 이슬람 종교형성에 나타났던 이야기들의 신성화, 신화화하는 것, 혹은 작가들이 몸담았던 사회의 포괄적인 사건들, 역사적 사건들을 공식적 입장에서 다루는 것이 주종을 이루었으나, 무야카에 이르러서는 한 개인이 바라본 세계, 즉 사적인 세계가 문학의 소재로 등장하게 된다. 자연스럽게 그의 주제도 세상사에서 한 개인이 느끼게 되는 다양한 감정과 느낌, 정서와 상념 등이 문학의 주요 주제로 등장하게 되는 것이다. 이것은 세계에 대한 문학적 인식의 크나큰 변화를 의미하는 것이기도 하다.

2.1 키탐비(Kitambi, 숄)

이 시는 사적인 삶의 은밀한 부분, 특히 남녀 간 사랑에 나타나곤 하는 미묘한 감정을 노래한 것이다. 이런 일들은 일종의 타부 사항으로 언어화

151) 시인 무야카와 그의 시에 대한 총체적인 연구서로는 Hichens(1940), Harries(1962), Abdulaziz, M.(1979), Gérard(1981:103-104), Knappert (1979:138-165)가 있다.

하거나 특히 그 누구에게 털어놓을 수 없는 그런 것들이다. 우정과 사랑에 있어 지켜져야 할 신의와 예절 문제가 주제인데 이런 것들은 종종 가차 없이 내팽개쳐질 수도 있다. 그럴 때 우정과 사랑의 격조는 단숨에 허물어지고 만다. 무야카는 아직 어려 삶의 참모습을 채 경험하기 전, 순진한 마음에서 순수하게 쏟아 부었던 사랑의 감정이 저속하고 천박하게 받아들여지는 세속적 현실을 처음 경험하고 깊은 마음의 상처를 입는다. 그때의 감정을 이해할 길이 없어 아래와 같은 시로 토로하고 있다.

1.	Karatasi ya Kishamu	시리아 산, 종이 위의 내 편지,
	fuatana na Mzungu	양인들을 뒤따르다니
	wende kwakwe Isilamu	무슬림 여인답게 혼자만 간직해주오
	mtendea heri Mungu	하나님을 순종하는 여인처럼
	Ukisha kumusalimu	그에게 이미 말을 건넸다면
	sema naye kwa wangwangu	조심조심 말하시오
	twaa mimi na wenzangu	나와 나의 친구들을 잡으니,
	unipe kitambi changu[152)]	나의 숄을 되돌려 주오! (K. 149)

누구에게도 알리고 싶지 않은 연모의 마음을 몰래 편지(karatasi ya Kishamu)에 적어 연인에게 보냈는데, 그녀는 그것을 고이 간직하여 그 연정을 지켜나가기는커녕 사람들에게 까발려(fuatana na Mzungu/양인들의 풍속을 따라) 상대방의 순수한 마음을 조롱하고 만천하의 웃음거리로 만든다. 저자의 잘못이 있다면 상대방을 너무 쉽게 믿었거나 상대방의 신의나 사랑하는 마음을 제대로 파악하지 못하고 경거망동한 행동을 한 것일 것이다. 무슬림 여인처럼(Isilamlu) 그 비밀을 고이 간직하며 품위 있고 신의 있는 처신을 하기를 호소하고 있다. 저자의 속마음을 상징하는 숄을 홀로 간직할 수 없다면 조용히 되돌려 줄 것(unipe kitambi changu)을 요구하고 있다.

152) *wangwangu; humility, -twaa; take, carry away, 취하다.*

2.	Kitambi changu cha *goma*	요란한 소리를 내는 나의 목도리
	nilichokupa hida*ya*	그걸 나는 선물로 주었지
	kumbe hivi hujipamba	그걸 두르고 나가는 너를 보고 난 놀랐네.
	ukyenda ukizengea	딴 남자를 구하기 위해.
	Sikujua kana kwamba	너를 처음 만났을 때, 나는 몰랐네.
	kuwa yatakuwa haya	일이 이렇게 되어갈 줄을,
	hivi sasa nivulia	자 이제 그것을 벗어 내게,
	unipe kitambi changu[153)]	나의 숄을 되돌려 주오! (K. 149)

목도리를 선물한 남자의 속마음을 오히려 경멸하듯 그녀는 이 사실을 사람들에게 알린다(cha goma/북소리처럼 요란하게 울려 퍼짐). 이 사실을 안 저자는 뭔가 큰 착각이 있었음(kumbe hivi hujipamba/ 이 목도리로 자신을 꾸미다니)을 깨닫지만 이미 때는 늦어진다. 그 숄을 두르고 다른 남자들을 만나러 나가는 이 여인의 지각없고 평범한 세속성에 실망하며 자신의 소중한 숄을 되돌려 달라고 한다.

3.	Huko wendako mwenda*ni*	밤마다 나가는 그 장소들,
	jua likima kut*ua*	태양이 지면,
	husikii muadhini	너는 기도자의 소리를 못 듣는지?
	kwa pendo kukuchukua	사랑에 이끌려 나갔기 때문에?
	Mwambie ende Ngomeni	저자로 나가자고 네 친구에게 말하렴,
	ja hiki atanunua	같은 것을 그 친구가 사줄 거야,
	usiache kukivua	끝내 벗어주지 않으려나?
	unipe kitambi changu.[154)]	내 숄을 되돌려 주오. (K. 150)

겉모습과는 달리 대부분 사람(여자)들은 이처럼 단순하고 뻔뻔스럽다.

153) *hidaya; gift, present/선물, -zengea; search for/찾아 나서다.*

154) *-adhni, v. adhana, n. 기도소리, mwadhini.*

우아하고 감동적이며 절제된 신의를 바탕으로 한 남녀 간의 은밀하고 진실 된 사랑이 쉽게 주어지는 것이 아닌 듯하다. 그러기에 더욱 그런 것을 그리워하는 것인지 모른다.

무야카는 기존의 우텐디 율격을 넘어 샤이리(Shairi) 율격을 완성시켰다. 우텐디(Utendi) 율격의 특징은 이미 밝힌 바와 같이 8개음절이 한 행을 이루고 처음 3개 행의 각운이 같고 마지막 행의 운이 다른 연과 일치한다. 4행이 하나의 연을 이루어 비교적 짧지만, 이 연의 수가 수백 이상으로 길어진다. 서사시로서 긴 이야기를 표현하는 데 적합하다. 반면 샤이리는 규모가 비교적 작다. 다만 하나의 연은 8개 행으로 이루어져 한 개의 연의 길이는 우텐디보다 길다. 율격을 보다 정교하게 발전되어 있는데 처음 6개 행은 하나의 쌍을 이루어 각 운을 이룬다. 위 1연의 경우 *mu/gu, mu/gu, mu/gu*로 이루어졌고 마지막 6행의 gu는 7연에서 되풀이된다. 마지막 쌍은 gu/gu로 되는데 제일 마지막의 gu는 전체적으로 일치된다. 2연은 a/a, a/a, a/ia, ia/gu가 되고, 3연은 ni/ua, ni/ua, ni/ua, 그리고 ua/gu가 된다. 6행의 끝이 반복되고, 마지막 8행의 끝음절이 고정되는 데 묘미가 있다.

2.2 이별의 노래(아내에게)

다음 시는 작자가 빈한한 개인 살림살이를 벗어나기 위해 어쩔 수 없이 머나먼 코모로 섬으로 장사를 하러 떠나면서, 다가올 여행에서의 불안과 미래에 대한 두려움, 그리고 자신과의 이별을 걱정하는 부인을 격려하는 다양한 개인적 신념과 감정들을 표현한 시이다. 더불어 불안한 삶에 대처해 나가는 데 있어 저자가 평소 가진 인생관과 철학이 담담하게 함께 그려져 있다.

1.	Kwa heri mwana, kwa heri	잘 있으오, 당신, 안녕히
	nenda zangu Ngezi-Maji	코모로로 향해 길 떠나려 하오
	nime*azimu* safari	나는 여행을 결정하였네,

kwa pepo za *maleleji*	소우기 순풍을 타고
kwa *malenge* na *shuwari*	이슬비 내리는 조용한 계절에.
na*tawakali* Mpaji	나는 신을 믿으리니
baada dhiki faraji	고난 뒤에는 위안이 있으니
hakuna lisilokuwa.[155]	그의 뜻 아닌 것이 하나도 없구나.
	(K. 141-142)

긴 여행의 출발에 앞서 아내에게 이별을 고하는 대목이다. 여러 가지 우려되는 면이 있지만 '고난 뒤에는 반드시 기쁨과 축복의 순간이 온다(baada dhiki faraji)'는 믿음으로 이를 극복하고 있다. 인간의 삶은 고난과 기쁨의 굴곡, 혹은 순환으로 이어져 나간다는 생각이다. 이 같은 믿음이 있으므로 고난을 묵묵히 받아들이고 기쁨이 있을 미래를 기다릴 수 있다. 율격은 ri/ji, ri/ji, ri/ji, **ji**/wa이다. 이때 7행의 율격인 ji가 다음 연의 율격을 주도한다.

2. *Baada dhiki faraji*	시련 뒤에 영광이 있나니,
wasemi wasemeleo	현자가 말했듯이,
nasafiria kwa *mbiji*	나는 음비지란 배를 타고,
yenyi kamba na uwao	밧줄과 판자로 잘 지어진,
nitafika vitongoji	나는 작은 마을에 이르리라!
kwa Twaka ndio makao	그들의 거주지인 트와카 해안 마을.
muombe Mwanza Mkwao	그들의 시작이신 신에게 기도할지니,
hakuna lisilokuwa.[156]	그의 뜻 아닌 것 하나도 없어라. (K. 142)

위의 연은 8행으로 구성되어 있는데 처음 1행은 1연의 7행으로 반복된

155) *-azimu < -amua, 결정하다, maleleji; 몬순과 우기 사이의 계절, tanga mbili, cf. msimu, kusi, kaskazi. malenga; 이슬비, (가수, 토속 술), shuwari(<shwari), 조용한 날씨, a calm whether. -tawakali, v. put trust in, have confidence in, 믿다, n. wakala, 사도, 대리인, faraji; n. < faraja comfort, relief, consolation, v. -fariji (-burudisha, -tuliza.).*

156) *mbiji; meli, chombo, merikebu, 배. kamba; rigging 밧줄, uwao; planking 판자.*

주제이다. 마지막 8행은 후렴구로서 핵심적인 주제를 담은 시구로 시 전체에서 모든 연에 반복되어 나타난다. 2연의 율격은 ji/o ji/o, ji/o, o/wa 인데 7행의 {o}가 다음 연의 율격을 주도하게 된다. 이 연에서는 쾌적한 여행과 목적지에 대한 화사한 기대가 그려져 있다. 그런 기대 뒤에는 신에 대한 믿음(hakuna lisilokuwa)과 기도(muombe Mwanza Mkwao)가 뒷받침되어 있다. 세상일이 인간의 뜻대로 되는 것이 하나도 없고, 아주 적은 것이라 하더라도 신의 뜻에 의한 것이라는 운명론적 믿음은 유일신 알라에게 전적으로 의지하는 이슬람 신앙에 기초하고 있다. 이 같은 믿음은 무야카를 포함한 대부분 이슬람 스와힐리 시인들의 사고를 지배하고 있다.

3. *Muombe Mwanza Mkwao*	그들의 시작인 하나님께 기도할지니,
mpa wema na waovu	선한 자나, 악한 자 모두에게 베푸시니.
atupe tutashileo	우리에게 베푸는 것은 곡해된 게 아니라,
kutupaswi si mapevu	그 베풂이 그에게는 쉬운 일이라.
atupe kula na nguo	먹을 것과 입을 것을 베푸사!
kwa uwezowe na nguvu	그의 권능과 힘으로서,
atwondolee utovu	우리에게 가난을 거두어 주시니,
hakuna lisilokuwa[157)]	그의 뜻 아닌 것이 하나도 없어라. (K. 142)

선하고 악한 자(wema na waovu)를 구분하지 않음은 신의 무량한 포용성을 나타낸다. 이는 인간의 이해와 분별력을 초월한 것이다. 그러니 인간들이 그토록 매달려 고민하는 먹고 입는 문제(kula na nguo)는 사실상 신에게는 아주 쉬운 일이다. 그러니 그의 능력과 힘(uwezowe na nguvu)을 믿으면 그뿐, 걱정할 필요가 없다는 것이다. 나의 가난(utovu)도 그가 뜻하기만 하면 단번에 거두어 줄 것(-ondolea)이기 때문이다.

---

157) *-pasa; to concern, befit, be due to, be a duty, -pevua; pervert/상도에 어긋난, 악용의, 곡해된, -pea; 너무 익은, ripe, full grown, utovu; 궁핍, 결핍, 모자람.*

4.	*Atwondolee utovu*	우리의 곤궁함을 거두시고
	majawe tu mashakani	그의 노예인 우리는 의혹에 있으니
	tusione *uemevu*	압박의 시간을 모르게 하사
	wa ukata duniani	이 세상, 가난으로부터의 압박,
	zipate nyoyo utuvu	저희의 마음을 평안케 하사
	zisiwe la kutamani	그들에게 욕망이 없게 하시고
	mambo pia kwa Mannani	모든 것이 준 자와 함께하시니,
	hakuna lisilokuwa[158]	그의 뜻 아닌 것이 하나 없도다. (K.142)

신 앞에 인간은 그에게 전적으로 종속된 노예(majawe tu)와 같다. 인간이 겪는 궁핍(mashakani, 의혹)과 압박(uemevu, 무거움, 어려움, 문제, 고난)으로부터 평안하게 하고, 인간을 괴롭히는 욕망(kutamani)도 제거해 줄 수 있는 이가 신이다.

5.	*Mambo pia kwa Mannani*	모든 것이 주신 자와 함께 있으니
	fikiri uzingatile	이를 생각하여 기억할지라.
	ondoa *hamu* moyoni	당신 마음에 욕망을 거두어
	*ujinga*ni usingile	우매함에 빠지지 말지니
	tutatoka *sumbuko*ni	영원한 이 고통으로부터
	tusumbukalo milele	괴로움으로부터 벗어나리니,
	si male kwakwe si male	그곳엔 먼 곳도 긴 시간도 없으니
	hakuna lisilokuwa.[159]	그의 뜻 아닌 것 하나도 없네. (K.142)

인간의 고통(sumbuko)과 괴로움의 근원은 우매함, 무지(ujinga)의 소산이다. 그것 때문에 솟아오르는 욕망(hamu)을 통제하지 못하고 그것에 사로

158) *uemevu; uzito/무거움, 억압, shida/문제, 어려움, taabu/골칫거리. utuvu < utulivu, -tamani; n. tamaa, shauku, uchu, ashiki/욕망, 욕구, 탐욕, 성욕.*

159) *-zingatile < -zingatia, 기억하다, hamu; tamaa, longing, yearning, anxiety, desire.*

잡혀 고통과 괴로움을 겪는 것이 우리의 삶이다. 신이 있는 곳에는 우리가 생각하는 멀고, 가까운 공간도 없고, 짧고 긴 시간도 없다(si male kwakwe si male). 그런 것들은 인간들의 어리석은 분별력의 소산이다. 공간과 시간에 대한 생각은 인간의 마음이 만든 구속이다. 그 안에서 이익과 손실을 계산하는 가운데 번민이 싹튼다.

6.	*Si male kwakwe si male,*	그에겐 먼 곳도 긴 시간도 없으니
	nawe wacha kisirani	당신은 미신적 두려움을 버리시구려.
	machungu uvumilile	쓰디쓴 고통을 참아내어
	tuombe Mola Mannani	전능하신 신에게 기도하시오
	nendako nisikawile	어딜 가든 나는 지체치 않고
	nirejee autani	조국으로 돌아 갈까나
	iwe urembo na shani	행운과 불행이 있을지라도
	hakuna lisilokuwa.[160)	모든 것이 신의 뜻이라. (K. 142)

아내가 갖는 근거 없는 두려움(kisirani), 그것은 인간이 겪는 두려움의 본 모습이다. 신에게 기도함으로써(tuombe Mola Mannani) 이를 떨쳐 버릴 수 있고 고통도 참아낼 수(machungu uvumilie) 있다. 신에 대한 믿음으로 이룩되는 인간의 모습은 조화와 고결함(urembo na shani)이다. 인간이 수행하여 얻을 수 있는 지고의 가치인 것이다. 크납페르트(Knappert)는 urembo na shani를 'harmony and respectablity'로 번역했다. 조화와 고결함(urembo na shani)은 스와힐리 지식인들이 추구하는 가장 지고의 가치 표현이라 할 수 있다. 고난에 가득 찬 삶의 과정에서 그나마 뭔가 추구해 나가야 할 것이 있고, 그리고 그것으로서 평안과 행복 그리고 긍지를 확인할 수 있는 덕목은 '우렘보와 샤니(urembo na shani)'인 것이다. 직역을 하면 그러나 '행복과 불행'이라는 의미이다. 그러므로 '조화와 고결함이 있을지니'를 '행운과 불행이라

160) *kasirani; anything considered of ill omen or evil potent, misfortune, =baa, mkosi, shani; startling, wonder, novelty, adventure, sudden accident/ 불행. autani; 고향.*

는 것이 있을지라도'라고 양보의미로 번역된다. 각 운은 le ni, le ni, le ni, ni wa형식을 취하고 있다.

7. *Iwe urembo na shani*	행복과 불행이 있을지라도,
Mola apendapo huwa	신께서 원하시는 바대로 이루어지리
atwondolea huzuni	우리의 슬픔을 거두어주시고
na mwenye ndwele kapowa	병든 자들을 고쳐 주시며
na huu umasikini	그리고 이 가난함이여
si illa wala si tuwa	이는 수치도 흉허물도 아니니
aweza kuuondoa	그만이 이 궁핍함을 거둘 수 있으니
hakuna lisilokuwa.[161]	그의 뜻 아닌 것이 없어라. (K. 142-143)

인간의 삶을 휘감고 있는 불행(shani), 슬픔(huzuni), 질병(ndwele), 빈곤(umaskini), 수치(illa), 흉허물(tuwa)들이 다시 나열된다. 그 모든 것들에 대한 치유와 원인을 신에게 맡김으로써 저자는 그 고통으로부터 헤어나고자 한다. 율격은 ni wa, ni wa, ni wa, oa wa 형식을 취하고 있다. 아내와의 이별, 여행에 대한 두려움, 궁핍함으로부터 나오는 고통, 자신을 걱정해 주는 아내에 대한 충고, 힘든 삶에 대한 자신의 감상 등 다양한 상황에 대한 저자의 불안한 심상들이 이슬람 사상과 믿음으로 극복되어 있다. 모든 운명을 신에게 맡기고(natawakali Mpaji), 모든 것이 그의 뜻에 의한 것이라는 생각으로 일관되어 있다(hakuna lisilokuwa). 개인의 상념과 정신적 이미지들 속 속에 이르기까지 종교적인 믿음과 철학적인 시각(i.e. baada shiki faraji)이 바탕을 이루어 채색되어 있다. 이전의 작품과 달리 개인의 내면적인 세계가 공개적으로 적나라하게 표현되어 있고, 이것이 다시 종교적으로 잘 다듬어져 있어 여전히 교육적이고, 미학적인 스와힐리 고전 시의 전통을 이어가고 있음을 확인해 볼 수 있다. 위의 시가 서정적인 주제를 도입하긴

---

161) *ndwele < uele, 질병sickness이라는 의미의 몸바사 방언, tuwa; tua, kosa, aibu, fedheha/ 흉허물, 수치.*

했으나 저자의 인생관은 이슬람적 사고가 짙게 드리워져 있고, 그것은 자신의 사적인 감정을 정화해 나가는데 아주 결정적인 역할을 하고 있다. 현실세계의 삶은 억압과 곤궁함(dhiki, utovu, uemevu, umaskini)으로 특정 지어지고 그 속에 살아가는 인간들은 욕망과 번뇌(kutamani, hamu)로 가득 차 있어, 마음의 평화(utuvu)를 누리지 못하고 있다. 고통과 슬픔, 그리고 우매함(sumbuko/machungu/huzuni, ujinga), 혹은 미신과 마법(kisirani) 속에서 허덕이고 있는 것이다. 질병(ndwele)을 벗어나 아름다움(urembo)과 놀라운 기적(shani)이 이루어지기를 기원하고 있다. 다음 시는 종교적인 이데올로기가 완전히 배제된 채, 저자의 개인적 감정이 그대로 표현되어 있어 휴머니즘적인 면모를 보여주고 있다. 스와힐리 문학사상 서정시 영역으로 가는 아주 중요한 첫 디딤을 내디딘 시로 평가될 수 있다.

2.3 첫 아내에 대한 시(Kimbiji Changu)[162)]

스와힐리 문명은 해양문화이다. 그들에게 선박여행은 가장 기본적인 삶의 내용이다. 갑자기 죽은 첫 아내에 대한 감상을 그린 작품인데, 저자는 아내를 자신이 즐겨 이용하던 작은 배(kimbiji)로 비유하고 있다. 파도(kwelea)와 배의 침몰(kufa Ngozoa maji)은 세파와 이어지는 질병(ndwele)과 죽음을 그대로 상징하고 있다. 삶을 하나의 여행으로 비유한 것 또한 스와힐리 문화권에서는 일반적이고, 자연스러운 것이다.

1. Na*sitaha*bu *kimbiji*	차라리 작은 배에 오르고 싶어라
kidau changu cha kwanza	나의 첫 그 작은 배에.
kingawa *mlejileji*	비록 약하고 불안한 것이었지만
kwelea haikupanza	파도는 결코 선두를 넘지 못하였지
na kufa Ngozoa maji	하지만 은조고아 인근에서 침몰하였네

162) Knappert (1979:144-145), Abdulaziz 1979:168-169).

yali usiku wa giza	어느 날 아주 어두운 밤에
ndipo leo 'kakiwaza	그래서 나는 오늘도 그 배를 생각하면서
'ka*angama* 'Kazekea.[163)]	카제케아에 맴도는 나의 마음 (K. 144)

작고(kidau) 연약하지만(malejileji) 그래도 그런 아내가 사랑스러웠음을 작은 배로 비유하고 있다. 이런저런 세파를 잘 견뎌내더니 결국 침몰하는 비극을 당한다. 이런 비극을 당하여 어쩔 바를 모르는('kaangama, 'kazekea) 저자는 못내 그녀를 그리워하고('kaki-waza) 있다.

2. Kiwinzo changu kiwinzo	작은 배, 항해키 충분한 나의 그 배
nilipo 'kikioleza	내가 처음 물 위에 띄웠을 때
chalikuwa cha machezo	그 배는 장난 끼로 가득하였지
nami kikinipumbaza	나는 기뻐, 그 배에 반하였네.
'katusa nacho Ufuzo	그 배를 타고 다른 해안에 가보았지만,
mawimbi kutoa kweza.	파도는 그 배를 덮치지 못하였는데..
ndipo leo 'kakiwaza	그래서 난 오늘도 그 배를 생각하며
'kaangama 'kazekea.[164)]	카제케아로 가는 배에 오른다네. (K. 144)

작지만(kiwinzo) 귀여워(cha machezo) 그 여인에 반하였고(kikini-pumbaza), 그녀와 함께 이런저런 삶을 살아오면서 나름의 어려움을 잘 극복해 왔는

---

163) Abdulaziz는 다르게 해석하고 있다; This is why I am launching it again today, heading for Kazekea. p.169. 이와 달리 크납퍼르트는 That is what I am thinking about today, it makes me feel confused and numb.으로 해석했는데 여기서는 후자를 따랐다. *-sitaha, n. 갑판(deck of a vessel), < -staha; v. 갑판에 오르다. kimbiji; kidau, 작은 배. mlejileji; msukosuko, 불안정한(unsteady). kwelea; 작은 파도(viwimbi vidogo), -panza; panda (mwamba), 부수다, 난파시키다(to wreck). Ngojoa Maji; 몸바사 포트 지저스 요새 맞은편으로 매우 위험한 곳. kuwaza; to propel a caoe using a pole.~ 생각하다, -angama; be suspended, hang/ 공중에 매달리다~떠있다(enye gami, -legevu); -kaza; 전념하다, 꽉 잡다.*

164) *kiwinzo; 작은 배. -oleza; (-ola, -olea; 쳐다보다, 관찰하다)-pumbaza; cause to be speechless, be fool/ 어안이 벙벙하게 하다, 즐겁게~놀라게 하다(< -pumbaa; 어찌할 바를 모르다, 당혹해하다, 즐기다). -tusa; -pita. Ufuzo; Digo 해안에 있는 해류가 급한 아주 위험한 곳. kweza; 타다, 올라타다, 오르다(<-kwea; 들다, 올리다, 들어 올리다).*

데, 변고를 당하여 그녀를 다시 생각하니 혼란스러워 몸이 굳어온다는 것.

3.	Ai mpewa na pato	아아, 수혜자와 재능
	lipalo mtu kukuwa	사람을 성장케 하는 선물
	angawa mwana mtoto	그녀는 작은아이로
	wa kutishika kachewa	소심했지만, 존경받았지
	akiwa na upasito	그녀에겐 큰 은혜가 주어져
	wa kutamani ukiwa.	홀로 있기를 추구하였지
	ai ndwele na afuwa	아아 질병과 회복
	itakapo kukutana.[165]	언제 회복이 질병을 맞이하려나? (K.145)

그녀는 작고 소심한(tishika) 아이였지만(mwana mtoto) 사람들에게 활력과 존경심을 불러일으켰고, 나름의 축복 속에(upasito) 홀로 조용히 살기를 바랬다(kutamain ukiwa). 그러나 질병(ndwele)과 건강(afuwa)의 문제에 이르러서는 건강이 질병을 극복하지 못했음이 모호하게 암시되고 있다.

2.4 두 번째 부인(Hili Langu Ndilo Lako)[166]

가까이 있고 싶은 사람은 멀리 사라져가고, 같이 있고 싶지 않은 인간들과 더불어 지지고 볶으며 살아가야 하는 것이 인간의 숙명인가? 그래서인지 불가(佛家)에서는 이를 팔고(八苦)의 하나로 꼽았다. 어떻게 해서 그같이 밉고 혐오스러운 여자를 아내로 맞아 한평생을 살아가야 하는 것인지는 당사자인 무야카 자신도 알 길이 없다. 그가 처한 한스러운 원치 않는 현실을 시로 노래할 뿐이다. 젊은 시절에는 그나마 부모와 친지의 충고와 후원

165) *mpewa*(<-pa, *주다, -pea, -pewa*), *pato; 성취, 획득, 이익*, (< *-pata*), *-tishika; 잘 놀라는*(< *-tisha; 놀라다, 겁먹다, 소심하여 떨다*), *-chewa*(< *-cha; 두려워하다, -chea, -chewa*); *heshima, ustahi. ukiwa; austerity/준엄함, 엄격함, 내핍, 겸소함, afuwa; recovery/회복*(< *-afua; 치료하다*). *cf. afia~afya; 건강.*

166) Knapert 1979:146-148. Abdulaziz 1979:254.

속에서 편히 지내왔지만, 이제는 스스로 모든 것을 책임져야 할 나이에 이르렀다. 그렇지만 아내의 태도와 마음은 이해할 길이 없다. 하지만 젊은 무야카는 마음에 거슬리는 상대를 절대적으로 평가하기보다는 그녀와 나 사이의 사회적, 심리적 거리를 유지하는 방법을 아직 터득하지 못한 것 같다.

1.	Usinambie papale	그 옛날에 대해 나에게 말하지 마오.
	mama na baba aliko	어머니와 아버지가 살아 계시던 시절,
	na watu *wajele* tele	친척들로 가득하던 그 시절,
	'kajua shauri lako	당신의 뜻을 나는 알고 있지
	Leo ni pweke tukele	오늘 나는 외로운데, 우리만 남아있어,
	na washauri hawako.	현명한 선생은 이제 간데없네.
	Hili langu ndilo lako	이게 내가 할 말인데, 당신 생각도 같은 것인지,
	au una jinginele.[167]	아니면 다른 생각을 품고 있는지. (K. 146)

지금 와 생각해 보니 예전 부모님과 친지들(wajele) 사이에서 의지하고 조언(shauri)을 구하며 살았던 시절이 더없이 행복한 것이었다는 것을 깨닫게 된다. 이제는 의사소통도 안 되고 상대가 무슨 생각을 품고 있는지조차 알 길이 없는 낯설고 부담스러운 여인을 아내로, 눈앞에 두고 살아 가야 하는 기이하고 외로운(pweke) 팔자가 되었다. '지나간 과거를 아름다운 것으로 회상해봐야 부질없고 오직 아픔만 증대시킨다. 지금 현재의 문제를 수용하여 해결해 나가려는 깊은 지혜가 요구된다.

2.	Wanizidia machungu	당신은 끝없는 상처를 내게 주고 있지
	kuongea *sikitiko*	거기에다 슬픔을 더해 주고
	kutoshusha moyo wangu	나의 마음 쉬는 것을 허용치 않네.
	kwa hali ya *pujuliko*	당신의 끊이지 않는 비난으로.

167) *wajee~wajele; wamejaa. tukele; tumekaa.*

Ni ipi *hatia* yangu	나의 잘못이 과연 무엇일까?
nilioikosa kwako	당신에게 내가 잘못한 것.
Hili langu ndilo lako	내 생각은 이런 데, 당신도 그러한지
au una jinginele[168]	아니면 아주 다른 맘을 품고 있는지.

(K. 146-147)

어떤 원인에 의한 것인지 모르나 아내는 계속 내게 상처(machungu)를 주고, 슬픔(sikitiko)을 주고, 그리고 쉴 틈 없이 나를 비난하여(pujuliko), 긴장시킨다. 내게 그 어떤 잘못(ni ipi hatia yangu, kosa)이 있기에 이런 상황이 주어지는 것일까? 내 사정은 이러한데 상대방도 그러한지, 아니면 그 어떤 생각을 갖고 있는지. 자신에게 왜 이토록 얄궂은 운명이 주어지게 된 것인지 알 길이 없다. 알고 보면 세상에는 결코 납득할 수 없는 일들로 가득하다. 사람이 다른 사람에 의해 마음의 동요나 혼란, 더 나아가 상처를 받지 않기 위해서는 함께 있는 동안 있는 그대로 상대를 받아들이고, 헤어지면 다시 흘려버리는 마음이 필요하다. 자신이 만든 편견과 에고(Ego), 요컨대 자의식이라는 틀이 있어 타자가 이에 부응 되면 그녀를 좋아하고, 반대로 거슬리면 미워하여 상처를 입는다. 그러므로 '자아'를 구성하는 망상을 버릴 때 스스로 해방된다는 지혜가 필요한 듯하다.

2.5 무야카의 정치시

무야카 이전의 시인들인 리용고는 전설적인 인물로 그의 작품이 구체적으로 어느 장소, 어떤 사건을 다루고 있는지 모호하다. 아이다루시와 그의 아들 무웽고의 작품은 몸은 스와힐리 해안에 있지만 그들의 상상과 의식은 저 멀리 중동-걸프 지역에 가 있다. 이어서 등장한 압달라의 경우 파테

---

168) *-zidia < -zidi; -ongea; 증대하다, 증가, 첨가, 확대하다, sikitiko; sorrow, object of pity/슬픔 동정심, pujuliko (< -pujua/껍질을 벗기다, -pujulia/모욕을 주다, 상처를 입히다), wasiwasi, masikitiko. hatia; 실수, 오류, 과실, 범죄(kosa, dhambi, lawana).*

의 몰락을 다루고 있기는 하나 구체적 사건이나 인물들 묘사는 여전히 모호하다. 그런 의미에서 무야카는 완전히 스와힐리 해안에 뿌리내린 작가라 할 수 있다. 개인의 내면을 그린 서정시에 이어 그는 당시 발생했던 역사적 사건들에 대한 나름의 평가와 독특한 시각을 시어로 표현하고 있다. 이런 측면에서 그를 정치 시인[169]이라 부르기도 하는데 아래에서는 잔지바르의 위협, 파테의 원정, 몸바사의 내분이라는 구체적 역사적 사건들을 소재로 한 시들이다(Knappert 1979: 151-155).

2.5.1 잔지바르의 위협

당시 몸바사의 지배자는 압달라 마즈루이(Abdalla Mazrui 1814-1823)였는데 잔지바르의 술탄 사이드(Said)가 몸바사를 내놓으라고 위협했다. 마즈루이는 제네비(Husein bin Jenebi)를 사신으로 하여 사이드에게 세 개의 선물, 즉 갑옷과 솥, 그리고 국자를 보내 자신의 굳건한 마음을 전했다. 이 같은 사건을 무야카는 다음 1연에서 다루고, 2연에 가서는 이에 대한 무야카 자신의 의견을 다음과 같이 표현하고 있다.

1.	Hutaingia Ngomeni	그대는 성곽에 들어오지 못하리.
	na kuta zake hufiki	성벽의 근처조차 이르지 못하리니,
	pasi panga mikononi	요컨대 그대의 손에 칼과,
	na midomo ya bunduki	총구가 없이는 말이오. (K. 151-152)

무력으로(panga na bunduki) 자신을 제압하지 않는 한 결코 그냥 몸바사를 소유하지 못할 것(hutaingia, hufiki/결코 접근하지 못할 것)이라는 마즈루이의 단호한 메시지가 표현되어 있다.

169) 화이틀리는 무야카를 동-아프리카 스와힐리 해안의 최초 민족주의 시인(nationalist poet)으로 칭하기도 했다(Whiteley 1969: 19). cf. Gérard(1981: 104).

2.	Jenebi mtega tambo	덫을 놓은 사신 제네비,
	hapo yulizile mbizi	적진 깊숙이 침투하였으니,
	atapozuka ni mambo	그가 나타나면 교섭이 있게 되어,
	Gongwa itatenda kazi	몸바사는 다시 분주해지리.
	Wambieni wazi yambo	그들에게 상황을 명확히 말하여,
	wasikae kwa makuzi	잔 들고 머뭇거리지 말게 할지라.
	Awali ya kasikazi	북 몬순이 불기 시작하니
	pembe ziwe viunoni[170]	뿔피리를 허리에 차거라! (K. 152)

몸바사의 사신 제네비가 적진에 비우호적인 메시지를 전하고자 들어간 사건은 이제 앞으로 벌어질 험난한 투쟁의 시작에 불과하다. 교섭이 있겠지만, 몸바사는 이제 서둘러(wasikae) 그들의 침략을 방어해야 할 준비를 해야 한다. 북 몬순(awali ya kasikazi)이 불면 적들이 나타나게 될 터이니 싸움할 태세를 갖추어야 한다(pembe ziwe viunoni/뿔피리를 옆에 차고).

3.	Awali ya kasikazi	북 몬순이 시작되어
	pepo zikyanza kuvuma	북풍이 불기 시작하면,
	mtawaona makozi[171]	그대는 커다란 독수리들과
	simba wa Rasi li Hema	라시 리 헤마의 사자들을 보리라. (K. 152)

6.	Kongowea ni chuguu	몸바사는 흰개미 언덕과도 같아
	haimelezi mugomba	그 위로는 바나나 나무가 자라지 못하리.
	haitawali mnyau	고양이도 오르지 못하리라,
	mcheze-cheza na vumba.	생선과 장난칠 속셈으로
	Hayebu mwenyi makuu	허풍 치는 사람과도 같지 않으니,

170) *-tega (mtego); 덫을 설치하다, 장치하다*, *tambo; 수수께끼(puzzle)*, *비밀언어(cryptic saying). mbizi; 잠수(dive). -zuka; 출현하다. yambo; jambo. makuzi; 잔(jug, pitcher). awali; 시작. viuno; 허리.*

171) *makozi; 매(goshawk).*

njiani mwenda sambamba	거리를 뽐내며 걸어가는 자여,
yamuangusha kwa mimba.	배를 앞으로 하여 쓰러트리고자,
Juu la nchi ngwawawaa[172]	신이여 조국에 은총을 베푸소서! (K. 155)

2.5.2 파테 원정(遠征)

1819년 무야카는 압달라 마즈루이를 만나 파테를 원정하려는 그의 계획에 반대했다.[173] 그는 이 사건을 시로 남겼다. 이 전쟁으로 몸바사는 오히려 펨바를 상실했고, 압둘라 2세는 1823년에 사망했다. 그의 형제인 라시디와 무바락이 왕권을 놓고 다투게 되었는데, 이들 모두가 권력다툼으로 세력이 약화되었다. 결국, 원로인 술레이만(Sulemani 1825-1826)이 즉위하게 되었다.

7.	Waungwana Pate Yunga	파테 왕궁의 자유인들은
	hawataridhia pingu	낫(무력)에 동의치 않을 것이다
	msambe ndiswi wajinga	우리가 바보들임을 그들에게 말하지 마라,
	mututumao kizungu	양인들처럼 떠벌리는 자들
	Kwa kibaba cha mpunga	쌀 한 무더기로는
	kisichotimia chungu	한 솥을 채우지도 못할지니,
	msikufuruni Mungu	신을 거역치 말라,
	mkangia kufuruni.[174]	이교도인이 되지 않으려면. (K. 153)

172) *chuguu; 개미 탑(ant-heap). -tawali < -tawala; 지배~, 통치하다, makuu; 자부심, 허영, 자기 과대평가, vumba; 생선 비린내, 썩는 냄새, 나쁜 생선 썩은 냄새. sambamba; adv. 나란히, 어깨를 맞대고 (alongside).*

173) 무야카는 파테 원정 반대 및 아랍 무스캇에 정례적으로 제공하던 공물을 거부하려던 압달라 헤메드 당시 몸바사 총독의 정책에 반대의사를 표명하는 등 중요한 안건에 개입하여 자문했다. 하지만 그의 뜻은 이루어지지 않았고 오만 아랍에 빌미를 제공함으로써 사이이드의 개입에 구실만 제공하였다. 몸바사는 1837년 마침내 잔지바르 사이이드의 지배권 아래 놓이게 된다.

174) *-tutuma; 덜컹덜컹 소리 내다, make a rumbling sound, v. -timia < -timu; 끝내다, 포함하다, -kufuru 조롱하다, 저주하다. kafiri*, n. 이교도, 불경한 자; infidel, unbeliever, pagan.*

자유 의지를 지닌(wangwana) 파테인들이 몸바사의 무력, 무단 침략을 그대로 묵과하지 않을 것(hawata-ridhia pingu)이라는 것, 이 원정이 알라신의 정의에도 부합되지 않음으로써(msikufuruni Mungu) 이를 강행하면 결국 이교도들과 다를 바가 없게 되리라는 것이 무야카의 주장이었다.

<당시 파테 원정에 대한 또 다른 민요>

Waendao Pate * hawapati marudio
파테로 간 이들은 돌아오지 못하리.
Heri tuwaate * kirudicho ni kilio.
홀로 있게 두렴. 돌아오는 것은 통곡의 소리뿐. (K. 153)

아주 짧은 민요이지만 혹독하고 매서운 경고의 메시지가 들어있다. 파테를 쳐들어가면(waendao Pate) 이들은 영원히 되돌아오지 못하고 말 것(hawapati marudio)이라는 것이다. 가지 않는 게 좋겠지만(heri tuwaate), 싸움에서 돌아오는 것은 패배로 때문에 통곡소리뿐일 것(kirudio ni kilio)이라는 것이다. 노래의 형식이 샤이리 시 형식보다 더 간결하고 내용도 더 강렬하다.

2.5.3 몸바사의 내분

파테에서의 패배 이후 몸바사가 힘이 약해진 틈을 타, 몸바사의 영향권에 있던 비옥한 펨바(Pemba)섬이 잔지바르의 사이드에 의해 점령당했다. 몸바사의 지도자, 리왈리(Liwali)인 알둘라(Abudalla) 2세가 1823년에 사망하자, 위에서 이미 언급한 바와 같이 유망한 그의 일가인 라쉬디(Rashidi) 1세와 무바락(Mubarak bin Ahmadi)이 도시의 주도권을 놓고 다투게 된다. 이런 상황을 무야카는 다음과 같이 읊었다(Knappert 1979:155);

8. Kwavuma mwamba wa jiwe	돌로 된 절벽 가의 굉음 소리,
baharini watokota.	바다를 들끓게 하네.
Ni mungumi na chongowe	고래와 향유고래가

wamo wawili wateta.	물속에서 다투는 도다!
Hatujui mumojawe	그 누가 이길지 알 수 없나니,
tutakayemufuata.	그저 지켜만 볼 뿐.
Zimewatatia tata	싸움은 더더욱 엉켜만 가니,
wamaizi tatuani.[175)]	현자여 말릴지라. (K. 155)

돌로 된 절벽(mwamba wa jiwe)은 위기에 처한 몸바사를 상징하는데 그 아래 굉음을 내며 두 마리의 큰 고래(mungumi na chongowe)가 싸우고 있다. 그 누가 이겨 몸바사를 다스려 나갈지는 그 누구도 알 수 없어(hatujui), 사람들은 그저 지켜볼 뿐(tutakayemufuata) 어쩌지 못하고 있다. 싸움이 더 엉켜져 가니(zimewatatia tata) 몸바사의 불행이라, 현명한 자(wamaizi)가 나서서 이 싸움을 떼어놓기(-tatua-ni)만을 저자는 바랄 뿐이다.

2.6 감상과 철학이 담긴 시, 가잘리(Ghazali[176)], Mashairi ya Hatari[177)])

무야카는 우리의 삶을 여러 가지로 묘사했다. 아래 시에서는 특히 삶의 위험(Hatari)에 주의를 기울이고 있다. 인생의 경험이 아직 부족하고 호기심과 모험심이 가득한 젊은이들에게는 더욱 그 위험이 하나의 함정이 되어 젊은이들을 유혹한다. 복잡 미묘한 이런 삶의 모습을 저자는 즐겨 항해에 비교했다. 배를 타고 넓은 바다로 나가면 그곳에서 벌어지는 다양한 즐거움과 함께 위험을 또한 경험하게 된다. 항해에서의 경험은 구체적이고 익히 알려진 것이어서 이해하기가 쉽다. 그는 이를 빗대어 포착하기 어려운 인생의 위험들에 대해 이야기하고 있다(ibid. 157).

---

175) *-vuma; 바람이 윙윙 불다. 포효하다, (물소리가) 세차게 들리다. -tokota; 익혀지다, 요리되다, 튀겨지다. -tata; 싸우다, 다투다. -tatuani* < *tatua Cv. of -tata. -maizi; 결론짓다, 정하다.*

176) 가잘리(Ghazali)는 18세기 인도에서 유행했던 서정시 형태로 소재는 연애이야기를 다루지만 철학적 교훈적 메시지가 담겨져 있다(Knappert 1979:156).

177) Abdulaziz(1979:196)의 책에는 Mashairi ya Uhusiano(관계의 시)라고 되어 있다.

1. Nalisafiria *mbiji*
na pepo zali *shuwari*
kuzinga na *vitongoji*
kuingia kulla bandari,
Tukataka kufa maji
kwa kuchafuka bahari.
Ndipo sasa hag*hairi*
kwenda *male na mapana*.[178)]

나는 내 작은 배로 여행을 하고 있었지,
바람도 고요하여
해변 작은 마을들을 따라 여행하였네,
모든 항구에 다 들어갔었지, 그런데
하마터면, 물에 빠져 죽을 뻔, 하였지.
바다가 포효했을 때.
그래서 나는 내 마음을 바꾸었네.
멀고 넓은 바다로 마구 나가려던
나의 마음을. (K. 157)

인생이라는 바다(bahari)를 건너는 우리는 실상 아주 작은 배(mbiji)에 의지하고 있다. 바람이 고요하면(pepo zali shuwari) 그런대로 갈 만하다. 해변 마을들(vitongoni)을 따라 구경하며 여행을 하다 보면(-safiri) 위험할 것도 없고, 오히려 이것저것 구경하느라 재미있다. 그래서 모든 항구들을 다 구경하는 것이다(kingia kulla bandari). 아기자기한 우리네 삶속에서 이런저런 경험들을 다 겪어 보는 것은 그다지 위험(hatari)할 것도 없고, 도리어 아기자기하게 재미있기 그지없다. 그래서 우리는 어느덧 즐거운 우리네 삶에 깊은 애착을 갖게 되는 것이다. 그러나 바다가 요동을 치며 포효했을 때(kuchafuka bahari), 하마터면 물에 빠져 죽을 뻔한 것이다(tukataka kufa maji). 두렵고 무서운 일이 아닐 수 없다. 그래서 저자는 마음을 고쳐먹었다는 것이다(ndipo sasa 'kaghairi). 욕심을 너무 내어 깊고 넓은 바다로 마구 나가보려던 마음을 고쳐 해안 가까이 조심스레 항해하면서 인근 마을을 구경하는 것으로 만족하겠다는 것이다. 삶의 진진한 재미를 보고자 마구, 하염없이 깊고 넓은 삶의 영역으로 파고들다 보면 마침내 미처 죽게 될 지도 모를

178) *mbiji < mashua, merikebu, meli/ 배. shuwari < shwari, -a shwari, 고요한, 잔잔한(-pole, -tulivu, kimya, -nyamavu). -zinga; 돌아다니다. kitongoji 작은 마을, -ghairi* =badili nia, -rajua/ 마음을 바꾸다, 고려하다, 변경하다, 취소하다. male na mapana; marefu na mapana 여행의 거리와 범위 (length and breadth of travelling).*

위험이 있음을 암시하고 있다.

2. Nali na mwandani wangu	나는 한 여자 친구가 있었지,
'kamuonesha mapenzi.	그녀에게 내 마음을 보여주었지,
nikamupa siri zangu,	나의 비밀을 다 드러내 보여주었지.
nikamutilia wazi.	나의 마음을 그녀에게 열어 주었네.
'Kamba ndiye ndugu yangu,	그리고는 남들에게 내 누이와 같다 말했지
'kasema hanitangazi.	그녀는 나를 떠벌리지 않을 거라고.
Kumbe! Yuna wakwe wanzi	하지만, 그녀는 다른 친구를 사귀었네.
ambao siri wapana.[179)]	그리고 그와 함께 비밀을 교환하더군.

(K. 157)

사람의 마음, 특히 여자의 마음속은 알 길이 없다. 수많은 세상 일 중의 하나가 인간관계이다. 남녀관계는 사랑(mapenzi)이라는 단어로 포장되지만, 현실은 더욱 복잡하다. 그녀에게 아주 깊은 속마음(siri zangu/ 나의 비밀)을 다 보여주고, 마치 누이(ndugu zangu) 대하듯 하며 그녀를 꼭 믿었으나 어인 일인지 그녀는 아주 다른 마음을 품고 다른 남자를 사귀더라는 것(kubmbe, yuna wakwe wanzi)이다. 이렇듯 우리 삶은 그 속을 알 수 없으니 너무 깊고 멀리 들어가지 말라는 메시지를 담고 있다. 바다와 삶, 인간과 여자가 같은 비유선상에 있다.

3. *Nitesile* na adui siku nyingi ha*tuili*,
   미운 놈과 싸우고 여러 날을 보냈네.
   Yuni*tenzile* ni *mui* na mini nisimjali,
   그는 나를 욕했지만 나는 개의치 않았네.

---

179) *mwandani < -andaa, companion, associate/ 친구, rafiki. ata; -acha, nduu; ndugu, wanzi; 친구들, marafiki. -tanga; 배회하다, 떠돌아다니다. -tangaza; 알리다, 떠벌리다, 광고하다. wakwe < mkwe; 시부모, 시동생.*

Na mwenyewe hajijui kwa uchache wa akili,
어리석게도 나는 그가 하는 걸 몰랐네.
Tuonanapo mahali salamu kukokupana.[180)]
서로 만나도 인사조차 나누지 않았네.

4. Wanzi wali*nihasimu maozi kutonandika*,
친구들이 나와 다투고 눈길조차 주지 않네.
Ikawa kuni*shutumu*, kutosema, ku*toteka*,
나를 비난하더니 말도 않고, 웃지도 않네.
Mola akawakirimu mmoja akatoweka,
신께서 우리 중 하나를 죽여 데려가시니,
Tuliporudi kuzika na mikono tukapana.[181)]
그를 묻고 돌아오면서 우리는 손을 잡았네.[182)]

미시적 차원에서 서로 경쟁하고 싸우는 동료들이 거시적 차원으로 보면 언젠가 모두 죽어야 할 존재이다. 인간존재의 본유적 한계와 슬픔에 대한 자각이 있을 때 비로소 동료 인간들에 대한 이해와 사랑이 자연스럽게 나타난다는 것을 암시하고 있다.

2.6.1 운명으로부터 도망치는 자(Aliyekimbia Ole)

5. Aliyekimbia ole mwendo wa nyaka sitini
육십 인생 여정 내내 운명을 피해 도망치던 사람

---

180) *nitesile; niliteta/ ...와 다투다, 싸우다(< -tesa;* 괴롭히다, 해치다, 상처 입히다). *-tuili; 연기되다, 늦추어지다, 지연시키다, yunitenzile; 나에게 행하다(< -tenda/alinifanya. mui; 나쁜 짓?/mbaya. -kirimu; 친절을 베풀다. karama; 특권, 명예, 은총.*

181) *hasimu n. -husumu; v. 다투다, 싸우다/piga vita, -teta. maozi; (결혼)합의, koto-ni-andika. shutumu; 비난하다(blame, slander). -kirimu; 맞이하다, 친절을 베풀다, n. karama; 명예, toweka; 죽다(kufa, ondoka kwa muda mrefu).*

182) cf. Abdulaziz 1979:198.

Akyenda umngojele ukele mitilizini.
길을 가고 있는데, 도랑 위에 앉아 그를 기다리는 이 있어,
Ukamba '*Ndoo tukale*, mwandani wangu mwandani.'
그가 하는 말 '나의 친구여 이리와 내 곁에 앉게나.'
Akiuuza, ni nani? Ukamba 'Simi weleo'!.[183)]
'당신은 누구요'하고 물으니, '당신의 운명'이라 답하네!

인간은 자기 자신에게 주어진 운명(wole, hali, maisha, mambo)의 짐을 벗어나 스스로의 길을 개척해 나가고자 애쓴다. 운명은 집요하게 인간을 꼭두각시로 만들어 자신이 원하는 바대로 살아가도록 인간을 몰아댄다. 그래서 삶은 운명과의 싸움이라고도 한다. 60여 인생(mwendo wa nyaka sitini)을 운명의 지배로부터 어느 정도 벗어나(-kimbia) 자신의 삶을 살아간 한 인물이 자신의 길을 가고 있는데 도랑가에 앉아(mitilizini) 오고 있는 그를 기다리면서(umungojele ukele) 다정하게 그 옆에 앉기를 권한다(ndoo tukale). 피곤한 객이 반가워 그가 누군가하고 물으니(akiuuza ni nani?), 바로 자신의 운명(simi weleo!)이라 하지 않는가! 자신의 운명으로부터 벗어나기 힘든 우리 인간의 존재상황을 우화적으로 그리고 있다.[184)]

2.6.2 서로 만나게 되면(Itakapo Kukutana)[185)]

6. Ai, *afuwa* na ndwele kwa mwenyi nayo hu*tusha*
Akenda mwendo wa kule illi ku*takawadhisha,*

---

183) *wole~ole; intj. woe, pity, n, 운명, 죽음, 사고(ajali, tua, Mungu, takdiri), 재난(disaster), 파멸, 전락, (2) 슬픔, 비애, 고통, 고뇌. mitilizini; mtilizi, 표준어는 mchirizi, n. gutter. 차도와 인도 사이에 난 도랑, ndoo tukale; njoo tukae pamoja. akiuuza; akiuuliza.*

184) 제라르드는 이 시가 무슬림 종교의 경건한 운명론적 세계관을 나타낸 것으로 보았다("his quatrains comply with the pious fatalism of Islam" Gérard 1981: 103.)

185) 이 시에서는 모순, 상반되는 두 개념을 써 삶의 역설을 표현하고 있다. "The main theme of the poem is comparison or contrast between two complementary or conflicting objects." Abdulaziz 1979:157.

Aonapo yutimile, akaamani ku*shasha.*
Ai, ruhu na maisha, itakapo kukutana![186)]

오, 건강과 질병, 병을 앓는 자는 침묵하고,
원하는 바를 이루고자 먼 길을 걸을 수 있네.
자신의 권력이 느껴질 때는 마구 자랑하고 싶어
삶의 건강과 질병, 이들이 서로 만나면.

인간은 몸을 지닌 생명체이다. 건강하여 몸과 마음이 최적의 상태에 이르면 자랑하며 세상의 모든 야망을 성취하고자 그 무슨 일이라도 서슴지 않고 할 수 있을 것 같다. 하지만 건강과 젊음은 사라지고 사람은 늙어 병들고 죽게 되니, 아이로니컬한 일이 아닐 수 없다. 삶의 중의성과 역설을 건강과 질병을 빌려 묘사하고 있는데 언어의 양분법적 표현과 달리 실제 진리는 이런 구분을 초월해 있음을 암시하고 있다.

7. Ai, mto na godoro lipendazalo *zitangu*,
Lenyi *huruma* na *duru* na haiba ya *zikungu*,
Alipatao ni *faru* ya katika ulimwengu.
Ai, kiti na *t'awangu*! Yatakapo kuk'tana![187)]

베개와 자리, 그의 손잡이가 아름답구나.
진주를 단 여인이 그 위에 앉아 모서리를 장식하누나.

---

186) *afuwa; afya, 건강. ndwele; ugonjwa, 질병. tusha; zusha neno, takawadhisha; tenda na kumaliza jambo. kushasha; 자랑하다, 뽐내다(to boast, put on airs), ruhu; roho.*

187) *zitangu; =vitangu, 단추(buttons of mattress), huruma =여인(mwanamke), duru =진주(lulu), haiba; 매력, 외모, 미모, 아름다움, zikungu =vikungo(edges), faru; 쥐(=panya), t'awangu =a large round tub-like chest(물통과 같은 궤짝) with cover for putting clothes in. "The irony is the belief that it is always the least expected man to win a beautiful woman's love." Abdullaziz 1979:165), "Yet it is mouse that gets it! That's how the world goes! O the chair and the round chest, when the two go together."*

하지만 결국 쥐들이 그걸 차지하는 게 세상사이려니.
의자와 둥근 장롱, 이 둘이 서로 만나면.

인간이 이룩한 아름다운 문명과 그것을 장식하는 고귀한 여인들도 기실은 한때만을 구가하는 환영과도 같은 것으로 시간이 흐르고 상황이 바뀌면 더러운 쥐들이 다 그것을 차지하게 되리라는 것으로 압달라의 인키샤피를 연상시킨다. 세속적 욕망과 삶에 대한 애착과 집착을 경계하는 경구라 할 수 있다. 다음 시에서는 탁자와 금속 손잡이 같은 구체적인 물건들이 등장하고 그런 가운데 사람의 불안하고 모호한 마음이 대비된다. 마지막 연의 쇠와 지남철의 만남이 무엇을 의미하는 것인지는 애매하고 불분명하기 그지없다. 삶의 의미가 바로 애매하고 불분명하여 불안한 마음을 품게 하는 것이 아닌지 무야카는 풍자하고 있는 듯하다.

8. Ai, t'awangu na kiti cha ng'amba chenye ziku'ku,
Kina *tumba* katikati na pembe huku na huku.
Kinga kitakwi kwa *uti* akipatae hu*shuku*,
Ai, chuma na simaku, kitakapo kuk'utana![188]

탁자와 금속 손잡이가 달린 거북이 등가죽이 있는 의자,
가운데에는 덮개가 있고, 여기저기 장식이 있네.
장대로 열매를 집으려니, 마음을 불안케 하네,
아아, 쇠나 지남철, 그들이 서로 만나게 되면.

---

188) *tumba = a boss, also 꽃봉오리(flower buds), kinga; ni kama, yaani kiko kama, kitakwi; mtakwi is a fruit tree called takwi, when fully grown. It is sweet smelling but its leaf is posonous. The fruit must be picked by a pole to avoid touching the poisonous leaf. uti; upembo, 막대기(a pole). -shuku; 의혹을 품다.*

2.6.3 벌레로부터 시신 지키기(Kifo Kikimbizwa Funza)[189)]

이 시는 그로테스크한 느낌마저 풍기고 있다. 인간의 실체는 기실 우리의 몸이라 할 수 있다. 정신이 있다 하나 감지하기 어렵고 오진 나의 몸이 가장 구체적으로 다가온다. 우리의 감정변화는 사실 우리 몸의 변화로 인한 투영인지 모른다. 그러므로 우리의 삶 과정에서 인간의 몸에 매달리고 또 의지한다. 비록 죽은 몸이라 해도 가능하다면 미이라로 보존하고자 하고 그게 안 되면 동굴 속에 보관하여 영원히 간직하고 싶은 것이 우리 몸이다. 권력과 능력이 있는 자들은 실제로 그렇게 시신을 보관하지만 그 모든 것이 결국은 벌레들에게 밥을 제공하는 것에 불과하다는 것은 미처 생각하지 않는다. 아름답지도 않고 고귀하게 몸이 보전되는 것도 아니다. 인도인에게 주어 불에 태워 버리는 것이 보기는 당장 끔찍해 보여도 기실은 깨끗하고 자유로운 일임을 일깨워 주고자 한다. 몸과 삶에 대한 집착은 불태우듯 깨끗이 씻어내 버리라는 지혜로운 충고의 시라 할 수 있다.

9. Kifo ki*kimbizwa* funza chawekwa mahali gani?
벌레로부터 지키기 위해 시신을 어디로 옮겨야 할까?
Sikitakie *kiunza*, ukakitia shimoni?
왜 그 시신을 토굴 속에 넣기를 원치 않는가?
Nda nini kujiumiza? kujitia mashakani?
왜 가슴아파하며 스스로 괴로워하는가?
Wapeni mabaniani, mahali watakiweka.[190)]
인도인에게 주렴, 그들이 잘 제대로 옮길 거야.

10. *Wapeni mabaniani*, *mahali watakiweka*.
인도인에게 주렴, 옮길 곳을 잘 알지.

---

189) Abdulaziz 1979:172.

190) *kifo; 시체(corpse), kikimbizwa; 놓아주다(kinacho kimbizwa), funza; 구더기, 진드기, kiunza; 관, 영구차, 시체(bier), nda nini; ni ya nini.*

Watakik'atia kuni, njema ambazo zawaka,
잘 타오를 장작 위로 가져갈 거야.
Wakikitia motoni, mifupa ikiwatika,
뼈가 재가 되도록 불 속에 놓아두겠지
Lile ivu likiruka, funza halikipatapi?[191)]
재가 되도록 타오를 텐데 벌레가 어찌 견딜까?

2.6.4 훌륭한 여인이 아님(Si wanawake wa Huja)

형상이 지닌 마력과 매력에 주의를 빼앗기고 마침내 진실을 보지 못하는 우매함을 경계하기 위하여 무야카는 멋진 장신구를 한 여인을 등장시킨다. 아름다운 장식과 고귀해 보이는 여인의 겉모습을 보되 그것에 현혹되지는 말아야 한다. 여인과 장식에 대한 욕망이 배제되어 있다면 우리는 비교적 아무런 동요나 흔들림이 없이 그 대상을 있는 그대로 바라볼 수 있게 되는데 이건이 정견(正見)이다. 바르게 보는 능력을 길러야 한다는 것을 암시하고 있다.

11. Ukiwaona kwa mbali kwa vikuku na *vinganja*,
먼발치에서 팔찌와 장신구를 한 여인을 보고
Wamba ni wake wa kweli ukenda wakidhi haja,
진정한 여인으로 네 꿈을 이루어 주리라 너는 말하지만
Kanama ni *batili swiswi* na wao mamoja,
그것은 단지 허상일 뿐, 우리와 다를 게 없어.
Si wanawake wa huja yalla ni yale mavao.[192)]
가치가 있는 여인이 결코 아니요. 그것은 단지 겉옷일 뿐 (Abdullaziz 1979:172)

---

191) *halikipatapi; atakipata wapi? kuni; 장작, -waka; 타오르다, -watika; 재가되다, ivu; 재, funza; 구더기, 벌레.*

192) *hoja; huja, ma-, 필요, 소망, kikuku; 팔찌, vinganja; 자질구레한 장신구(trinklets), -kidhi; 주다, 선사하다, 요구를 충족시켜 주다, kanama?, -kana; 부인하다, wamba; utadhani(you would think), -batili; 무효로 하다, 취소하다. swiswi; sisi(we).*

2.6.5 사랑(Mahaba)

다음 시는 아주 흔한 주제인 사랑을 그리고 있다. 상대방의 매력에 이끌린 것이든, 그로 인해 솟구치는 욕망에 의한 것이든 그로 인한 흥분과 열기, 감동과 기쁨은 감당키 어려운 것이다. 하지만 이런 즐거움의 이면에는 무거운 압박과 두려움, 불안과 어리석음이 있다. 그리하여 통제 불능의 과도함으로 한번 치닫게 되면 남의 저주와 비방도 개의치 않게 되고 마침내는 가장 불행한 지경으로 내몰리게 되고 마는 것이다. 사랑의 양면성과 위험성을 노래한 시라 할 수 있다.

12. Mahaba ni maangavu, yakishitadi yauwa;
    사랑은 홀리는 것, 과도하면 죽는다.
    Mahaba ni *meemevu*, yamapo yana *takuwa*;
    사랑은 무거운 것, 짓누르는 압력
    Mahaba ni mapumbavu, hayaoni penyi *tuwa*;
    사랑은 어리석은 것, 흠도 보지 못하네.
    Mahaba hayachi dua, hayahofu matukano.[193]
    사랑은 저주도 개의치 않고 비방도 두려워않네. (Abdullazis 1979:184)

2.6.6 진정한 친구(Mwandani)

길고 험난한 인생의 과정에서 함께 여정을 할 진정한 친구는 과연 어떤 사람일까? 아니면 친구 없이 외롭고 쓸쓸하게 홀로 지루하고 고단한 길을 걸어가야만 하는 걸까? 이해와 애증의 감정을 초월하여 상대를 개의치 않고 있는 듯 없는 듯 언제나 함께 할 수 있는 자가 진정 소중한 친구일 것이다. 그러한 만큼 진정 좋은 친구를 갖기가 말처럼 쉬운 일이 아님을 알 수 있다.

---

193) *mahaba; 사랑(upendo, mapenzi, nyonda, huba), maangavu 홀리는(bewitching), 끄는 < 빛나는, 투명한, bright, shining < anga n. light, brightness, sky, enlightenment, inspiration, illumination, -shitadi; -zidi, 증가하다, 상승하다, 과도하다, meemevu; yanalemea, mazito, 무거움, 짐(mzigo, udhia, taabu, -lemea), 부담(oppressive), takuwa,; 힘, 무게, nguvu, tuwa; ila, kombo, 결점, 단점, 흠(defect). dua 저주(curse), 기도, 마법, 주술(spell), tukano; 중상, 비방, 명예훼손(slander).*

13. Mwandani wako mwandani ukitaka umjue,
네 친구가 진실한 이인지를 알고자하면
Ngia nae safarini mwenende mwendo wa kuwe:
함께 먼 여행을 떠나 보라
Au muate nyumbani ukatembee ukawe,
아니면 집에 놔둔 채 늦게 와 보라
Atoapo kuwa mwewe huyo ni wako mwandani![194]
매처럼 사납지 않으면 진정한 친구라.

이상 살펴본 바와 같이, 무야카는 스와힐리 문학사상 세 가지 면에서 큰 기여를 했다. 첫 째는 무슬림 전통을 어느 정도 탈피했다는 것이다. 즉 그는 '시를 회교 사원으로부터 세속의 장터로 옮겨감으로써[195]' 소제 및 주제에서 종교적인 생활을 탈피하여 속세의 인간적인 삶과 감정들을 문학화 했던 것이다. 두 번째로 그는 시의 형식면에서도 이제까지 꽉 짜진 우텐디 형식을 벗어나 '샤이리(Shairi)'라는 또 다른 형태의 스와힐리 시를 완성시켰다.[196] 끝으로 그는 최초의 스와힐리 정치시인으로 꼽힐 만큼 당대의 몸바사가 겼었던 정치적, 역사적 사건들을 문학화 했다(Gérard 1981: 103, 권명식 1991:11). 시리아 가문 출신의 그가 몸바사 마즈루이 가문의 정치 자문인 역할을 한 것이 큰 도움이 되었을 것이다. 인간 개인의 내면적인 감정과 인간의 삶 자체를 성찰하는 철학적인 시들도 그가 구축한 독특한 세계였다.

---

194) *mwandani; rafiki, 친구. kuwe; 멀리(mbali). muate; 그를 남겨두다(< ache). a-toa-po kuwa; asipokuwa(..하지 않으면), -toa; 결핍하다.*

195) "(he) brought poetry out of the mosque into the market place"(Harries 1962:2).

196) "he is accredited with having brought to perfection the other main form of Swahili verse, the quatrain (shairi)" Whiteley 1969: 19-20.

3. 무히 일딘 빈 카탄 알-와이티 (Sheikh Muhyi 'l-Din b. Sheikh Kathan al-Waiti, 1789~1869)

그는 스와힐리 문학의 요람인 라무에서 무야카와 비슷한 시기에 출생했다. 그는 자신의 시 '비의 기도문(Dua ya Kuombea Mvua)'에서 밝혔듯이 아랍계 혈통인 듯이 보인다. 그는 잔지바르의 판사로 임명되자 북부의 스와힐리 시-전통을 이곳으로 옮기는 데 기여했다(Harries 1962: 13). 그의 시는 무슬림 전통에 따라 알라를 거역해 살고 있는 우리 인간들을 용서하고 복수하지 말 것을 기원하는 등, 지극히 경건한 분위기를 자아내고 있다.[197)]

"오 전능하신 자여, 당신의 분노로부터 평화를 갈망 하옵나니,
여기 지상에서의 부활의 날, 공포의 그날을 맞아,
저희를 천국으로 이끌어 그 지붕 아래 쉬게 하소서!
당신 아래서 은총과, 여인과, 선행과, 아이와, 종을 선택하게 하소서!" (G. 105)

시를 쓰는 데 있어 무슬림 특유의 겸양지도를 내보이고 있다.

"비록 글을 들었지만, 나는 예술을 모르는바,
이는 단지 하나의 욕망,
좋은 진주와 산호들을 어떻게 배열해야 하는지 모르는바,
매끄럽지만 가치 없는 구슬만 고를 뿐,

197) 이하 무히 일딘에 관한 부분은 Gérard(1981: 105f)에 의존하였음. 여기서 인용한 번역시 출처는 G.105 (< Gérard 1981: 105)로 줄여 표기할 것임.

시인들이 보면 그곳에 실수가 적지 않으니,
어리석은 곳은 정정하여 읽으시기를…" (G.105-6)

무히 일딘은 예언자 무함마드의 승천을 다룬 아랍의 이야기체 '미라지(Miraj)형식'을 스와힐리 문학에 처음으로 도입했다.[198] 이를 도입한 이유는 그 안에 기적적 에피소드가 풍부하여 독자들에게 새로운 지식을 전할 수 있을뿐더러, 그들의 호기심을 만족시키면서 동시에 흥미를 유발시킬 수 있다는 장점 때문이었던 것 같다. 둘째로는 이야기의 내용이 주로 예언자 무함마드를 찬양하는 것이었으므로, 무슬림 교도들인 독자들에게 각별한 감명을 주었기 때문이었다(Knappert 1967:202, 227-241). 이와는 별도로 무히 일딘은 우텐디 형식대신 하음지야(Hamziya)와 유사하게 15음절이 한 행이 되는 우크와피(Ukwafi)라는 새로운 시 형식을 개발하기도 했다(권명식 1991:12-13). 그는 예언자 모하메드의 생애를 그린 시 '마울리디(Maulidi)'와 이슬람 율법사와 토속 점쟁이 의사 사이의 대화를 기초로 아프리카 토속 신앙을 비판한 시인 'Ukawafi wa Miiraji' 그리고 앞에서 이미 언급한 '비의 기도문'을 썼다. 다음 시는 '우카와피' 중 판사가 무당을 반박하는 대목이다.

3.1 우크와피: 판사가 주술사에 반박하다(Kadhi Kakinda Muganga)[199]

이슬람 종교가 전파되어 나가면서 이전에 존재했던 전통 종교의식이나 토속 신앙이 정도를 벗어나 빗나가고 있음을 회교 판사를 통해 밝혀내는 것이 주된 주제이다.

198) "the earliest Swahili versions of the Arabic story known as mi'raj /../ Mohammed's own account of a dream in which he was transported from the Ka'ba to the Temple at Jerusalem, and thence up to the seventh heaven, where he received his mission from Allah." Gérard 1981: 106.

199) 무슬림 판사(Kadhi)와 주술사의 고객 사이의 대화 형식으로 된 이 시에 대한 연구는 Harries(1962: 226-233) 참조.

Chatu wenzio wajapo	너, 비단뱀이여 너의 동료들이
kwako wakikusudiya	네 집으로 왔을 때
kukuona upungapo	너의 영혼을 불러내기 위하여;
kiumbe kutenda haya	피조물들이 이 같은 짓들을 수행하니,
sibabu hupungi pepo	욕되는 일로서, 혼을 부르는 것이 아니라.
wateje wamenambiya	너의 추종자가 내게 말하는 것처럼
sharuti kitu kungiya,	단지 돈을 털어 내기 위함이겠지,
au ni kwa ujasiri.[200)	아니면 만용에 의한 것이던지.

주술사는 이슬람 밖 전통영역에서 영혼과 정신세계에 종사하는 인물로 여기서는 비단뱀(chatu)으로 일컬어지고 있다. 그를 찾아온 무고한 사람들(wenzio wajapo)의 영혼을 치료하는 것(hupungi pepo)이 아니라 말을 그렇게 하지만 사실은 그들의 주머니 속에서 돈을 털어 내는 것(sharuti kitu kungiya)이 그들 속셈이 아니냐고 회교 판사(kadhi)가 추궁한다. 그것이 아니라면 단지 만용을 부리는 것(au ni kwa ujasiri)에 불과하다는 것.

Radhi mukitaka yangu	네가 만일 나의 축복을 얻고자 한다면
ziumbe mupulikao	경청하는 피조물들이여,
wazuieni kwa pingu	그들을 사슬로 묶어 못하게 하라.
jamii watoto hao	저 어린아이들 무리,
na aminiaye Mungu	그리고 하느님을 믿는 자들은
huepuka na matao	이런 탈선을 피해 갈 수 있으리,
na mwenye akanushao	그러나 이를 거부하는 자들은
Hasilimu yu kafiri.[201)	무슬림이 아니라, 이교도들이라!

200) *kinda; dial. kindana; -kinga, 보호, 제지, 방해하다, chatu; 비단뱀, -upunga; < -punga/ 부채질하다, 혼령을 부르다, sibabu/ 신성모독; -sibabi, v. 욕하다(to revile, 매도하다/overwhelm with abuse, 중상/훼손하다/명예를 더럽히다/slander), wateji; < mteji(~mteja), 무당의 조수, 추종자, kungiya; < -kung'uta (먼지를) 털어 내다, 채로 거르다.*

201) *radhi; 용서(msamaha), 허용(kukubaliana), 축복, 열반숙정(hali ya kuridhika, kutosheka), mpulikao*

알라를 믿는 자들(aminiaye Mungu)은 마술사들의 꼬임을 벗어날 수 있지만(huepuka na matao) 이슬람을 거부하는 자들(mwenye akanushao)은 결국 이교도들로서 구원받지 못할 것임(hasilimu yu kafiri)을 경고하고 있다.

< -pulika; 경청하다, wazuieni < -zuia; 멈추게 하다, 못하게 하다, matao; < tao; 굽음(pindo la nguo), 탈선(이단, majivuno, madaha), akanushao < -kana, -kanusha; 부인하다, 부정하다, 반박하다.

4. 우마르 아민(Umar b. Amin b. Umar b. Amin b. Nasir 1798~1870)

무히 일딘과 동시대 작가인 우마르 아민은 잔지바르의 술탄 사이드 마지드가 1861년 파테 섬의 도시 시유(Siu)를 점령할 당시 회교 판사로 재직하고 있었다. 그는 동시에 시인으로서도 대단한 평판을 누리고 있었는데 오늘날까지 그의 시가 동아프리카 회교 사원에서 낭송되고 있다 한다. 그의 시는 대체적으로 경건한 스와힐리 시 전통을 그대로 유지하고 있으며 이슬람 철학을 주 내용으로 하고 있다. 문학사적 관점으로 보면 그는 단어의 첫머리 글자를 모아 시를 짓는 소위 '답관체 시(Acrostic Poetry)'의 창시자이다. 그는 이제까지 이슬람에 관하여 알려진 내용들이 너무 규격화한 시 형식으로 되풀이해 온 전통으로부터 탈피하고자 새로운 형식을 고안해 내고자 하는 노력의 일환이었던 것 같다. 예컨대 그의 시 '진주 목걸이(Dura Mandhura)'[202]는 각 연의 첫 번째 세 음절이 각각 {Ba-, Bi-, Bu-}로 시작되는데, 연에 따라서는 {Ta-, Ti-, Tu-}로 변화를 주기도 한다. 29구 4행시로 되어 있는 이 답관체 시는 aaab율격을 하고 있는데 b는 고정되어 있다. 그는 또 답관체 타크미스 형식의 'Waji waji'라는 교훈시를 쓰기도 했는데 29개 5행시이다.

1835년 그는 서사시인 '아유부 이야기(Utendi wa Ayubu)'를 썼는데, 이 내용을 아랍어로 된 문헌으로부터 빌려 온 것임을 밝히고 있다. 그러나 이 문헌이 어떤 것인지는 오늘날 알 수 없고 이에 관련된 것으로 코란과 구약성서의 욥기가 있을 뿐이다(권명식 1991:13-14참조).

202) 두라 만두라(진주 목걸이)라는 시 연구는 Werner 1929:561-569, Dammann 1940: 328-334, Harries 1962: 118-127이 있다. 여기 본문 내용은 Gérard(1981: 107-109)에 의존하였음.

4.1 아유부 이야기(Utendi wa Ayubu 1835)[203)]

이 시의 서두는 아유부(Ayubu, 구약성서에서는 욥, Yob)가 많은 가축을 거느린 부자로서 성품이 경건하고, 특히 하나님에 대한 신앙심이 지극한 인물이라는 사실들이 소개된다. 하나님도 그의 신앙심에 대해 각별한 자부심을 갖고 있는데, 악마인 이블리스(Iblis, 사탄)가 이를 시기하여 하나님에게 찾아가 엉뚱한 요구를 한다. 아유부의 신앙심이라는 것이 '그에게 주어진 축복에 기인한 것이지 그의 본래 성품과는 무관한 것'이라고 주장한다. 가축을 잃고 가난해진다면 그는 하나님을 망각할 것이라면서 아유부를 한 번 시험할 기회를 달라고 간청한다. 하나님은 결국 이를 허락한다. 그러자 이블리스는 자신의 즐거움을 다음과 같이 읊는다;

> 우리가 인간의 가슴에 '전쟁의 불꽃'을 일으키면,
> 그들은 즐겨 다투고,
> 간음과 도적질도 즐겨하리! (G.108)

이는 인간의 본성을 이 같은 우화를 빌려 풍자한 것이라 하겠다. 이블리스의 의도는 아유부가 그의 창조주인 하나님을 비판하고, 원망하게 만드는 것이었다. 그리하여 아유부의 온갖 가축들인 염소, 말, 낙타, 소들을 죽게 하여 그의 재산을 앗아간다. 빈털터리가 된 아유부는 이러한 재앙에도 불구하고 하나님을 원망하지 않고 그에 대한 믿음을 지켜나간다. 이 세상에서 인간이 누리는 행복의 근원은 물질적 토대인데 그것이 무너진 것이었다. 그러자 이블리스는 하나님의 허락하에 이번에는 더욱 심한 타격을 가한다. 아유부의 피붙이들을 해치는 것이다. 아유부가 누리는 지상에서의 행복은 그의 자식들에 토대를 둔 것으로 이는 재물보다 더 그에게 가까

---

203) 엘리스 워너는 이 작품이 그 이전에 작가 미상의 인물에 의해 쓰였을 가능성에 대하여 언급하고 있다. Werner 1921: 297, 18세기 아랍어 원본을 번역한 것이라는 설도 있다. Gérard 1976: 7-22, 1981: 107f. 권명식 1991:13-14.

운 것들이다. 공부를 하던 10명의 자녀가 갑자기 무너져 내리는 건물더미에 깔려 죽게 된다. 선생으로 가장한 이블리스는 아유부를 초대하여 이 같은 끔찍한 사고를 내게 한 하나님을 원망하도록 그를 은근히 부추긴다. 신에 대한 강한 믿음을 갖고 있던 아유부는 오히려 이블리스의 정체를 알아채고 물러가라 호통친다. 아유부의 믿음은 자식까지도 제물로 바칠 수 있는 그의 조상 아브라함에 필적하는 것이다.

그러나 아유부에 대한 시련은 더해만 간다. 재앙은 재물에서, 자식들로 그리고는 이제 그의 몸으로 직접 다가간다. 원인을 알 수 없는 기이한 병에 걸려 아유부는 스스로 고통을 받을 뿐만 아니라, 주위 이웃들로부터 버림받아 도시로부터 추방당한다. 존경과 품위, 이웃과의 원만한 관계, 이런 것들이 지상에서의 삶을 그나마 가치 있게 만드는 것인데, 몹쓸 병으로 말미암아 이 모든 것을 상실하게 된 것이다. 어찌 보면 아유부는 그 모든 것을 잃었다 할 수 있는 처지가 된 것이다. 이제 이런 그가 그 무슨 이유로 신을 계속 찬양할 수 있겠는가? 그의 마지막 의지처인 아내 레베카는 가난을 이기지 못하여 이웃에 가 노동을 하려 하지만 남편의 몹쓸 병을 이유로 거절당한다. 그러면서 오히려 병든 남편을 떠나 새로운 삶을 찾아 나서는 편이 좋지 않겠느냐는 권유를 받는다. 레베카는 이를 거절하고 묵묵히 남편을 따른다. 그러나 이블리스가 아주 잘 생긴 기사로 변장하여 그녀를 유혹한다. 가장 사랑하는 아내가 그를 배반케 함으로써 아유부에게 치명타를 주기 위함이다. '자기와 결혼만 해준다면 부와 권력을 제공하겠다'면서, 부, 지위, 미모, 자식 등 그 모든 것을 상실한 이 세상과 운명을 저주토록 부추긴다. 레베카는 이 모든 것을 물리치고 남편과 함께 하나님에 의존한다. 최고 천사 가브리엘이 마침내 그들의 편에 서서 하나님의 생수를 가져와 그의 병을 치료하고 새로운 의복을 가져와 이들을 구한다. 그들이 죽을 때까지 크나큰 축복이 주어진다. 이블리스와의 게임에서 하나님이 승리한 것이다. 이 작품에서는 비현실적이며 이상적인 성스러운 믿음과 현실적이고 인간적인 세속적 욕구가 우화적으로 대립되어 있다.

5. 압달라 빈 마수드(Abdallah bin Masudu 1817~1894)

압달라 마수드(권명식 1991:14-15)는 무히 일딘이나, 우마르 아민처럼 종교적인 전통 가운데 서 있으나, 다른 한편으로는 이전 저자들보다 더 세속적인 사건을 작품소재로 다루었다. 여기서 다룰 그의 두 작품은 서로 크게 대립된다. '하시마 공주'는 이슬람 종교 아래 수행하는 성자를 등장시켜 어떻게 여성과 성의 유혹을 대처해 나가는지를 보여준다. 동-아프리카 스와힐리 해안이라는 지리적, 역사적 상황에 무관하게 나타나는 보편적인 문제를 신화적, 전설적 차원에서 기술하고 있다는 점은 이전 스와힐리 시인들이 취한 태도에 부합된다는 점에서 지극히 전통적이다. 그런 다음 등장하는 '알-아키다' 이야기는 몸바사에서 벌어졌던 역사적 사건을 직접 소재로 했다는 점에서 크게 대비된다. 그는 타크미스와 리용고를 쓴 후 돌연 파테의 몰락을 주제로 한 알-인키샤피를 쓴 압달라와 비슷한 경로를 가고 있다. 무히 힐딘은 예언자의 승천을 다룬 미라지 형식의 시를 도입한 후 현지 이교도 관행을 규탄하는 우크와피 시를 씀으로써 현지로 되돌아왔다. 다만 우마르 아민은 답관체 시 '진주 목걸이' 이후 '아유부 이야기'로 이어져 계속 이슬람의 종교 세계에 머물러 있는 작가로 평가될 수 있을 것 같다. 보다 파격적인 태도를 보였던 무야카도 가잘리 계통의 시는 전통적 이슬람 가치와 지혜를 섭렵하는 과정이라 볼 수 있고 샤이리 율격의 보다 짧은 서정시들도 궁극적으로는 이슬람적 지혜를 바탕으로 서술해 가고 있다. 다만 무야카의 경우 보다 긴 형식의 거대 서사시 우텐디 형식의 시를 쓰기보다는 몸바사에서 벌어진 역사적 사건들을 소재로 한 정치를 썼었다는 점이 다른데 이제 이 같은 전통은 마수드로 이어져 나가고 있다고 볼 수 있다. 알-아키다 사건은 마수두 뿐만 아니라 수우디와 그의 펨바 거주 친구들인 맘바시와 자비리의 '담금질의 노래'로 이어진다.

5.1 하시마 공주와 성자 라시드 (Utenzi wa Mwana Hasima na Rashida Walii)

그의 작품 '하시마 공주와 성자 라시드'는 종교적 도덕성과 더불어 동시에 세속적 사랑 사이의 갈등을 그린 것이라 할 수 있다.

> 수도생활을 하는 한 성자가 있었다. 이 성자 라시드를 사랑하게 된 공주 하시마는 대담하게 그를 유혹한다. 그러나 그는 결연히 그녀의 유혹을 물리친다. 하지만 공주는 아버지 왕에게 요청하여 성자가 살고 있는 거처 인근에 기거하면서 그에게 지도를 받는다. 한편 그녀의 매력과 유혹을 감당키 어렵다고 판단한 라시드는 스스로를 거세한다. 그런 것과 무관하게 몸이 무거워진 공주는 이 모든 책임을 라시드에게 지우려 한다. 하지만, 거세한 라시드는 이 일과 무관하다는 것이 밝혀진다. (G. 109)

이 작품에서 보듯이 이슬람에서 여성은 수행을 망치게 할 수 있는 위험한 대상으로 간주되고 있다. 극복되어야 할 욕망을 부추기는 사악함의 원천(a vessel of iniquity, G.109)으로 수행자가 각별히 유의해야 할 대상으로 묘사되고 있다. 어쨌건 이 작품은 이전의 것들과 같이 예언자의 생애를 찬양하고 숭배하는 내용 일변도에서 벗어나 세속적인 사랑과 욕망의 감정을 수행자의 태도와 결부시켜 다루고 있다(Gérard 1981: 109).

5.2 알-아키다 이야기(Utendi wa al-Akida)[204)]

보다 세속적인 정치적 사건을 다룬 마수드의 작품으로 '알-아키다'가 있다. 이 작품은 1870년 중반 몸바사에서 발생했던 실제 사건을 바탕으로 하고 있다. 다음은 제라르드가 설명한 알-아키다의 배경이다.

잔지바르의 술탄 사이드가 1830년대 말 반란을 일으킨 몸바사의 마즈루이 총독을 진압하고, 압달라 음바락(Abdallah bin Mbarak)을 몸바사의 총사령관(Akida)으로 임명했다(1837). 압달라가 사망했을 때, 그의 아들 무함마드는 아직 어렸지만, 아버지의 지위를 승계했다. 그러나 그는 예멘의 하드라마우트 군사들에 의해 포위되게 되었다. 그의 권위를 인정치 않는 몸바사 원로들과 시인인 수우드(Suud b. Said al-Maamiry)가 공모하여 그에 대적했다. 특히 수우드는 잔지바르로 건너가 아키다에 반대하는 상소를 올리기도 했다. 몇 개월 후인 1875년 1월 무함마드는 총독의 저택을 공격하였으나, 술탄의 군대에 항복하는 결과에 이르렀다. 잔지바르 주재 영국 대표부의 프리도(Prideaux)가 그의 안전과 부하들의 생명을 보장해 준다는 조건 하에서였다(Coupland 1939). 마수드의 시에서 수우드와 몸바사의 원로들은 사악한 그룹으로 묘사되고 있다. 아울러 이들이 술탄에게 충성함으로써 희생되는 몸바사 발루치인들을 동정하고 있다. 시인은 몸바사의 분열이 패망을 초래했다고 설명했다.

> '오, 이 파멸이여, 우리는 유명한 국민이었건만,
> 분열하였기에 패망하였도다! (G. 111)

이 같은 분열은 시인 수우드의 시기와 질투, 그리고 몸바사 원로들의 시샘에 기인된 것이다. 그러나 무엇보다 압달라 마수드가 본질적으로 그리려 했던 것은 '점점 더 커져 갈수록 질투와 불화, 반목으로 파멸을 향해 질

---

204) 이 작품에 대한 문헌은 Mbarak Ali Hinawi(1950)이 가장 오래된 것이고, 이어서 Harries(1962: 130-143), Gérard 1981:109, Knappert 1979:167-173이 있다.

주해 가는 권력의 속성, 그리고 이에 따른 비극이었다고 할 수 있다(Gérard 1981: 110, 권명식 1991: 14-15). 이와 달리 얀 크납페르트는 다소 다르게 알-아키다의 배경을 아래와 같이 설명하고 있다(Knappert 1979: 167f).

대장이라는 의미의 알-아키다(Al Akida)는 1838년 몸바사에서 출생했다. 그는 압달라의 아들로 이름은 무하마드였는데, 잔지바르의 술탄 사이드는 아키다의 아버지인 압달라를 1837년 굶주림으로 몰락해 가는 함락된 도시 몸바사의 대장으로 임명했었다. 그가 죽자 장군들(Jemadari)은 그의 아들 무하마드를 교육시켜 1857/8년 그 직위를 승계시켰다. 이때는 사이드의 후임인 마지드가 이들을 감시하고 있을 때였다. 1870년 술탄 바르가쉬는 무하마드를 총독(Wali, Liwali)으로 지명했다. 무하마드가 살해된 마즈루이의 아들 음바룩(Mbaruk bin Rashid)을 무웰레 언덕(Mwele Hill)에서 몰아냈기 때문이었다. 시민들은 무하마드와 요새의 대장으로 있던 그의 동생 사이디를 다음과 같이 칭송했다;

Liwali ni Muhammadi * tuliyemkiri
무함마드는 우리의 총독, 그를 인정하리니,
na akida ni Saidi * ngwawapa umuri
사이디는 우리의 대장, 신은 그를 축복 하사,
Ngome zetu zimerudi * katika bandari.
우리의 성은 항구에 되돌려 질지라! (K. 168)

그러나 음바룩과 무야카의 아들 음투와나(Mtwana bin Muyaka)는 게릴라전을 전개해 왔다. 시내에 살던 수우디 마아미리(Suudi Maamiri)는 시인이 그들과 조응했다. 그는 시를 써 음바룩에게 메시지를 전달했다.[205] 힘으로 음바룩을 잡을 수 없다고 생각한 알 아키다는 그를 초청했다. 그러나 같은 수법으로 잡혀 죽은 그의 아버지 라쉬드의 예를 잘 기억하고 있던 음바룩은

205) 거리에서 사람들에 의해 낭송 되는 수우디의 시를 듣고 음바룩은 위험을 알아차리고 도피하게 된다. (K. 170).

그의 함정에 빠져들지 않았다. 수우디는 풍자시를 써 모하메드를 야유한다.

Ni mwari mwarika	huliwa mwenyewe
신랑이 신부의 손님을 초대하였을 때	*신부가 스스로 잡혀먹는 것을 보았느냐?*
Nyote mwasumbuka	enywi vikunewe.
너는 공연이 말썽만 부리는 도다,	*벼룩이 같은 이여!*
Yu wapi. Meruka.	Kozi na wanawe.

그는 어디에 있을까? 이미 멀리 도망쳤으니, 독수리가 새끼를 보호하듯. (K. 170)

수우디의 풍자시를 접한 아키다는 그를 체포하여 가둔다. 총독 지위가 한시적이라는 사실을 안 아키다는 수우디를 석방시킨다. 하지만 아키다에게 앙심을 품은 시인 수우디는 자신의 속마음을 감추고 그의 의심을 달랜 후 잔지바르로 건너간다.[206] 그에게 복수를 하기 위함이다. 한편, 이를 기회로 하여 펨바섬의 음골리에 살고 있던 수우디의 친구 맘바시와 자비리는 '담금질의 노래(Forge song)'을 써 신속하게 행동으로 옮기라고 충고한다. 소위 '쇠는 달았을 때 때려야 한다'[207]는 것이었다. 수우디는 잔지바르로 가 술탄에게 아키다가 무당이라 모함하여 그를 체포케 한다. 수우드는 자기 술책에 걸려든 알 아키다의 운명을 다음과 같이 노래했다;

Amepigwa mkazumo	그는 긴 화살에 맞았구나.
ushungu wa ki-Rabai	라바이 족이 쓰는 독이 묻은 화살에
ameongezwa na fumo	그를 위해 넓게 간 창이 덧붙여졌으니,
rumuhi la ki-Masai	그것은 마사이족 창 중에 하나이니
Hamo duniani hamo	그는 이미 이 세상을 떠나간 듯하다.

206) 장군인 아키다와 달리 이런 이중적 태도를 보이고 있는 교활한 수우디는 스와힐리 속담에 나오는 토끼에 비유된다. 토끼는 학자로 가장하여 코란을 강의하고 있는 것이다(*Sungura mwanachuoni, kisomesha Kurani*. The hare [disguised as] a scholar, teaching the Holy Koran. K.173.

207) *Kuno kuzima kweleo hiwi kwisha uhunzi* (This cooling of the tongs, however, is not the end of the forging!) K. 173.

atekea sambo mai	그의 배는 이미 가라앉기 시작했으니,
mwajimbo mekosa rai	총독은 이미 [술탄의] 신임을 잃었도다.
harejei Kongowea.	다시는 몸바사로 돌아오지 못하리.
Mwajimbo mekosa rai.	총독은 술탄의 신임을 잃었으니,
kwa rushuwa na uganga.	그가 받은 뇌물과
	그가 행한 마술 때문이어라.
Shekuwe sasa hafai	이제는 마법도 아무 소용이 없으니,
amevukia za Dunga	그는 이제 둥가에 있는 여울을 건넜구나.
ameruka kama tai	그는 수리처럼 날아가 버렸네.
amekomangwa mzinga	그러다가 총알에 맞고 보니,
harejei tena Gonga	더 이상 몸바사로 돌아올 수 없어,
yu mbali na Kongowea.	콩고웨아로부터 멀리 떨어져 있구나.
	(K. 178)

사건이 마무리되고 난 수년 후, 마즈루이 가문 출신 시인인 압달라 빈 마수두(Abdallah bin Masudu)는 그의 시 '알-아키다'에서 '결코 굴복할 수 없다'고 외치는 알 아키다의 모습을 다음과 같이 묘사하고 있다.

1.	Haihati haihati	결코 안 된다, 그럴 수는 없어,
	kutoka katika kuti	이 요새로부터 나가는 것은,
	tasitahabu mauti	차라리 죽는 게 낫지,
	lakini siji tolewa.[208)]	떠밀려 나갈 수는 없어라. (K. 179)

다음은 헤어날 수 없는 궁지에 몰린 알-아키다가 비극적으로 절규하는 대목이다.

---

208) *hati; 서류(document), hatia; n. 잘못(fault, quilt), kuti; 코코낫 잎, sitaha; 배의 갑판.*

5.	Mwambieni shehe Sudi	저 늙은 수우디에게 말하라,
	mtoto wa Ba Saidi	바 사이디의 자식이여
	kwani ni nyingi *juhudi*.	어찌하여 그런 수고를 했던가?
	Laalla kata*tanyua*.[209)]	이 모든 걸 풀 수 있으리라 생각하였나?

몸바사의 옛 마즈루이 후예들로 구성된 반군 진압 공로에도 불구하고 오히려 수우드의 꾀에 넘어가 사이드의 역적으로 내몰린 알-아키다의 비극적 운명의 중심에는 수우드라는 인물이 있다. 아키다는 그를 풀어주기까지 했는데 정작 그에게 배반까지 당하였으니, 원망과 한을 품지 않을 수 없는 것이다.

7.	Kanitilia *fitina*	그는 나를 함정에 빠트렸지,
	mno ikashikamana	그것이 내 몸을 엄청 얽매는구나,
	nisipate ya kunena	원하는 바도 주장할 수조차 없구나,
	kwa Sayidi nikingia.[210)]	사이디의 법정 앞에 끌려간다 한다 해도.

8.	'Kitokea kwa Sayidi	내가 사이디의 법정에 서게 되면,
	nisiupate muradi	나는 그의 용서를 받지 못하리,
	kama *kitwana fisadi*	타락한 자의 노예처럼,
	aliyefanya hatia.[211)]	죄를 저지른 그.

9.	Nalilia nguvu zangu	내는 격렬하게 눈물 흘린다.
	kutete na walimwengu	사람들에게 주장하기 위해,
	kumbe vile kuna jungu	하지만 수많은 난제들이여

209) *juhudi; 노력(effort, exertion, strain), 열성, 번뇌(agony), -tanyua; < -tanua, open wide, stretch apart.*
210) *fitina, n. 불화(discord, quarreling), 슬픔(mischief), 재앙, -shikama; 얽어매다, -nena; 주장하다, 말하다.*
211) *fisadi, n. 타락자, 부패한 자(a corrupter), v. -fisidi, kitwana < mtwana; 노예.*

kubwa mno napikiwa.[212] 너무나 커서 내 몸이 타버리는 도다.[213]

(K. 179-180)

5.3 대화시와 서간체 시의 등장

19세기 후반부에 접어들면서 스와힐리 문학에서는 소위 운문식 대화(Verse Dialogue)와 서간체 시(Epistolary Verse)가 유행했다. 해리스(Harries 1962: 216)가 지적한 바와 같이 운문식 대화문학의 저자가 한 사람인 경우도 있었으나 두 명의 저자가 참여한 경우도 있었다. 예컨대 '카티리푸(Utenzi wa Katirifu)'의 저자인 아부 바카리와 알리 압둘라(Ali b. Sheikh Abdullah)는 '어린 소녀의 후견'이라는 대화시를 만들었다. 한편 아부 바카리는 라무 출신의 알리 사이드와 함께 남편에게 버림받아 아이들과 홀로 살고 있는 어떤 여인에게 법적 충고를 고하는 대화시를 쓰기도 했다. 몸바사의 시인 무야카도 연애시 뿐만 아니라 법, 윤리에 관한 대화시를 남겼다. 이 같은 전통은 몸바사에 거주하는 반투족 출신 가문의 법적 지위에 관한 논쟁과 관련된 글에서도 나타나고 있는데 압달라 마수드의 시, 아키다에도 언급되고 있는 시인 수우드와 무함마드가 참여하고 있다. 이 외에도 이슬람의 세세한 종교 의식에 관한 논쟁을 알리 코티(Ali Koti, C. 1820~1895)와 무사(Musa al-Faman)선생이 벌이고 있다. 코티는 '하물의 노래(Mzigo)'[214]의 저자로 1848년까지 파테를 지배한 귀족 가문 출신인 아흐멧(Ahmed b. Fumoluti)의 친구였다. 아흐멧은 지방 유지들과 잔지바르의 마지드 사이드와 저항한 인물로서 '심바(Simba, 사자)'로 알려져 있었으며, 위투(Witu)에 요새를 구축하기도 했다. 바로 이곳에서 '하물의 노래'가 지어졌다(Gérard 1981: 112, 권명식

212) *-teta; speak strongly, 주장하다, jungu < chungu; 쓰라림, 상처.*

213) 알-아키다의 저자 마수두는 아키다가 몸바사에서 태어나 자신의 주인이었던 술탄을 잘 섬겼고, 동시에 그가 태어난 몸바사 도시를 성실하고도 헌신적으로 다스렸으나, 질투와 분규만 불러들이고 말았다면서, 알-아키다 삶의 역설과 부조리를 은근히 암시하고 있다. cf. Knappert 1979: 180.

214) "a topical poem referring indirectly to the disturbances in the Sultan of Zanzibar's dominions" Gérard 1981: 112.

1991:15).

스와힐리 시는 발표된 시에 대한 토론이나 반론을 통하여 작가간의 소통과 교류를 도모했는데 이 같은 전통은 현대에 이르러서도 지속되고 있다. 쿠포나의 시에서 나타난 주제에 대한 평이나 색다른 시각들이 샤반이나 사이드 같은 후대 작가들에게서 다시 나타났다. 녜레레(Nyerere 1978)와 칸도로(Kandoro 1972) 같은 현대 탄자니아 작가들 사이에서도 이 같은 대화 형식이 활용되곤 했다.[215)]

215) 대화 논쟁시(Kujibizana)에 대한 상세한 논의는 Biersteker 1996 참조. 이하 이 책에서 인용한 원본은 B.로 표시할 것임.

6. 쿠포나 음샴(Mwana Kupona binti Msham, c.1810~1860); 최초의 여류 시인

무와나 쿠포나는 잔지바르의 사이드(Busaidi)가 시유를 점령하고자 했을 때 성공적으로 저항한 시유의 지배자 마타카(Sheikh Mataka ibn Mbaraka[216] 1779-1856)의 아내이다. 1836년 마타카와 결혼한 쿠포나는 타계하기 2년 전인 1858년, '쿠포나의 시(Utendi wa Mwana Kupona)'[217]를 지었다. 이 시는 열일곱 살 난 자신의 딸, 하시마(Mwana Hashima binti Mataka 1841-1933)를 염두에 두고 쓴 것이다. 이 시는 성장해 가는 귀족 가문의 딸들을 어떻게 교육시킬 것인가 하는 문제를 다루고 있다. 특히 시를 짓는 방법이 교육내용에 포함되어 있어 후일 종교교육에서 이 시가 텍스트로 낭송 되곤 한다. 이 시를 바탕으로 우리는 당시 상류 지배 계급을 구성하는 스와힐리 여인들이 상당한 교육 수준과 자의식을 지녔었던 것을 알 수 있다. 일반적으로 이슬람 세계에서 여성의 지위가 낙후되어 있다는 통념과 달리 귀족 계급에 국한된 것이기는 하지만 여성들이 그들의 관심사를 시로 표현하고 창작에 몰두함으로써 나름의 상류 계층으로서의 여성적 지위는 물론 지적 품위를 향유해 나간 것으로 보인다. 다음은 시의 첫 부분이다.

---

216) 그의 아들 바카리(Bakari bin Sheikh Mataka)는 한 때 마지드(Majid)와 동맹하여 파테와 대항하였으나 그곳에서 사망했다. 쿠포나의 다른 아들 무함메드(Muhammed bin Shee Makata al Famau)도 잔지바르로 건너갔으나 돌아오는 길에 붙잡혀 몸바사의 지저스(Fort Jesus)요새에서 사망하였다. cf. Biersteker 1996:274f.

217) 이 시에 대한 연구는 Werner(1917), Werner & Hichens(1934), Harries(1962:70-87) 참조.

Ndoo mbee ujilisi	앞으로 나와 가져오렴.
na wino na qaratasi	잉크와 종이를
moyoni nina hadithi	마음속에 이야기가 있네.
Nimependa kukwambia[218]	너에게 해주고파.[219]

(Allen 1971:58, Biersteker 1996:11)

다음은 집에 있는 아내가 바깥에 나갔다가 들어오는 남편을 대할 때 지켜야할 예절(wifely virtue)을 그린 부분이다.

30.	Kitoka agana naye	그가 외출할 때 인사를 하고
	kingia mkongowee	귀가할 때는 절을 하렴
	kisa umtengezee	그를 위해 준비하렴.
	mahala pa kupumua.[220]	휴식을 취할 장소를. (B. 291)

이 부분을 염두에 두고 후일 다른 시인들이나 가수들이 그 내용을 적절히 바꾸어 낭송하곤 했다. 이는 토론과 논쟁 혹은 조언을 기꺼이 하는 스와힐리 대화시 전통을 따른 것이다. 저자 미상의 '위안의 노래(Utumbuizo)'라는 노래는 쿠포나의 시를 염두에 두고 다음과 같이 불려졌다. 위 쿠포나 시의 내용과 여러 면에서 비교된다.

위안의 노래(UTUMBUIZO)[221]

5. K'angoja, kingiya ka'mwambiya kongo.

---

218) *ndoo < njoo, mbee < mbele, ujilisi; -lisha (재료를) 공급하다.*

219) 스와힐리 전통시의 도입 부분은 하나의 관례가 되어 있으나 작품에 따라 약간의 변이를 보인다. 후모 리용고는 아이들에게 들려주는 형식을 취하거나, 신의 이름으로 전하는 바를 제대로 할 수 있을지 모르겠다는 말로 서두를 장식한다. 여기서는 딸에게 들려주는 형식으로 우선 묵필과 종이를 가져오라는 요청과 함께 이야기를 해주고 싶다는 표현으로 서사시가 시작되고 있다.

220) *-aga; 헤어지다, 작별인사를 하다. -kongwea; (허리를 굽혀) 인사하다. (비굴하게) 절하다.*

221) 위안의 노래 우툼부이조(Utumbuizo)는 파투마(Fatma binti Athumani)라는 가수가 노래를 불렀는데, 이를 이브라임 노르 샤리프(Ibrahim Noor Shariff)가 수집하여 Tungo Zetu(1988)라는 제목으로 출간했다.

내가 기다리다가 그가 오자 　 그에게 인사했네. (B. 291)

MWANA KUPONA:

33. Chamka siimuhuli 　 깨어있어, 지체치 말아라.
mwandikie maakuli 　 그를 위해 음식을 마련하렴,
na kutunda mwili 　 그의 몸을 보살펴라;
kumsinga na kumwoa.[222] 　 마사지와 목욕으로, (B. 292)

34. Mnyoe mpalilize 　 머리를 깎고 긁어내라,
sharafa umtengeneze 　 그의 구레나룻 수염을
na udi umfukize 　 그를 위해 알로에 향을 피워라
bukurata wa ashia.[223] 　 아침과 저녁에.

UTUMBUIZO: 앞부분의 내용은 아내가 정성스럽게 남편을 섬긴다는 데서 쿠포나 시와 일치하고 있다.

9. K'antukuwa k'anchiya choni, 　 k'amfucha vumbi na uwongo
나는 그를 데려다 욕탕에 뉘었네, 　 그리고는 먼지와 거짓을 씻어냈네.

10. K'ampaka mafucha kwa mai, 　 k'anyowa kula penye jongo.[224]
나는 그에게 물과 기름을 바르고 　 모든 곳 샅샅이 면도하였네. (B. 292)

다음은 아내가 남편을 섬겨야 한다는 불평등한 관계에도 불구하고 이와 무관하게 행복했던 어머니의 결혼생활을 쿠포나가 딸에게 들려주는 대목

---

222) *-muhuli; < muda, space of time, v. -mudu, -muhula; stretch oneself, tolerate, bear with, maakuli; chakula, -singa; 주무르다.*

223) *-paa > 1. to go up, 2. scrape off, paa samaki, -palia > -paliliza; 긁어내다, sharafa; 구렛나루 수염, udi; 알로에 (향수 aromatic aloe wood, fukizo), -fukiza; 향을 피우다, =uvumba.*

224) *-tukuwa > -chukua, -fucha; -osha, -fua. -nyoa; shave off of hair, jongo ma-; < ji-ongo, ampl. mgongo, 등.*

이다. 이는 부부간에 서로를 아끼고 존중하는 마음이 있었기 때문에 가능했던 것으로 보인다.

KUPONA:

52. Alinioa babako	너의 아버지가 나와 결혼하였다.
kwa furaha na ziteko	기쁨과 행복을 갖고,
tusondoleane mbeko	우리는 서로 서로를 존중하였지.
siku zote twalokaa[225]	언제나 우리는 함께 기거하였네. (B. 292-3)

그러나 파투마의 노래 뒷부분에서는 내용이 달라진다. 남편이 아내 몰래 다른 여자를 새 아내를 맞이한 것이다. 계급과 성차를 떠나 그 어떤 인간관계에 있어서도 외도와 같은 행동으로 서로 간의 신의가 손상된다면 그 어느 것도 품위 있는 부부관계를 지켜주지는 못할 것이다. 결국, 남편의 부정에 대한 아내의 격렬한 반응이 그려져 있다. 쿠포나의 평온한 시 분위기와 사뭇 다른 살벌한 분위기가 그려진다. 해방된 여인으로서 남편의 불의에 맞서는 새로운 이미지로 탈바꿈되어 있다. 새 여자와 새살림을 차렸다는 소식을 듣고 여인은 남편과의 침대를 부수어 버린다.

UTUMBUIZO:

13. Na usiku tuchenda kulala	kinambiya nganu za urongo.
밤이 되자 우리는 함께 누웠지,	헌데 그가 내게 거짓된 말을 하였네.

14. Kinambiya mwana sitakuoleya	na uchao sikwendei mwendo.

여보, 다른 여자와 관계치 않을 거야, 너의 화살을 다른 곳으로 몰지 않겠어

---

225) *ziteko < cheko, n. laughter, -ondolea; < -ondoa; 가져가다, get aside, mbeko < -eleka, 업다, carry a strip on the hip, 아이를 업는데 쓰는 천, 옷감, 결혼선물, -ondoa mbeleko, vuna mbeleko; 여인의 옷자락을 걷어내다, 모독하다. put to shame, -elekea; 엉덩이에 두르다. -ondolea hashima; disgrace, degrade, remove, deprive of.*

19. Kiuliza muini kunani? K'ambiwa mvuliyo urawiye kondo
마을에 무슨 일이 일어났나? 네 남자가 옆길로 빠졌다던데

20. Uwozee nke msichana na mahari ni yako uchundo.
그는 어린 여자와 살림 차렸지 네가 번 돈으로 신부 값을 치루고.

26. K'ainuka k'adhivunda dhilili na malili k'ayak'acha mawambo.
나는 일어나 크고 작은 침대를 부수었네. 침대 등받이를 잘라버렸지. (B. 293)

그러나 쿠포나의 시는 시대가 변하면서 많은 비판을 받게 된다. 그녀의 사고방식이 봉건 가부장적 사고에 얽매어 있다는 것인데 그녀의 시를 빗대어 많은 시인들이 다른 시들을 지었다. 다음은 쿠포나의 시 구절을 빗대어 지은 현대시인 사이드(Said Ahmed Mohamed)의 Imani ya Mwana(딸의 믿음, 1980)이다.

KUPONA:

Na maungo umkande, umsinge kwa madawa,
Mambo yasende upande, kila kitu kiwe sawa (S.31).

그의 팔다리를 주물러주고, 약재를 써 부드럽게 해 주어라
일이 잘못되면 안 되니, 모든 것이 제대로 되어야 한단다.

SAID:

Huoni hata ushinde, utumwa umeachiwa
Natamani nikulinde, na hii yako beluwa, Hebu nambie
Kweli jaza ya kiumbe, ni madhila na mapigo?[226)]

226) *dhili; to humiliate.*

네게 주어진 노예 상태를 참고 있다는 것 모르는가?
고통 속에 있는 너를 지켜주고파라!
인간의 보답이 굴욕과 폭행일 수는 없어.

Wanitonesha kidonda, cha miaka na miaka
Usidhani nayapenda, madhila pia mashaka
Nakerwa na yake inda, na sasa nimeshachoka
Ninaanza kujipinda, kwa mapambano hakika, Hilo nakwambia.

그들은 내 상처를 수년간 멍들게 했네.
굴욕과 의혹을 내가 좋아한다고 생각지 말라.
그의 행동에 짓눌려 지금 나는 지쳐있네.
충돌을 하더라도 스스로 벗어나고 싶어. (Said Ahmed Mohamed p.31)

쿠포나의 시는 상류사회 여성으로서의 행동양식을 가르치고 있다. 다음은 노예들을 다루는 방법을 다룬 대목이다. 오늘날 사회적 지위나 역할에 따라 기대되는 처신과 행동의 양식이 각각 다르듯이 당시 스와힐리 봉건 계급 사회에서 주인과 하인으로 해야 할 처신과 행동 방식도 달랐을 것이다.

20. Sitangane na watumwa　　illa mwida wa khuduma
watakuvutia tama　　la buda nimekwambia.[227)]

노예들과 어울리지 말라.　　봉사를 받는 경우를 제외하고는,
그들은 너는 탈선케 하리니,　　네게 경고하지 않을 수 없어라. (B. 295)

쿠포나의 시는 1890-91년경 아랍 문자로 기록되었다. 후일 무함메드 키

227) *-hudumia; to serve, tamaa; lust, longing.*

주음와(Muhammed Kijumwa)가 쓴 네 개의 필사본이 있고 다른 이들에 의한 원고가 6개 전해온다. 1912년경 키주음와의 원고가 미국 하버드대학으로 보내졌고 워너(Werner)와 히친스(Hichins)에 의해 1933년에 출판되기에 이르렀다. 이와 별도로 몸바사의 맘보 레오(Mambo Leo)라는 신문에 1929년 그녀의 시가 발표되었는데 이를 다시 1971년 알렌(Allen)이 편집하여 텐디(Tendi)라는 책에 출판했다. 이는 스와힐리 고전 전통 시들이 어떻게 기록되고 어떻게 유포되어 출판되어 나가게 되는가 하는 문학사회학적 배경의 전모를 보여주는 전형적인 사례라 하겠다.

7. 사이드 만사브(Sayyid Mansab, c. 1828~1922)[228)]

쿠포나 이후의 시인들은 19세기 말에 이르기까지 무슬림 전통의 헌시가 주종을 이루었다. 예컨대 잔지바르의 하드라마우트 사이이드(Hadramaut Sayyid) 가문의 쉐이칸(Sheikhan b. Ahmad b. Abu Bakr al-Husein)이나 사이드 만사브가 대표적이다. 만사브의 대표적인 작품으로 예언자의 출생을 노래한 ㄴ가 있다. 이 시대 유명한 작품으로 '담요(Kishamia, the Mantle or the blanket)'라는 시가 있다. 만사브 이외의 시인으로 맘바시(Ahmed Al-Mambasi 1830-1891)와 후세인(Ahmad Basheikh Husein 1909-1961)이 있다. 다음은 '나는 당신과 이야기하는 것이 결코 피곤하지 않아'라는 서정시이다.

Kunena Nawe Sikomi	나는 너와 이야기하는 것은 피곤하지 않아
Kunena nawe sikomo	너와 말하는 게 결코 피곤치 않아
daima na kuuswiya	언제나 너를 그리워하지;
sitindi wangu ulimi	나는 말하는 걸 멈추지 않아
kulla jema hukwambiya	좋은 건, 네게 모두 말하지;
utakuja uma kumi	손톱을 물며 너는 후회할 거야
usikipate kimoja.	많은 소원 중 하나도 얻지 못한 채.

19세기 중반 이래로 서구의 문물이 동아프리카에 쇄도해 들어오면서

228) 만사브에 대한 연구는 Damman(1958) 참조.

스와힐리 전통문학의 소재 및 내용도 급격한 변화를 경험하게 되었다. 스와힐리 문학에 대한 학문적 연구가 처음으로 서구인들을 중심으로 시작되었다. 독일 출신의 탐험가이자, 선교사, 그리고 학자였던 크라프(Ludwig Kraph)는 1844년 몸바사에 도착하여 서구인으로서는 처음으로 스와힐리 문학작품들을 발굴해 냈다. 런던의 CMS(Church Missionary Society) 소속 선교사이기도 했던 그는 1854년 스와힐리 문학원고를 독일로 가져갔는데, 이것이 1887년 출간됨으로써 유럽인들은 최초로 스와힐리 문학작품을 접할 수 있게 되었다. UMCA(University Mission to Central Africa) 소속 선교사였던 영국인 스티어(Edward Steer)는 1866년 잔지바르에서 스와힐리 이야기를 모아 출간하기도 했다.

1885년 베를린 회의를 기점으로 아프리카가 분할되었고, 1890년 헬골란트 조약을 계기로 잔지바르와 케냐가 영국령으로, 탕가니카가 독일령으로 확정되었다. 이후 영국과 독일 출신의 많은 스와힐리 연구가들이 출현하게 되었다. 서구의 영향에도 불구하고 이슬람 문화권은 그들의 특징과 전통을 그대로 유지해 나갔다. 한편 스와힐리 문학의 중심지가 몸바사에서 점차 남진하여 펨바, 탕가 등 탕가니카 음리마 해안으로 내려갔다. 탕가니카 출신의 대표적인 작가로 헤메디를 들 수 있겠다(Gérard 1981: 115, 권명식 1991:15-16).

제4장 20세기 초반의 스와힐리 작가들

<Sabaki>

제4장 20세기 초반의 스와힐리 작가들

스와힐리 문학은 몇몇 특정한 가문에 의해 주도되곤 했는데, 18세기 파테의 사이드(Sayids)가문이 그러했고, 라무(Lamu)의 종교 그룹인 카디리야(Kadiriya)가 그러했다. 탕가는 탕가니카에서 가장 중요한 문학적 중심지였다. 그것은 주로 알-부후리(Al-Buhuriy)가문에 기인된 것이다. 알려진 인물 중 가장 오래된 인사는 펨바에 살았던 시인 마수디(Masudi)인데 그에 대하여서는 이미 언급한 바 있다. 다음으로 유명한 이는 탕가 출신의 헤메디 압달라(Hemedi b. Abdallah b. Said al-Buhriy)이다. 그에 의해 쓰여진 두 개의 전설적인 이야기가 있다. 그 하나는 예언자의 친구인 아부 바카리의 아들 '압둘 라마니'의 이야기를 그린 것이고 다른 하나는 독일인에 대항한 영웅적 투쟁을 그린 '독일인들의 음리마 해안 지배 이야기(Utenzi wa Wadoichi Kutamalaki Mrima)'이다. 이에 앞서 알리의 아들 후세인에 대한 시가 있다.

1. 헤메디 알 부히리(Hemedi al-Buhriy)

헤메디가 살던 시기는 독일들이 해안에 진출함으로써 동-아프리카 해안의 상황이 이전과 다르게 크게 변했다. 그럼에도 불구하고 그는 이슬람 문학 전통에 굳건히 뿌리 내리고 있다. 첫 두 작품은 예언자와 관련된 인물들에 관한 것으로 스와힐리 시인들의 정신적 배경이 되는 마가지 전통 선상의 이야기들이다. 네 번째 작품은 다시 아주 구체적으로 자신이 처해 있는 탕가니카 지역에서 벌어진 적나라한 사건들을 다룬다. 내륙 토착민들의 저항과 독일인의 진압, 그 사이에 있는 잔지바르 술탄의 입장, 그리고 무엇보다 자신의 위치가 문제가 된다. 그는 점성가로서, 그리고 현실과 거리를 둔 시인으로서 주어진 사건들을 담담하게 표현한다. 그가 고백했듯이 그는 그저 시를 썼던 것이고 그리고 그것이 사람들의 입으로 낭송 되는 것에 자부심과 명예를 느끼고자 하는 시인이었다.[229)]

1.1 후세인의 이야기(Utenzi wa Seiyyid na Huseni bin Ali)[230)]

그의 첫 작품 '후세인의 이야기'는 7세기경 다마스커스의 우마이야드왕조의 칼리프인 야지드에 대항한 알리의 아들 후세인의 항거를 노래한 것이다. 후세인은 예언자 모하메드의 직계 외손자이다. 야지드는 비종교적이고, 여자처럼 유약한 인물로 묘사되어 있다. 낭비벽이 심하고 엄청나게 화려함을 추구하며, 허례허식을 탐하는 군주로서 야지드는 방탕에 빠져 소동만 일으킨다. 반면에 후세인은 초 세속적인 인물로 묘사된다. 가브리엘 천사의 후원 아래 그는 가족과 수행원들을 대동하고 전투에 참가한다. 이는 일신의 명예가 아니라 알라의 뜻을 받들기 위함이다. 후세인이 죽고 난 다음 이야기는 그의 형 카니프(Muhammad ibn Khanif)의 분노로 집중된다. 카니프는 복수를 위해 길을 떠나지만, 도중에 신의 음성을 듣고 다른 사명을 부여받게 된다. 즉 이교도들과 기독교도, 그리고 유대교도들을 전도하라는 것이었는데, 신의 음성을 들은 바로 이 신성한 장소가 마흐디(Mahdi)이다. 이후 이는 구원자 마흐디의 출현을 기원하는 별도의 신앙으로 발전되어 나갔다. 이제까지 이슬람에 관련된 스와힐리 시가 알라의 군사적 정복에 역점을 둔 마가지 계열의 이야기들이었으나 헤메디는 보다

---

229) "I, Hemed Buhry, am well-known by my verses; the world sings my songs, and therebv I have reputation." Gérard 1981: 119.

230) 이 작품은 1965년 Allen, J. W.의 주석이 달린 번역과 함께 다르살렘에서 출판되었다. A. Hemed (1965).

정신적인 측면을 강조하여 마흐디 전설을 문학적으로 형상화했다는 평가이다(Gérard 1981: 117).

1.2 압둘라만과 수피아니 이야기(Utenzi wa Abdirrahmani na Sufiyani)[231]

그의 두 번째 작품 '압둘라만과 수피아니 이야기'는 예언자의 처남 압둘라만의 종교적 전향을 소재로 한 것이다. 헤메디가 어린 시절 자신의 할아버지 사이드로부터 들은 압둘 라만 이야기에 영감을 받아썼다고 한다. 악의 화신인 수피아니(사탄) 편에 서서 예언자 무함마드의 전사들을 강탈했던 압둘 라만은 여러 우여곡절을 겪고 난 다음, 마침내 이슬람에 귀의하게 되었다는 이야기이다. 다음으로 판사 카시무의 이야기가 있다.

1.3 판사 카시무 이야기(Cade Kasimu)

할아버지가 살아계시던 시절 저자는 좋은 음식과 글 쓰는 재미로 만족스러운 삶을 살았다는 내용으로 이야기 시작된다(Knappert 1979:222f.). 정직하고 고매한 젊은 판사 카시무는 저명한 인물 자아파리의 아들로 술탄 마르완의 두터운 신임을 받지만 아름다운 여인과의 사랑에 빠져 곤경에 처하게 된다.

7.	Kwani wakiwa kishiba	그들은 만족했기에
	nafusi zikatwaiba	영혼은 선을 느끼며
	samaki anaye miba	가시 있는 물고기처럼,
	hawali wakitoweya	그 안에 무거움이 없어라.

231) 이 작품도 Allen, J.의 주석, 번역을 곁들여 다르살렘에서 출판되었다. Hemed(1961). 헤메디 것과 다른 버전으로 파테 출신의 여성 노예가 필사한 23개 연으로 된 원고가 담만교수에 의해 정리되어 출간되었다(Dammann 1940). 헤메디 버전은 8개 연으로 짧지만 그 내용이 더 정교한 것으로 평가되고 있다(Gérard 1981: 118).

9.	Na nchi zali amani wakajitia nyumbani na kalamu mikononi na roho kufurahiya.	대지는 평화롭고; 그들은 집안에 앉아 손에 펜을 잡고 있으니; 그들의 영혼은 즐겁도다.

26연에 가서야 고관대신이자 율법학자인 자아파리(Jaafari)가 등장한다.

27.	Ali kuwa mualimu vyuo vyote mehitimu ya halali na harimu jamii yakimweleya.	알리는 학자라! 모든 도서들을 독파하였으니 정당함과 부정한 행위를 다룬 책들을; 이런 것들이 그에게는 명백했다.

하지만 그는 자식이 없었다. 그러나 그의 기도가 받아들여져 카시무가 태어난다.

32.	Hata katakabaliwa Kasimu akazaliwa	마침내 그의 뜻이 받아들여져, 카시무가 태어났도다!

카시무는 아버지의 지속적인 보살핌 속에서 성장한다.

36.	Akasoma Kurani ikamungiya moyoni tafasiri ya vyuoni jamii ikamweleya.	그는 코란을 공부했고 가슴에 깊은 감명을 받았으니, 책 속에 있는 모든 핵심들을 그는 완벽하게 이해하였네.
37.	Kamwepusha shaitani duniya asitamani.	그의 아버지는 그를 돌보아 어떤 유혹에도 빠지지 않도록 세상의 갈망치 않도록.

46. Dhuluma na wanawake	범죄와 여인
rohoni mwangu watoke	나의 마음에서 사라지리;
naabudu Mola pweke	오직 주님만 경배할지니,
Menyi-enzi na kusaa.	전능하진 자만 남아있도다.

아버지 자아파리 판사가 사망하자 왕 마르완(Marwani)은 자신의 대신(mshauri)의 후임으로 그의 아들 카시무를 임명한다. 그는 전적으로 그를 최고의 판사로 신임하고 있다.

68. Kahukumu kwa shariya	그는 법에 의거 판결하였으니
pasi na kupendeleya..	그 어떤 편파도 없었노라
69. Asimsitahi mtu	사람을 존경할 것도 없고
wala asitwae kitu	그 어느 것을 받을 것도 없고.
72. Na maliki Maruani	왕이신 마르완은
akamtia hubani	그를 몹시 신임하였으니,
akiwapo barazani	그가 법정에 있게 되면,
hukumu amuatia.	그에게 모든 것 위임하였네.
122 Kapindana kama uta	그녀는 활처럼 허리를 굽혀
akenenda hujivuta	끌리듯 걸어갔네.
magua ayakokota.	걸을 때는 발을 사뿐히 내 디디며.
123 Ngovi yamruka mamba	그녀의 피부가 벗겨질 듯 날고,
macho yamefanya wamba	그녀의 눈은 몽롱한 빛을 띄며
akyenda haoni ndiya	그녀는 보지도 않고 걸어가네.

136. Bibi akafurahiwa	처녀는 너무 기뻐하여라.
kwa yale alo kwambiwa.	자신에게 들려진 말에 의해
145. Muwili ukita anga	그녀의 몸은 광채를 발하고
ukapita komamanga.	석류보다 더 반짝이누나!
164. Zamani ukimweleza	무슨 일이 벌어졌는지를 설명하는 동안
sema ukijilegeza	그의 발아래 다가가 기대고
macho ukiyapinduza	너의 눈은 기절할 듯 위를 보아라,
bi yamini wa shimaa.	그리고는 좌우로 돌릴지니.
165. Na ambapo akubali	그리고 그가 네 말을 받아들이면,
njoo naye tasihili	재빨리 그를 따라가;
kwangu akisha wasili	그가 네 방에 이르면,
juwa amekwangamiya	그는 이미 무너져 내린 것이라.
166. Ma ukyenda sema naye	그리고 네가 이동할 때는
nguo mbili usivae	오직 하나의 옷만 걸칠지니,
hiyo moja naikeya	그걸 네 몸에 살짝 걸쳐,
kama isiyovaliwa.	없는 듯 흘러내릴 것처럼. (K. 227)
* Baada sayo sikia	그리고 난 다음, 잘 들어라!
Kasimu akapotea	카시무는 무너졌도다.
zinaa akatumia	그는 간통을 즐겼으니,
kwa roho kufurahia.	자신의 영혼을 기쁘게 하였구나.
* Kumbe i tamu zinaa	얼마나 달콤한가, 간통의 즐거움이여
siiwene na mithaa.	이런 걸 경험해 보긴 처음이라!

Leti hivi ningakaa	이 순간에 계속 머물 수만 있다면,
na furaha nafusia.	내 영혼 안에 환락이 가득.

zina; adultery, fornication

* Akategemea mito	그녀는 쿠션에 몸을 기대어
mara akafumba mato	그리고는 두 눈을 감는 도다.
akakandwa na watoto	아이들이 그녀의 몸을 마사지해주고
wangine wamwinamia	다른 이들은 그에게 절을 하는구나.

* Kasimu akabaini	카시무가 선언하는 도다.
ni lazima nikuzini	'내가 너와 사통을 하리라,
kwa sababu yako shani.	너는 너무나 아름답기에.' (K. 229f.)

왕비가 승리한 후 그 결과를 술탄에게 말한다.

376. Vile juzi hikwambiya	요일 전 내가 당신에게 말했듯이,
Hawezi kujizuwiya	그는 스스로는 통제치 못하였어요.
basi sasa angaliya	자 이제 벌어진 일을 보시구려.
mambo alokufanyiya.	당신에게 저지른 그의 일들을.

술탄은 카심을 불러 사실인지를 확인한다.

383. Ni wewe uliyeuwa	그를 죽인 게 정말 너인가?
ukazini ukalewa	네가 정말 사통을 했단 말인가?
na vyombo viliuyotwawa	술에 취하여 이런 일을 저질렀는가?
ni wewe ulovitwaa.	이런 모든 일들을 네가 주도했단 말인가?

그럼에도 불구하고, 술탄은 '세상에 사악한 여인의 힘과 음모를 이겨낼 남자는 없다'며 그를 용서한다.

1.4 독일인의 음리마 해안지배 이야기(Utenzi wa Wadoichi Kutamalaki Mrima, 1891)

네 번째 작품 '독일인의 음리마 해안지배 이야기'는 독일인들의 탕가니카 음리마 해안 점령과정에 관한 역사적 사건을 기초로 한 작품이다(Gérard 1981: 119-121, 권명식 1991:16). 스와힐리 학자인 알렌(J. Allen 1955)에 의해 편집되었다. 이 시는 소제나 이야기의 배경이 기존의 것과 사뭇 다르다. 새로운 등장인물로서 서구 유럽인들이 동아프리카 무대에 등장하게 되었고, 기존의 이슬람 소제에서 탈피하여 현재 동아프리카 해안에서 벌어지고 있는 생생한 정치, 군사, 외교에 관한 이야기들이 작품의 주 내용을 구성하고 있다. 형식은 기존 우텐디 문학의 틀 속에 있지만, 내용이나 소재 면에서는 현대적이라 할 수 있다. 주요 국면에 따라 내용을 일부 살펴보면 다음과 같다.

1.4.1 성전(聖戰)에 대한 대가로서의 천국과 알라신에 대한 찬양

소재는 현재 탕가니카 해안에서 벌어지고 있는 사건이지만 우텐지의 무슬림 전통을 따라 저자는 우선 전지전능한 알라신을 예찬하는 것으로부터 시를 시작한다.

5-6. *Ndiye Muumba bahari*	그가 바로 바다의 창조자
na shamsi na kamari	그리고 태양과 달,
na nyota zikakithiri	그리고 별들이 나타나니
ili anga la dunia[232)]	세상을 비추시기 위함이라 (K. 218)

232) *shamsi na kamari; 해와 달, =jua na mwezi. -kithiri; 성장하다, 자라다, 증가하다. ri-ri-ri-ia 율격.*

천지 만물, 바다(bahari), 태양(shamsi), 달(kamari), 별(nyota), 세상을 창조한 창조자(Muumba)의 실체를 받아들이고, 그의 존재를 인정하고 있음을 고백하는 의식이다.[233)]

1.4.2 새로운 지식으로 무장한 서양인들

48. Wakatunza majahili	이교도들은 연구를 하였나니,
Taurati na Injili	율법, 그리고 성령을 대신하여,
vyuo vikawaratili	지식이 그들을 무겁게 해주었으니,
kwingiliwa na wakaa[234)]	이주자들이 들이닥칠 것이다.

율법(taurati)과 성령(injili)을 바탕으로 한 지금까지의 무슬림 신앙과는 달리 서구 독일의 과학자들은 중세 점성술를 공부한 자들로 표현되고, 위대한 과학적 지식(vyuo)은 유럽인들에게 강력한 힘(ratili)을 부여하여 마침내는 승리를 가져다줄 것임을 암시하고 있다.

1.4.3 스와힐리 해안으로 진출하는 독일인들

독일인들은 거대한 계획을 갖고 있었으며, 안정과 확신을 갖고 있었다. 남은 일은 그저 어느 지역을 정복할 것인가 하는 것뿐이었다.

음리마 해안은 방가(Vanga)에서 바가모요에 이르는 지역이다. 'Mrima'는 산(mlima)을 의미하는데 이는 해안 뒷전으로 우삼바라 산악지대가 있기 때문이다. 유럽인들에게는 영토 분할의 과정이었으나 이들을 막아내야 했던 현지 스와힐리인들에게는 또 하나의 성전이었다. 독일인들은 1888

233) 앞에서 언급한 바와 같이 리용고는 아이에게 하소연하거나, 자장가를 불러주는 방식을 썼다. 이와 달리 무히 힐딘은 겸양지도의 어법으로 자신의 실력이나, 능력이 부족함을 언급하며, 쿠포나는 딸에게 전할 말임을 밝힌다. 나중에 언급한 압둘 카림은 신 앞에 자신의 부족함과 보잘것없음을 과도할 정도로 길게 서술해 나간다. 헤메디는 우주의 창조를 연상시키는 표현들로 서사시를 시작하고 있다.

234) *-tunza; to study/ 주의를 기울여 ..하다, Majahili; pagans/ 이교도, Taurati; Torati/ 모세 5경, 구약성서 첫 5편, Injili; Gospel/ 성령, chuo; 지식, -ratili < -ratli 무게의 단위, wakaa; 거주자들, 이주자들.*

년 4월 28일 잔지바르의 술탄에게 년 15만 불을 지불하는 조건으로 음리마 해안과 이곳의 주요 항구들을 임대하게 된다(Gérard 1981: 120). 단순히 교역에 필요한 선적행위와 항구사용에 대한 수익을 생각하였으나, 실제로는 수많은 독일인들이 이곳으로 몰려들어, 그 도시를 구매한 것처럼, 혹은 정복한 것처럼 순시 순찰을 했다. 그들은 원하는 곳에 새 건물을 건축하였고, 현지인들의 항의하는 말을 가로막았다. 상선뿐만 아니라 전함까지 나타나자 현지인들은 크나큰 우려를 나타낸다. 독일인들은 이슬람 사회에서 혐오하는 개들을 데려왔고, 이슬람 깃발을 내리는 반면, 사원에 들어와 예배를 금지시키기까지 했다. 급기야는 팡가니(Pangani)에서 자호로(Zahoro)라는 인물이 민병대를 일으켜 일단의 독일인들을 몰아내는 사건이 발생한다. 독일인들이 이후 다시 나타났으나, 아부시리(Abushiri)가 중심이 되어 빈데(Winde), 바가모요(Bagamoyo) 등지에서 저항운동이 이후 계속되게 된다. 군사적 열세를 느낀 아부시리는 마술과 종교적인 힘에 의존하고자 한다. 이때 저자인 헤메디는 400루피와 노예 등, 기타 선물을 받고 코란의 종교적 힘을 빌려주지만, 원주민들은 끝내 침입자들을 물리치지 못하고 비극적인 종말에 이른다.[235] 다음은 강력한 지식으로 무장한 독일인들이 해안으로 진출하여(Sawahili twendeni) 새로운 도시와 국가를 건설하자(tukafika tujengeni)는 메시지가 담긴 부분이다.

54. *Sawahili twendeni*	해안으로 진출하여,
tukafika tujengeni	얼른 가서 건설하세!

1.4.4 잔지바르 섬의 아름다움

독일인들이 잔지바르에 도착해 보니 도시는 아랍인, 페르시아인, 그리고 인도인들의 선박으로 가득하고, 그 뒤로 높은 성벽이 드리워져 있다.

---

235) 1889년 비스마르크는 군대를 투입하고 아부시리는 점성가로 유명한 헤메디에게 도움을 청하지만 별다른 소득이 없이 이듬해에 체포되어 교수형을 당한다(Gérard 1981: 119-120). 이 시대 배경에 대한 보다 상세한 기술로는 J. Glassman 1995 참조.

그 위로는 대포가 설치되어 있고, 많은 병사가 술탄을 호위하고 있다. 그가 섬을 지배하고 있는 것이다. 다가가기 전에(kabla kufikilia) 도시의 위용에 놀라는(utaona nuri) 독일인들이 묘사된다.

82. *Mji ule mbwahubiri*	이 도시에 대해 말해주리,	
Jina lake Zinjibari	그 이름은 잔지바르,	
kwanza utaona nuri	우선 그의 광채를 보게 되리.	
kabula kufikilia.[236)]	도착을 하기도 전에.	(K. 219)

술탄의 병사모습, 발루치 병사들의 모습이 다음과 같이 묘사되고 있다.

121. *Na Ajemi wa langoni*	문 앞에 선 페르시아인들,
wana panga mikononi	그들 손에는 칼이 들려있고,
kama nyoka wa motoni	지옥 불 속의 뱀들과도 같아,
kwa ghadhabu kuwangia[237)]	그들에게 분노가 깃들게 되면.

이 같은 위용에 눌려 독일인들은 잔지바르 공격을 포기한다. 상인들은 다른 입장이다. 협상을 해보고 안되면 전쟁을 해야 한다는 것이다. 그리하여 독일 황제는 전쟁부담을 상인들에게 떠넘긴다. 그러나 잔지바르의 성곽을 목격한 상인들은 술탄의 탄탄한 방어에 놀라 확신감을 잃는다.

Tukasikia wenzetu	나의 친구들이여, 우리가 듣기로는,
kutitima kama chatu	거대한 비단뱀처럼 두렵구나,
Kama mwamba wa kuvuma	바위 위의 파고처럼

---

236) *-hubiri; 정보를 주다, 가르치다, ..에 대한 지식을 제공하다.*

237) *ghadhabu; 분노, anger/hasira, chuki, uchungu, ukali, kasirari, virugu, ghaidi, kani.*

mizinga yaunguruma.[238)]	대포는 포효하는 도다!
Kama cha ndovu na nondo	코끼리와 괴물처럼,
roho zikangia shondo	우리의 영혼은 녹아내린다.
Hivyo ni vita Pangani	이렇게 팡가니에 전쟁이 났으니,
bunduki kama tufani.[239)]	총소리가 폭풍우처럼 들리누나!

238) *titima; shuddering/ 두려워하다, 떨다, -vuma; surf/* 파도치다, *nguruma; thundered.*

239) *nondo; monster/* 괴물, *-anga;* 공중에 뜨다*(float in the air, hang up, suspend), shondo < shonde* 배설물, 퇴비, *tufani; storm, dhoruba, mvua kubwa/* 폭풍, 태풍.

2. 압둘 카림(Abdul Karim b. Jamaliddini)의 '마지마지 항거의 노래(Utenzi wa Vita vya Maji-Maji)' [240)]

아부시리의 봉기가 진압되고 난 후 몇 년 뒤인 1905년 보다 광범위하고 처절한 항거가 모잠비크 북부 국경지역에서 발생했다. 카림은 이 사건을 바탕으로 '마지마지 전쟁이야기'라는 위 작품을 썼고, 이 원고는 1912년 로렌츠(A. Lorenz)에 의해 린디(Lindi)에서 발굴되었다. 시는 독일인들에 대한 원주민들의 폭동 발발 소식에 대한 놀라움으로부터 시작된다. 무슬림이었던 저자 압둘 카림은 비교적 중립적인, 그리고 방관자적 입장에서 이 사건을 담담하게 보고하고 있다.

> "우리들은 먹고 쉬며, 잘 지내고 있었지요.
> 그 때 이교도인 원주민들이 반란을 일으켜
> 성곽으로 몰려들고 있다는 갑작스런 소식을 들었어요.
> 손에, 손에 무기를 들고 부락을 약탈하면서..."(Whitely 1957, G. 123)

독일인들은 내륙을 장악함에 있어 잔지바르의 기존 통치 방식을 따랐다. 이는 소위 간접통치 방식이라는 이름으로 알려져 있는데, 우선 무슬림 엘리트를 추장으로 임명했다. 이들은 현지인이 아니었으므로 현지 토속인들을 얕보는 경향이 있었다. 그 다음으로 네 개의 직위를 두었다. 행정관인 아키다(Akida), 총독인 리왈리(Liwali), 치안판사인 카디(Kadhi), 그리고

---

240) 마지마지 시(Utendi wa Vita vya Maji-maji) 원본은 Lorenz & Karim 1933, Whiteley 1957이 있다. 여기서는 제라르드 기술(Gérard 1981: 122-126)을 따랐다.

정신적 지도자인 무왈리무(Mwalimu)가 그것이다. 이 중에 무왈리무는 '선생님'이라는 뜻이었으나 점차 그들의 실질적 지위가 약화되어 갔으며 종국에 가서는 말세적, 종말론적 신앙을 설교하는 카디리아(Qadiriyya) 계열의 과격 성향 선동 지식인 지크리(Zikri)로 변모해 갔다(cf. Iliffe 1960). 압둘카림의 형은 린디(Lindi)에서 카디였으나, 독일인들에게는 과격한 선생 지크리의 추종자로 간주됐다. 그러나 카림은 서구인에 대항하려는 원주민들은 종교를 모르는 이교도요 야만인들(Washenzi)이라 생각하여, 이들의 항거가 분별없는 난동에 불과하다고 조롱했다.

한편 서구 식민자들은 마지마지 봉기를 유럽 식민화를 통한 현지 지역 발전에 역행하는 야만적 행위로 간주했다. 그러나 아일리프 같은 학자나 제삼자들은 이 폭동의 직접적인 원인이 원주민들에 대한 식민 행정관리들의 학대, 그리고 혹사에 기인했다고 주장했다(Crosse-Upcott 1960:71-73). 예를 들면 과세 및 세금징수 방법에 있어 잔인성, 유럽 이주자들 편의를 위한 원주민 노동력의 강제 차출, 그리고 도로 건설을 위한 강제 노동, 아랍인 출신 아키다에 의한 억압과 폭력적 지배, 그리고 면화재배의 강요, 이런 것들이 마침내 원주민들의 저항과 봉기를 직접적으로 불러들이게 된 것이었다. 체포된 폭도는 다음과 같이 증언했다;

> "우리는 명령에 지쳐 있다.
> 모든 것을 그만두고 차라리 죽는 편이 더 나을 것이다.
> 이것이 바로 우리들의 선택이다. 우리는 밭을 갈아야 하고,
> 저녁에는 목화를 따고,
> 집을 지으면서, 세금을 낼 돈을 모아야 했다. 무거운 짐이 아닌가!
> 매일 밤을 지새워 가며 논의하고 논의한 끝에 저항하기로 하였다.
> 그리고 죽기로 작정한 것이다. 우리는 잡혔지만, 아직 다른 사람들이 남아 있다." (G. 124)

25. Bwana wetu, tumechoka	*우리의 주인이여, 우리는 지쳤다*
kila siku kutumika	*매일 이용만 당했네.*
tufe, yatoke mashaka!	*죽게 해 달라, 고통에서 벗어나도록*
naam tumekhitari.[241)]	*그렇다, 이게 더 나을 것이다.* (B. 189)

100. Boma natuipe nyongo!	*그 캠프로 부터 등을 돌리자.*
tumwandanme Hongo-Hongo	*그리고 홍고-홍고를 따르자*
ingawa yeye muwongo	*그가 혹 거짓말쟁이라 해도*
tutapata tukadawiri[242)]	*우리는 맘대로 움직일 수 있겠지.*

173. Hongo tupe maarifa	*홍고여, 우리에게 지침을 주시오!*
watu wengi wamekufa	*많은 사람들이 이미 죽었소.*
bara yote ina afa	*내륙 모두가 재양을 당했소.*
wapi kafanye shauri?[243)]	*어디서 의논을 해야 하나?* (B. 189-190)

그러나 원주민들은 단합하지 못한다. 부족의 추장들, 주술사, 자유 전사들 등이 함께 투쟁을 시작했으나 이교도들의 노예들은 싸우기를 꺼려한다. 이들 중에는 심지어 배반하여 독일 측에 접근하여, 다음과 같이 고백한다.

> "나리, 원주민들은 당신을 배반했습니다.
> 그들의 우두머리는 홍고홍고라는 자입니다.
> 모두가 그를 잘 압니다.
> 그가 하라고 하는 것은 그 누구도 반대하지 못하지요.

241) *shaka, ma- 의혹, 혼란, 고통, 불안, -hitari; 선호하다(-stahibu, -hiari, penda zaidi, chagua mbele).*

242) *boma; 행정부 사무실, 당국, nyongo; 짜증, 언짢음, -dawiri, v. to weave skillfully in a circular manner, 짜다, 누비고 지나가다, 왔다 갔다 하다. -andamana 뒤따르다.*

243) *afa, ma- 불행, 사고.*

그토록 무서운 공포를 그는 불러일으킵니다.
그렇지만 그렇다 해도 그는 가련한 자올시다.
그는 민중을 속여 싸움으로 몰아세웠지요.
우리는 경고도 해보았지만,
우리의 충고는 무시되었답니다." (G. 124)

다음은 배반자(Kitwana/comprador)가 독일진영으로 가는 대목이다.

283. Kitwana alipofika	*배신자가 도착하자,*
bomani akatamka	*캠프에서 말을 한다;*
'Wapi bwana? Namtaka!'	*'대장은 어디 있소? 그를 보겠소!'*
leo nina mashauri.	*오늘 나는 정보를 갖고 있다오.*
284. Kama yuko ghorofani	*그가 윗 층 방에 있거나*
ao kwake hafisini	*아니면 그의 사무실에 있든 간에*
kwa upesi nionyani	*어서 빨리 날 보도록 하오*
nije nayo khabari	*그에게 줄 소식을 갖고 왔으니.*
285. Na hapa siwezi nena	*여기서는 말할 수 없어*
illa nimpate bwana	*대장을 만나게 해주기 전에는*
kwani ya faragha sana	*엄청난 비밀 때문이지만,*
aidha yana khatari	*게다가 위험하기도 하니까.*(B. 180-181)

홍고(Hongo)는 본래 비밀조직을 만들어 교리를 전파시키는 밀사를 일컫는 토속 말이었으나 아일리프는 항거의 중심인물로 보았다. 이 저항운동은 유토피아를 갈망하는 천년왕국 운동의 성격을 띠고 있었다. 요컨대 두 가지 재난을 극복할 수 있는 힘을 기르는 종교적 성격이 결부되어 있다(Iliffe 1960: 25, Gérard 1981: 124). 이 같은 종교적 성격은 48개 연에 달하는 별

도의 '홍고의 시(Hongo's utenzi)'에도 잘 나타나 있다.

200. Mliobaki ziwiya	*계속 저항하고자 하는 자들이여*
na Mahongo sote miya	*우리들은 수많은 홍고들이 되겠지*
na sasa nami kwa heri!	*이제 나는 작별을 고하려네.*
201. Upesi mtawanyike,	*너희들은 각기 흩어져,*
kila mahala mfike,	*네가 아는 곳으로 가시오.*
206. Msibakishe mahala,	*한 곳에 머물지는 말아라*
pakushinda, na kulala	*단지 쉬러나 잠을 자기 위해서*
kwa taratibu na hila!	*신중하고도 영리하게*
muwaonye makadari!	*그들에게 네 능력을 과시하라*
243. Mahongo, maji eneza!	*홍고들이여, 물을 뿌려라!*
yakipunguwa ongeza!	*물이 떨어지면 다시 더하라*
si kama nawakataza	*너희들을 금지시키고자 하는 게 아니다.*
Kinjara wenu kubari!	*키은자라가 너희들의 지도자가 될지니.*
	(B. 176)

홍고는 물(Maji)의 효력이 없다고 항의하는 병사들에게 다음과 같이 비난하고 있다;

"우리 손실의 근원은 너희 병사들의 탐욕에 있다. 너희들의 마음이 탐욕으로 가득하니 이것이 문제이다. 나의 묘약을 써 보라! 나는 그 효험을 얻었건만, 너희들은 그것을 남용하였다. 그리하여 우리가 이렇게 고난에 처하게 된 것이다. 너희는 너무 많은 쾌락을 탐하느라 내 말에 주의를 기울이지 않았다. 예컨대 너희들은 약탈을 했는데, 내가 말하기를 '약탈하지 말고, 파괴하지도 말고, 살상하지 말라'고 하였다. 이것이 모든 것의 화근일 진저, 네가 가진 모든 재물들을 나누어주어라. 그렇지 않으면 모든 것이 끝장나고 말 것이다." (G. 125)

유럽 중세 문학에서 흔히 나타나듯 압둘 카림은 마지마지 저항의 실패 원인을 어떤 개인의 우연한 실수 탓으로 돌리고 있다. 이를 통해 말로 설명키 어려운 비극적 운명의 몰락을 우화적으로 암시하고 있다. 홍고가 죽고 나자 새로운 지도자 하사니(Hasani bin Ismaili)가 그의 지위를 잇는다. 그는 마법의 물을 마시고 성욕을 억누르는 등 금욕할 것을 결심한다. 그러나 겉으로는 이에 기꺼이 동참한 그의 아내가 내심으로는 불만족스러워 한다. 5일이 지나자 부인은 자신의 맹세를 후회하기 시작한다. 급기야 그녀는 남자 노예를 불러들여 금욕의 서약을 저버린다. 이 노예는 추후의 문초가 두려워 주인을 배반하고 독일진영으로 탈출한다. 그가 모든 내막을 밀고하자 독일인들은 성공적으로 지도자를 체포하고, 모든 저항을 분쇄시킨다(Gérard 1981: 125-126, 권명식 1991:17-18).

3. 19세기 말, 20세기 초의 스와힐리 해안과 시인 샤반의 등장

잔지바르 술탄 세력의 몰락과 더불어 새롭게 진출한 영국, 독일 등의 서구 세력은 마침내 동아프리카 해안으로부터 내륙에 이르는 지역을 식민화하게 된다. 오늘날 케냐와 탄자니아의 전신이라 할 수 있는 기본 정치 질서가 서서히 확립되어 갔다. 해안지역에서 주도적 역할을 담당해 왔던 스와힐리 귀족계급(patrician)은 서서히 몰락의 길을 밟게 되고 서구 식민 질서 안에서는 오히려 인도인이 백인과 흑인 토속민들을 중계하는 계급으로 등장하게 된다. 내륙 토속민들 중 일부는 해안 문화에 동화되어 새로운 스와힐리 저변을 구축하였다. 이제 스와힐리 문학은 서구 식민 질서 안에서 활동하는 시기에 접어든다.[244)]

244) 헤메디와 샤반 사이, 특히 1930년대에는 많은 새로운 스와힐리 시인들이 등장한다. 그중에서 가장 중요한 인물은 잠베인과 키줌음와, 그리고 하지 춤이다. 몸바사와 라무에서 활발하게 활동한 잠베인(Jambein al-Bakari)는 특히 새로 등장한 서구 스와힐리 연구가인 독일의 담만교수와 함께 스와힐리 고전 시 연구에 협력했다. 새로운 경향이 나타난 셈이다. 그는 '딸을 위한 안내(Kiongozi cha Banati)'라는 교훈시를 썼는데 이는 쿠포나와 같은 전통선상에 있다고 볼 수 있다. 그는 동시에 예언자의 탄생을 자기식으로 새롭게 기술한 '잠베니 마울리디(Maulidi ya Jambeni)'를 썼다. 아울러 예언자의 승천을 그린 '미라지 이야기(Utenzi wa Miiraji)'를 썼는데 후일 크납페르트가 이 두 작품들을 번역했다(Knappert 1964, 1971). 키줌음와(Muhammad Kijumwa, 1860-1940)는 스스로의 이름에 Masihii(메시아)라는 이름을 덧붙인 최초의 기독교전향자 시인이다. 그도 잠베인처럼 유럽인 스와힐리 문학연구가들과 교류하였다. 테일러, 워너, 담만 등이 대표적이다. 그는 1913년 Utendi wa Liyongo를 발표했으나, 독창적으로 창작했다기보다는 내려오는 이야기를 카피한 게 아닌가 하는 평가가 있다. 하지만 1942년 그의 독창적인 시 Utenzi wa Kijumwa kumuusia Mwanawe Helewa Siraji(그의 아들 헬레와 시라지에게 주는 키주음와의 마지막 시)를 발표했다. 한편 '기독교도와 아랍인(Nasara wa Arab 1936)'에서 그는 유럽인과 유럽 문화에 대한 칭송과 찬양의 표현들을 담아냈다. 그는 독일인 담만의 영향을 받은 듯 여행기(We safari Utendi 1937)를 쓰기도 했다. 마지막으로 하지 춤(Haji Chum)은 '우후드 전투 이야기(Utenzi wa Vita vya Uhud)'를 발표했는데, 이는 쿠라이쉬 부족과의 싸움에서 패배한 예언자가 메디나로 도망치는 사건을 다룬 것이다. 대개는 영웅적 승리를 담아내는 것이 마가지 서사문학의 전통인데 여기서는 현실적 전투 승

이 당시 스와힐리 시인들로 유명한 이는 1) 유럽인 테일러(E. Taylor), 2) 시쿠주아(Muallim Sikujua), 3) 맘바시(Ahmed Al-Mambasi), 4) 후세인(Ahmad Basheikh Hussein 1909-1961)이 있다. 그러나 그 누구보다도 스와힐리 현대 시인으로는 형식과 주제의 내용과 시대에 따른 그 변용에 있어 샤반 로버트가 가장 뛰어나다고 할 수 있겠다. 그는 고전 스와힐리 운문전통과 새로운 현대 산문 문학의 가교역할을 떠맡았다고 평가되고 있다. 이슬람적 전통은 새로운 서구 문물과 함께 녹아있으며, 내륙의 반투 토속 문화가 새롭게 스와힐리 언어 속에 녹아들어가 스와힐리 현대문학의 시발과 더불어 굳건한 토대를 구축했다.

3.1 샤반 로버트(Shaaban Robert, 1909~1962)

샤반은 탕가 인근의 비밤바니(Vibambani)에서 '해안'을 의미하는 야오족 출신 아버지 우푸크웨(Ufukwe)의 아들로 태어났다. 샤반이 태어나자 그의 부모는 곧 이혼했고, 다른 이들과 각각 결혼하여 자녀를 나았다. 샤반 자신도 두 번 결혼하여 첫 아내로부터는 딸과 아들 하나씩을 포함하여 여섯을 두었다. 다른 자료에 의하면 세 아내와 10자녀를 두었다는 설도 있다. 1926년부터 59년까지 그는 탕가니카의 여러 부서에서 관리로 일했다. 1959년 50세로 은퇴했을 때 작가로서의 명성에도 불구하고 갖은 돈은 많지 않았다. 시를 중심으로 그의 작품을 살펴보자.

3.1.1 스와힐리어(Kiswahili)

아프리카인들에게 언어는 각별한 의미를 지닌다. 시인이자 작가인 샤반에게 야오, 아랍어, 영어 등 많은 언어가 있었으나 자신의 생각과 감정을

리보다 용서와 내적 복음을 더 중시하는 쪽으로 서사문학의 성격이 바뀌었다는 점이 높이 평가되고 있다. 이는 코란의 16 수라에 나오는 관대함과 인내 그리고 자제라는 가치와 덕목을 예언자가 실천한 것으로 풀이되고 있다("it has been the purpose of the poem all along, in the author's devious and often ironic manner, to describe how spiritual conversion can only be operated through the virtues of inwardness." Gérard 1981: 131).

표현하고 호소하는 데는 역시 스와힐리였다는 것으로, 동아프리카 많은 독자들에게 모어의 중요성을 간곡히 강조하고 있다.

3. Lugha yangu ya utoto, hata leo nimekua,
어린 시절 나의 언어, 성장한 지금까지도
tangu ulimi mzito, sasa kusema najua,
한 때는 어려웠으나, 지금은 말할 줄 알지
sawa na manukato, moyoni mwangu na pua,
향기와 같이 내 마음, 코끝을 스치네.
pori, bahari na mto, napita nikitumia,
숲과 바다, 강변을 갈 때 이 말을 쓰지.
titi la mama litamu, jingine halishi hamu.[245)]
어머니 가슴은 포근하니, 이보다 더한 건 없어.

7. Lugha kama Kiarabu, Kirumi na Kiingereza,
아랍어나 라틴어, 그리고 영어와 같은 언어들
kwa wingi zimeratibu, mambo ya kupendeza,
얼마나 주위를 끌고, 즐겁게 하는 말들인가
Na mimi nimejaribu, kila hali kujifunza.
그래서 나도 배워보려 여러모로 노력했지
Lakini sawa na bubu, nikizisema nabezwa.
하지만 벙어리와 같이 입을 열면 놀림 받았네.
Titi la mama litamu, jingine halishi hamu.[246)]
어머니 가슴은 달콤하여 다른 것은 욕구를 못 채워.

---

245) *manukato; 향기, 방향, fragrance, -lisha; satisfy, 먹게 하다.*

246) *-ratibu; concerning, arrage, put in order, 정리하다, bubu; a dumb person, mute, 벙어리, -bezwa; despised, 조롱당하다.*

10. Kila lugha ina roho, nyingine kama wajua,
모든 말은 영혼이 있어, 네가 아는 다른 것처럼
Bali kilemba na joho, hupata mtu mzawa,
하지만 의복의 멋은 타고 나야 하는 법
Na hili kama hoho, huwasha na kusumbua,
고춧가루처럼 고통과 혼란만 준다네.
Nimeshoshwa na uroho, sasa nataka pumua,
나는 과욕에 지쳐 이제는 쉬고 싶어라.
Titi la mama litamu, jingine halishi hamu.[247)]
엄마의 젖가슴은 달콤하니 더한 것은 없어

27. Nashukuru fahari, sikuumbwa kuwa bubu.
말할 수 있는 용기에 감사하고
Jambo ambalo sikiri, kulisema ni wajibu.
인정할 수 없는 것은 의무적으로 말하는 것
Titi jingine si zuri, hili nimelijaribu,
남의 젖은 안 좋아, 우리말을 추구하네.
Cheo changu na ari, nikaona laharibu.
나의 지위와 수치심, 그게 나를 해치네.
Titi la mama litamu, jingine halishi hamu.[248)]
어머니의 가슴은 달콤해 다른 그 어떤 것보다도. (B. 40-47)

3.1.2 결혼(Ndoa, nikahi)

결혼은 인간의 성적 욕망을 평화적으로 해결하고, 경쟁자들과의 갈등에서 개개인의 행복추구과정이 사회적으로 보호받게 되어 있는 하나의 사

247) *kilemba; turban, tyle, dignity, praise, reputation, joho; woolen cloth, coat, 비싼 예복, 의복, washa; 빛나다, waka, blaze, cause to burn, set fire to, roho; greediness, glottony, avarice.*

248) *fahari; bull, vigour, courage, 용기, 용맹, bubu; 벙어리, cheo; 지위, 직위, ari; 부끄러워함, 수치심.*

회제도이다. 그러므로 당사자들은 말할 것도 없고 그들의 부모들은 이를 신중하게 대처해 나가지 않을 수 없는 인륜지 대사인 것이다. 하지만 때로는 제도의 결합으로 보호받고자 했던 애초의 취지는 사라지고 그것에 얽매여 헤어날 수 없는 구속의 상태에 놓이게 될 수도 있다. 샤반은 결혼이라는 제도, 혹은 현상을 어떤 식으로 형상화했는지 아래 시구(詩句)를 살펴보자.

Nikai kwa wanadamu * hu*husu* maisha yao
사람들에게 결혼은 삶의 핵심일지니,
huhusu mambo muhimu * ya furaha na kilio
즐거울 때나 슬플 때나 가장 중요한 몫이라.
ni jambo limelazimu * kulijua kwa *m'ngao*.
올바로 이해하는 것이 필요하나니,
Hali lilivyo *adimu* * kwa watu waoanao
인간에게 결혼은 언제나 값진 일
ndio hadithi fahamu * hapa ihadithiwayo
그것이 전통이고 무엇인지 알게 될지니
ndoa hufunga mbinguni.[249)]
결혼은 하늘에서 맺어준 것 (K. 267)

남녀가 만나 가정을 꾸리는 것(nikai)이 평범하지만 삶의 핵심이다(-husu maisha). 즐거울 때나 슬플 때(furaha na kilio)나 인간은 부부인연으로 그것을 극복해 나간다. 그러므로 이를 명백하게(kwa m'ngao) 이해할 필요가 있으니(kulijua) 결혼이 인륜지 대사(mambo muhimu)요, 가장 소중한 일(ilivyo adimu)

249) *nikai; ~nikaha, =ndoa, arusi, maozi/ 결혼, 혼인. -husu; give a share to, ..의 몫으로 주다, 특권이나, 권리 혹은 몫을 할당하다(assign as person's share/right, due, privilege), m'ngao; mi-, (<-ng'aa, v.) 빛, 섬광, blaze, brightness, v. 명백하다. kwa m'ngao 명백하게, hali; 상태, 조건(state, condition), adimu; a. 드문, 희귀한, 구하기 어려운, 값진(rare, scare, unobtainable).*

이라는 것이다. 전통과 문화가 말하려 하는 것(hadithiwayo)도 이 내용인데, 결혼은 하늘이 맺어주는 것이라는 것(ndoa hufunga mbinguni)이다.

3.1.3 여성은 구두가 아니다(Mwanamke si Kiatu 1947)

'여자는 구두가 아니다'라는 시는 무와나헤와(Mwanahewa binti Mohamed)라는 가명으로 발표되었다. '여자는 옷(Mwanamke ni Nguo)'라는 경구를 빗대면서 할리디(Halidi)라는 가상 여성의 주장에 반론을 제기하는 토론형식을 취한 시(kujibizana)이다. 여기서 남성은 영국 식민 당국을 여성은 탕가니카를 암시하고 있다. 남성과 여성의 불평등관계, 영국식민지배자와 피지배자인 탕가니카인들 사이의 불평등관계를 고발하고 있다. 중의적(ambiguous) 내용과 그 대화 형식이 독특한 시이다.

1. Chama kutaka utii, kichekesho si kweli,
   조직은 복종을 원하면 우습고, 진실치 못한 일
   Chama hutaka ridhai, mapatano ya kamili,
   사회는 합의와 완전한 이해를 원한다.
   Yapimwe yasirufai, mume kwa mke ratili,
   조급히 결정 말고, 아내가 남편 대하듯 정해져야
   Halidi natumai, bure umekwenda mbali.[250)]
   할리디양, 당신이 너무 멀리 나간 듯하오.

5. Mwanamke ana ila, hupati wa kukubali.
   여성은 열등하다는 말, 인정할 수 없어.
   Kusikia kwa muhula, mimi bado neno hili.
   이런 말을 어디서 들을 수 있을까, 나는 들어본 적이 없다네,
   Wala hapana mahala, asipooneka ghali,

250) *-tii; v. 복종하다, 굴복하다(obey, submit to), n. utii, 복종, 굴복, ridhai; 동의, 합의, n. -ridhia, approve, accept, -rufai; 재빨리 벗어나다, ratili; 무게 단위.*

그런 곳이 없다면 그녀의 주장은 무가치한 것,
Bibi ni mtawala, nyumbani kila mahali.[251)]
여성은 지배자, 집 안의 모든 곳에서.

8. Vishindovyo si kitu, vyangu vikikabili,
내게 고함을 친다 해도 소용없는 일.
Usilaghai watu, juu ya kitu cha mali,
돈 문제를 가지고 사람들을 속이지 말라.
Mwanamke ndicho kitu, bora hakina badili,
여성도 진정한 대상이니, 변치 않으리라.
Ila kufanywa kiatu, hili hatalikubali.[252)]
구두로 만드는 것은 결코 인정하지 않으리.

9. Si wajibu kusema, mke hana fadhali,
아내는 의무가 없다는 말은 무책임한 말,
Wapo waume si wema, tia katika akili,
남편이 사악하면, 그들을 고쳐야하네,
Na mabaya yanauma, hapana wa kuhimili,
악은 고통을 주지만, 그냥 둘 수 없는 것
Ukivunja heshima, mke naye hunakili.[253)]
네가 야비하게 행하면 아내도 그리하리.

10. Bure kutaja sharia, mume anazobadili,
남편이 바꾸는데 법을 논해 무엇 하나,

---

251) *ila n. defect, stain, blemish, muhula; muhali, anything difficult, absurd, unobtainable, 억지, 부조리, ghali; 가치 있는.*

252) *kabili; confront, laghai; cheat, deceive.*

253) *fadhali; 유용함, -fadhali, favour, benefit, privilege, kindness, -himili; 참다, 수용하다, n. hamali, nakili; copy transcribe, 모방하다, 따르다.*

Hodi, hodi, tukokea, bwana kuanza awali,
이봐, 이봐 하며 남편이 주도하네,
Bibi akiandamia, adhabu hastahili,
아내가 제 길을 가면 벌 받지 않으리.
Mke hachungi murua, mume akiwa katili.[254)]
남편이 잔혹하면 아내도 예절을 버리리. (Shaaban 1947:19-20, B. 56-62)

3.1.4 Uzee(늙음): 늙어 감을 한탄한 시

젊음(ujana)은 달콤하고(kitamu), 게다가 값지다(azizi)고 했다. 그러나 얼마나 무상한가! 잠시 주어졌다가 금방 사라지고 만다. 얼마 전에만 해도 내 사지, 육신(maungoni) 안에 그 젊음을 지니고 살았는데, 그리고 젊은 피(damu)가 그 속에서 들끓었는데, 어느덧 홀연히 사라져 버리고 말았구나(tahamaki sina). 나의 벗, 나의 종(hadumu)처럼 의지하던 나의 젊음이여, 이제 더는 남아있지 않으니 이를 슬퍼할(sikitika) 뿐이라는 것.

Ujana kitu kitamu * tena ni *azizi* sana
젊음은 달콤한 것, 게다가 너무나 값지구나,
maungoni mwangu humu * nilikuwa nao jana
여기 내 사지 안에 나도 그걸 예전엔 가졌었지
kwa wingi katika damu * *tahamaki* leo sina
나의 피 속에 가득하였으나, 아 이제는 없구나.
Nasikitika *hadumu* * rafiki yangu ujana.[255)]
나의 벗, 젊음이여 더 이상 지속치 않음을 슬퍼하노라
Kichwa kimejaa mvi * kinywani meno hamna.

---

254) *-andamia; follow after, -stahili; deserve, murua; elegant, refined manner(mrua), katili; 잔인한.*

255) *azizi; n. 값진 것, 귀한 것(rarity, costly thing, a. precious, valuable), =thamani, maungoni (<-unga), 몸, 사지(limbs of the body collectively), tahamaki, v. 관찰하다(to observe), intj. 보아라, 아이구! hadumu, hadimu 종, 하인. -hudumu, v. 봉사하다, 시중들다(serve, wait on, attend on), -dumu; 남다, 지속하다.*

머리는 새치가 가득, 입안에는 이 하나 없네,

nikenda kama mlevi * miguu nguvu haina

내 다리 힘이 없어, 술주정꾼처럼 비틀거리네.

kumbe ujana ni hivi * ukende hauji tena.

젊음이 그와 같아 한번 가면 다시 오지 않네.

*Nasikitika hadumu * rafiki yangu ujana.*

나의 친구 젊음이여, 더 이상 지속되지 않누나!

어느덧 머리 위로 흰 머리카락(mvi) 가득하고, 입안에 이(meno)가 다 빠지고 보니 합죽이처럼 보기도 흉하고, 음식을 제대로 먹지도 못한다. 다리 가랑이로 힘이 다 빠져 걸음걸이마저 술 취한 이(mlevi)처럼 휘청거리니, 젊음은 이미 가고 다시 올 기미는 없다(ukenda hauji tena). 우리의 삶(청춘)이 그러하여(kumbe ujana ni hivi) 한번 가면 다시 오지 못한다. 삶의 무상함을 한탄하고 있다.

Jua langu limekuchwa * na nyota niliziona

나의 태양은 지고, 나 이제 내 별을 보네

ukinitazama kichwa * nywele nyeusi hakina,

머리를 쳐다보니, 검은 머리 하나 없네

kama zilizofikichwa * zikang'olewa mashina.

긁어 내리 기라도 한 듯, 뿌리가 뽑혔구나!

*Nasikitika hadumu * rafiki yangu ujana.*[256)]

나의 친구, 청춘이여, 이제는 남아있지 않네.

나의 삶이 다 지나가고 죽음이 서서히 다가서고 있음을 표현한 것이다. 한 움큼씩 뽑혀나가는 머리카락은 육신이 소멸해 가는 전주곡일 뿐이다.

---

256) *kuchwa; Cv. 해가 지다(set of the sun), fikichwa; v. 손으로 긁어내리다(crumble in the fingers), mashina/뿌리.*

젊음은 오래전에 사라지고 살 날조차 얼마 남지 않음을 노래하고 있다.

Natatizika *kauli* * midomo najitafuna.
내 말소리는 엉망이지만, 입술만 깨물 뿐,
nimekusanya *adili* * walakini hali sina
지혜를 긁어모았다지만 건강은 모두 사라져,
dunia kitu *bahili* * hiki una kile huna.
삶은 인색한 것, 하나를 얻으니, 다른 하나 없어지네,
*Nasikitika hadumu * rafiki yangu ujana.*[257)]
아아 나의 청춘이여, 더 이상 지속되지 않누나! (K. 273)

말(kauli)을 하려 해도 발성기관이 말을 듣지 않아 엉뚱한 소리만 터져 나와(tatizika) 그저 입술만 깨물 뿐이다(najitafuna midomo). 오랜 세월 동안 지식과 지혜를 긁어모았다지만(nimekusanya adili) 건강이 사라져(sina hali) 죽게 된 마당에 이것이 그 무슨 소용인가! 삶(운명, 세상)은 각박하고 인색하여(dunia kitu bahili) 사람이 무엇인가 얻는 듯 하면 다른 모든 것을 회수해 가네(hiki una kile huna). 게다가 얻는 것은 왜소하고 잃는 것은 아주 큰 것이다. 인생과의 게임에서 패배하는 것은 항상 인간이다. 그것이 우리 삶의 본질인 것이다.

3.1.5 부인 아미나의 죽음

Amina umejitenga * kufa umetangulia
아미나, 그대는 스스로를 거두어 죽음으로 앞서 갔네
kama ua umefunga * baada ya kuchanua
봉오리를 터트렸으나 이내 져버린 꽃잎처럼,

257) *kauli; n. 말, 표현(sentence, expression, narrative), adili; 올바른 행동, 삶(rightous conduct, ~ life), bahili*, 구두쇠, 비참함, 인색한(miser, parsimonious).*

nakuombea mwanga * peponi kukubaliwa
나의 빛이여 비노니, 천국에서 환영 받으라!
mapenzi tuliyofunga * hapana wa kufungua
우리가 맺은 그 사랑, 푸를 이 그 누군가?

nalitaka u*nyanyuke* * kwa kukuombea *dua*
당신을 소생키 위해 내 소원을 기도하네.
sikupenda ushindike * maradhi kukuchukua
당신을 데려간 그 질병에 굴복하기 싫었소!
ila kwa *rehema* yake * Mungu amekuchagua
그러나 하늘의 자비로 당신이 선택되었는데
*mapenzi tuliyofunga * hapana wa kufungua*
우리가 맺은 사랑, 그 누가 풀까!
majonzi hayaneneki * kila nikikumbukia.[258)]
그대를 생각하니 나의 슬픔 형언키 어려워. (K. 267-269)

무야카의 시에서처럼 상처한 샤반이 죽은 아내를 그리며 형언키 어려운 슬픔을 그린 시이다. 사랑하는 사람은 언젠가 헤어지게 마련이어서 그 사랑이 깊고 간절할수록 그 슬픔도 또한 더 깊고 애절할 수밖에 없는 것이 우리 삶의 본질이다.

3.1.6 Ukiwa(고독)

Nikomboe mbaya ukiwa, 고약한 이 고독으로부터 날 구해주오
nikenda kwetu takoya 고향으로 되돌아갈 수 있다면,

258) *-chanua (<-chana); 봉오리를 터트리다(tease, comb out, put out (leaves)), -nyanyuka(<-nyanya; 소생시키다(raise up); stick up, rise above the rest. dua; 기도(prayer), -omba dua, 기도하다(offer a prayer), 신에게 간청하다(make request to God). rehema; n. 자비(mercy), 동정(pity, compassion).*

	되살아날 수 있을 텐데,
nami nitakumbukia	그러면 나는 다시 생각해 볼 거야
mema niliyotendewa.	내게 주어졌던 좋은 일들을.
Si mkiwa mtu si mkiwa	인간은 본래 홀로가 아니니,
	외로운 게 아니지.
ana Mungu si mkiwa	신을 믿으니 홀로가 아니지.
katika manza tukiwa	우리가 명상에 깊이 들어가면,
daima twaokolewa.	우리는 언제라도 구원받게 되겠지.

(K. 267)

3.1.7 삶에 대한 '좋은 대답(*Marudi* Mema/ 선업)'

Jeraha katika mwili * kwa dawa ita*tibiwa*
몸속의 상처는 약으로 치유되고
na ikipotea mali * pengine itarejea
재산은 잃어도, 되찾을 수도 있지만,
lakini roho ni ghali * huwezi kuinunuwa
영혼은 소중하여, 돈 주고 살 수 없네.
kuitunza ni *halali* * hata ipate *hidaya*[259)]
은총으로 주어졌다 해도 이를 돌봄이 의무라.

인간이 살아가는 데 있어 중요한 것들이 나열되고 있다. 재산(mali), 건강(jeraha katika mwili), 그리고 영혼(roho)이 중요한 것인데, 그 중에서도 마음의

259) *(marudi (<-rudi); n. 되돌아 옴, 응보(return, recompense), 처벌(punishment), 규율(discipline), 교정, 정정(correction). jeraha*, n. ma- 상처(wound, sore, ulcer), =kidonda, choma, umiza), v. -jeruhi), -tibiwa; 치유되다(be cured), -ponya. roho; 영혼, 마음, 본성, 순수의식, halali; 의무(duty), wajibu, haki, kiwango, hidaya; 선물(gift, present), zawadi, upaji, karama, 은총(baraka), 복(thawabu).*

중요성이 재산이나 건강보다 더 강조되고 있다. 흔히 건강이 재물이나 명예에 비교되곤 하는데 마음, 영혼의 중요성을 강조한 것이 독특하다.

> Kwa akili na werevu * wanyama waku*chelea*
> 지혜와 용기를 가졌으니, 짐승도 두려워하네
> ulipo simba na ndovu * wahofu kukaribia
> 사자와 코끼리조차 다가가길 두려워하네.
> Shetani hulia wivu * na jini laona *ngoa*
> 사탄은 질투하고, 귀신은 시기하는구나!
> una uwezo na nguvu * ya kutawala dunia.[260)]
> 천하를 지배할 힘과 능력이 있도다.

지혜(akili)와 용기(werevu)는 마음(roho)을 다스리는 과정에서 생겨나는 덕목이다. 눈에 보이는 육신의 건강이나 재물과는 다르지만, 그것에 대해 짐승(wanyama, 사자, 코끼리), 사탄(shetani)과 귀신(jini)이 질투를 할 정도로 중요한 것이다. 자기 자신을 포함하여 만천하를 지배할(tawala dunia) 수 있는 힘(uwezo)이 지혜와 용기에서 나온다는 것이다.

> Tulichotupa zamani * lazima tukirudishe
> 오래전에 내던진 것을 다시 반복해야하네
> tulikuwa ujingani * sasa tujielimishe
> 무지 속에 있었지만, 이제는 걷어내야지
> bidii yetu Shetani * wajibu tumuoneshe
> 사탄에게 우리 노력을 보여주어야 하네.
> kuwa tuna roho ndani * ya Mungu asitutishe

---

260) *akili; mini, 지성/intellect, 이성/reason, 감각/sense, werevu; 영리함, 총명함(cleverness), 세속적 지식(worldly wisdom), -chelea (<-cha), 두려워하다, ngoa; 질투, 시기(jealousy), wivu, husuda, ghera, lust, 질투, 시기, 욕망.*

영혼을 간직하니 신도 우릴 못 놀래키리!

Hayana maana maisha * kwa asiyesaidia
돕지 않는 이에겐 삶은 아무 의미 없어라
dunia kusitawisha * kuliko ilioyokuwa
세상은 이전보다 더 번영하게 되고
ama kuineemesha * ikazidi kwa sitawa
축복이 더 커져 행복이 증대되도록
hili kujilazimisha * mtu ndiyo maridhawa[261)]
스스로 노력하니, 그가 바로 만족한 자라.

다른 사람과의 관계 속에서 한 개체가 존재하는 것이므로 인간은 서로 서로 도와 가면서 살아가야(-saidia) 삶의 의미(maana maisha)가 살아난다. 존재의 연기(서로 연관되어 있어 홀로 존재하지 못함)성을 암시하고 있다. 이를 깨달을 때 세상은 더 번성하게 되고 축복과 행복이 증대되게 된다(neemesha, sitawa). 스스로 체득하여 수련함(jilazimisha)으로써 그 안에서 만족과 충만함(maridhawa)을 구하게 될 것이라는 것이다.

Palipokatiwa mti * papandwe mti mwingie,
나무가 잘린 곳에 다른 나무를 심어야지
Huko akitoka binti * kule mwana waoane,
처녀가 떠나간 곳에, 젊은이들이 결혼하고,
Usitawi umahati * mataifa yapatane,
나라가 번영하고, 민족이 화평하네,
kwa kusafiana dhati * huruma yatendeane.
타인에게 순수하니, 자비가 실행될지라. (K. 269-270)

---

261) *-sitawisha; 번영하다(to prosper), -neemisha; 행복해 지다(give happiness). -jilazimisha/스스로 노력하다 < lazima adv.*

3.1.8 Tendo(행실)

Tendo bora ni mwangaza * na ada jitahidini,
선행은 빛과 같으니, 노력 속에 보답이 있네,
jitahidini kuweza * matendo yenye thamani,
할 수 있는 한 노력하기, 가치 있는 행실을,
mwili ukisha kuoza * na roho kuwa mbinguni,
육신이 썩어지면, 영혼은 하늘에 있게 되리
jina liwe laangaza * kwa sifa makumbushoni.[262)]
기억 속의 명예와 더불어 이름이 빛날지라. (K. 267)

3.1.9 깨어나라(Amkeni)[263)]

샤반은 최초로 4행시를 썼다. 그는 영국시인 피츠제랄드(Edward Fitzgerald 1809-1883)의 번역시 루바이야트(Rubaiyat)를 활용했다. 피츠제랄드는 12세기 페르시아의 천문학자요, 시인인 카이얌(Omar Khayyam)의 시를 모아 영어로 번역하여 출간했는데, 당시 영국에서 가장 널리 읽히는 책이 되었다. 19세기를 마감하는 서구 사회는 염세주의로 특징지어졌다. 피츠제랄드의 번역시는 동양에 대한 지식을 대중화하여 동방주의(오리엔탈리즘/Orientalism)의 기초가 되었다. 이 시의 내용은 인생의 가치에 대한 근본적인 질문에 있다. 빅토리아시대 억압된 사회적 부담과 기독교적 도덕성으로부터 탈피하여 삶의 즐거움과 쾌락의 구가가 인생의 유일한 정당화이자 완화로서 받아들여지고 있다. 이 시는 '신 이교도 주의(Neo- Peganism)'의 길을 예비하기도 했다. 이 책의 성공은 당시 감히 발설하지 못했던 견해와 가치관을 언어적 우아함과 매력을 지닌 문체로 표현해 내는 데 성공한 데 있었다. 샤반은 페르시아의 동방적 분위기를 피츠제랄드보다 더 잘 스와힐리어로 표현해 내고 있다. 아래는 피쳐럴드의 시 번역 일부이다. 서구

---

262) *-sitawi; 번영하다, 잘 되어가다, dhati; 순수, 본질(essence, inner most self).*

263) Knappert 1979: 270-272.

현대시의 면모가 드러나 있다.

1/3. Asubuhi imerusha * jiwe katikati giza
아침이 돌을 어두움 한가운데로 내 던지다.
ambalo linaondosha * nyota na kuzifukuza
어둡은 별들을 쫓아내, 도망쳐 나가게 하다.
tena kumbe limekwisha * jua juu kutokeza
아아, 태양이 마침내 위로 터져 나와
nuru wake imewasha * mnaru ukaangaza.[264)]
빛을 지피니 사원의 첨탑이 번쩍이누나!

새벽녘 동이 터 오는 모습을 은유적으로 묘사하고 있다. 아침(asubuhi)이 돌을 어둠 속에 던짐(rusha jiwe katikati giza)으로서 갑자기 파문이 일 듯 주위가 밝아옴을 그리고 있다. 어둠이 별들을 쫓아내(ondosha nyota) 도망치게 하는 것(kuzifukuza)은 의인법이다. 태양이 불을 지핀다(imewasha)는 표현도 의인법이다. 여명의 모습을 의인화함으로써 마치 사람들의 일처럼 생생하게 체험할 수 있게 했다. 돌을 던지는 것, 별을 쫓아내는 것, 도망치는 것, 빛을 지피는 것, 이런 행위는 사람들만 할 수 있는데 사실은 아침, 어둠, 별, 태양(jua)과 같이 사람이 아닌 대상 혹은 현상들이다. 이를 사람처럼 묘사함으로써 보다 더 구체적으로 체험할 수 있게 하였다.

2/4. Ndoto ikinijilia * nuru iliko mbinguni
꿈이 내게 다가왔고, 하늘은 빛으로 가득.
sauti nikasikia * yasema mkahawani
내게 소리가 들려왔다. 선술집 안에서,
kikombe shime kutia * wana wangu amkeni

---

264) *mnaru; 회교사원의 첨탑(minaret).*

'아이들아, 자 어서 일어나 컵을 가져 오렴!

na kileo cha dunia * kisikauke kunyweni[265)]

세상의 취기가 말라버리기 전에 마십시다!'

나는 여전히 꿈속을 헤매고 있는데(ndoto ikinijilia) 하늘은 이미 빛으로 가득하다(nuru iliko mbinguni). 바깥 선술집(mkahawani)에서는 이미 사람들이 깨어 떠드는 소리가 들려오고 있다(sauti nikasikia). 아이들에게 일어나(wana wangu amkeni) 컵을 가져오라는 것(kikombe shime kutia), 술을 또 한 잔 하자는 소리가 들린다.

4. Mwaka mpya hu*fufua* * tamaani za zamani

새해는 지난해의 갈망을 소생시키고.

roho inapojitia * kwa fikira *faraghani*

영혼이 은퇴한 명상으로 다가왔을 때,

kwa mkono alitia * Musa uzima tawini

모세는 손으로 나무 가지에 온전함을 주고,

na Isa alipumua * ufaraji duniani[266)]

예수는 지상의 평안을 위해 숨을 내 쉬시다.

7. Njoo ujaze kikombe * huzuni yako ivue

이리와 컵을 채워라, 슬픔을 던져 버리고,

isikate kama wembe * katika moto itie.

면도날에 베이지 않으려면, 슬픔을 불 속에 던져 버려라,

Haya maisha ni chembe * kama ndege mfanoe,

자, 삶은 난알과 같고, 새의 이미지와 같구나,

---

265) *mkahawani; tavern/선술집, 여인숙, 카페, shime; used as a call or appeal urging on to further effort, 자!, kileo; intoxication/흥분, 도취, 취한 상태.*

266) *-fufua v. 환기시키다(cause to revive), 소생시키다(bring to life again), faraghani; 사생활(privacy), 은퇴(reirement), 여가(leisure), tawi; 나무 가지(branch).*

Kwa ghafula hii kumbe * huruka kwa mabawae.
아아, 갑자기 날개로 날아가 버리지 않는가!

12. Watu wengi hudhani * usultani mzuri
사람들은 왕이 되면 얼마나 좋을까 생각하네
wengine hutumaini * pepo ijayoni heri.
어떤 이들은 천국이 왔으면 좋겠다고 갈망하네
Shika fedha mkononi * mengini usifikiri
아아 동전을 손에 쥐고, 다른 것을 생각지 마라,
kumbe mbali sikizeni * ngoma hulia vizuri.
자 저 멀리 북소리를 들어 보라, 아름답지 않은가!

16. Waza *kafilani* humu * mwa wasafiri naona
여행자들의 이곳 숙소를 보라,
milango yake kwa zamu * ni usiku na mchana
그들의 문이 밤낮으로 뒤 바뀌누나,
masultani hu*dumu* * kwa *fahari* kubwa sana
위대한 술탄이 장엄한 옷차림으로 그곳에 체류하지만,
ghafula huwalazimu * na dunia kutengana[267)]
갑자기 세상을 떠나야만 하다니!

허황된 꿈에 사로잡히기보다는 현실적 이익이나 진실을 구하는 것이 더 현명하다는 메시지가 들어 있다.

18. Katika yangu *fuadi* * pengine ninafikiri
내 맘속으로 나는 때때로 생각하네,

---

267) *kafilani; 대상(caravan), -dumu; 남다, 지속하다, 체류하다(to remain, to continue), fahari; 장엄함, 영광(grandeur, glory).*

linachanua waridi * kwa damu ya kaizari
제왕의 피 물든 곳에 장미가 피어난다고,
ilipomwagwa zaidi * tena kila ua zuri
피가 흐른 그곳에 아름다운 꽃들이,
latoka hapana budi * vinywani mwa mashuhuri[268)]
명성을 날리려는 자들의 입에서 피어난다네.

20. Aha ya mpenzi wangu * jaza bilauli hiyo
아아 사랑하는 이여, 이 잔을 채워주오,
na initoe machungu * ya zamani niwazayo
지난 일에 대한 쓰라린 추억을 거두어주오,
tena iondoke kwangu * hofu ya kesho ijayo
아울러 다가올 미래의 두려움도 거두어주오,
karine sabini kwangu * jana nitakuwa nayo.[269)]
나의 70년 동안, 내가 맞게 되었던 과거.

29. Katika dunia hii * bila sababu kujua
이 세상에는 알아야 할 이유가 없어라,
nitokako sitambui * kama maji natambaa
물이 흘러들 듯, 내가 어디서 왔는지 알 수 없고,
kama upepo sijui * napita kusikofaa
바람처럼 나는 아무 소용없는 곳을 지나가고 있네.
niendako sielewi * ovyo tu ninapepea.[270)]
어디로 가는지 알 수 없어, 하염없이 펄럭일 뿐.

---

268) *faudi; 마음(heart, moyo), waridi; 장미, kaizari; 황제, kinywa; 입, mashuhuri; 유명한.*

269) *bilauri; 잔. machungu; 쓰라림, 상처, 아픔. -waza; 생각하다, 기억하다. hofu; 두려움, 불안. karina; 1000년, 한 세기.*

270) *-tambua; 알아채다. -tambaa; 기어가다, 흘러가다. -pepea; 바람에 펄럭이다.*

30. Mbona bila kuuliza * natokapi kwa haraka.
왜 그런지 알 수 없네, 내가 어디서 그렇게 서둘러 왔는지
Na bila ya kuuliza * naendapi kwa haraka.
그렇게 또 서둘러 어디로 가고 있는지 알 수 없네,
Tena kikombe kijaza * kukomesha mnataka
자, 여기 내 잔을 채워주오, 그대 끝내길 원한다면,
ujuvi huu kuwaza * na moyoni kukumbuka!
이런 지식을 밝혀, 마음 속 깊이 기억 하여라! (K. 271-272)

4. 마티아시 음냐음팔라(Matiasi Mnyampala, 1919~1969)[271]

그는 1919년 탄자니아의 도도마에서 출생했다. 선교학교를 다닌 후 가톨릭에 귀의했다. 1963년에 다레살람으로 이주한 후 거기서 1969년 죽을 때까지 살았다. 그는 원래 고고족(Gogo) 출신이다.

4.1 벌은 학자(NYUKI NI MTAALAMU)

Nyuki ni mdudu duni * bali yeye ni mwalimu
벌은 순박한 곤충이요 선생.
sifa zake mzingani * anashangaza kaumu
집 짓는 것을 보면 놀랍기 그지없어
japo hafunzwi chuoni * asali yake ni tamu.
학교에서 배운 것도 아닌데, 그 꿀을 달기만 하니,
Katika wataalamu * nyuki ametia shani.
학자들 중, 벌은 특출하기 그지없어! (K. 281)

그는 해안 출신이 아닌 최초의 스와힐리 시인이다. 그는「고고인들의 역사와 관습」이라는 스와힐리어 책을 쓰기도 했다. 음냐음팔라는 이제까지의 시인들과는 달리 이슬람전통보다는 오히려 서구적인 사고에 가까이

271) Knappert 1979: 275-287.

서 있는 작가라 할 수 있다. 그는 기독교도로서 '성령에 대한 서사시(Utenzi wa Enjili Takatifu/ Epic of the Holy Gospel)」과 '시편(Utenzi wa Zaburi)'을 썼다. 다음은 마태복음 4장 1절의 일부이다.

4.2 성령에 대한 시(Utenzi wa Enjili Takatifu)

188. Alipowekwa mbugani	그가 사막으로 끌려가
aliwamo mafungoni	그곳에서 사십일 동안 머물며
kwa siku arubaini	단식을 하니,
na lishikwa na njaa.	허기에 사로잡혔다. (K. 280)

예수가 사막에 가 40일간 단식(mafungo)을 하며 마귀의 시험을 받게 된다. 단식은 욕망을 끊고 영적인 각성을 하기 위한 의식이다. 욕망을 끊고자 할 때 많은 유혹들이 차례로 등장하게 된다. 우선 그는 허기(njaa)에 사로잡힌다.

194. Juu alimtundika	사탄이 높은 지붕 위에 그를 내려놓고
pembeni akamuweka	붕 끝으로 그를 데려갔다.
halafu alimtaka	그리고 그에게 요구하길
chini kujiangushia	저 밑으로 뛰어내리라 했다.
195. Shetani alimwuliza	사탄이 그에게 물었다:
kama mwana wa Muweza	네가 신의 아들이라면,
mwili hutajiumiza	네 몸이 다치지 않을 것이라,
malaika tamwokoa.	천사가 널 구하지 않겠느냐. (K. 280)

신의 아들(mwana wa Muweza)이라는 사실에 자만하거나 오만하면 금방 함정에 빠지게 된다. 사탄은 바로 그 약점을 찔러 온다. 네가 신의 아들이

라면 뛰어 내려보라는 것. 하나님을 시험하지(-jaribu) 말라고 대답하는 예수는 인간은 겸손한 자신의 지위에 그대로 머물러 있어야 함을 알고 있다. 이로써 이 시험을 피해 간다.

196. Bwana Yesu alijibu	예수가 대답하되,
kiliandikwa kitabu	책 속에 쓰여 있으되,
Munguwo simjaribu	신을 시험하지 말고,
vibaya kumtania.	악마와 대립시키지도 말라 했다.(K. 280)

5.3.2.3 산상수훈: 예수가 행한 언덕 위에서의 설교이다(마태복음 5장). 각운이 잘 맞추어져 있는 스와힐리 전통 4행시 형태를 띠고 있다.

226. Akawambia wa heri	그가 말하길, 행복할 지어다
hao walio fakiri	가난에 처한 자들이여,
wakae wakisubiri	참고 살아가면
raha watajipatia.	스스로 평안을 얻게 되리라. (K. 280)

가난(fakiri)을 애통하게 생각하면 더욱 고통스러운 것이 되겠지만, 그것을 부끄럽게 여기지도 않고, 애통하게 생각지도 않으며 소박하고 검약하는 자세로 살아가겠다는 마음으로 그것을 참고(subiri) 살아가면 오히려 스스로 평안(raha)을 얻어 천국에 이르리라는 것으로 행복(heri)과 구원은 재물의 많고 적음에 있는 것이 아니라, 자기 마음과 믿음에 있음을 말하려는 것.

227. Wale wasikitikao	슬퍼하는 자들이여,
na wale wasumbukao	그리고 고통을 받는 자들이여,
ndio watatukuzwao	그대들이 바로 영광을 받게 될 것이라
faraja itawajia.	그들에게 또한 위안이 주어질 것이다.
	(K. 280)

삶은 무상한 것이다. 슬픔(sikitika)과 고통(sumbuka)이 한 순간의 것이니 그것이 영원히 지속될 것이라고 착각하여 비통해할 것 없다. 때가 되면 정반대의 영광(tukuzwa)과 위안(faraja)이 다시 주어질 것이니, 희망과 믿음이 필요한 것이요, 삶의 무상함을 깨닫는 지혜가 필요하다.

229. Na hao wenye huruma	자비심을 갖고 있는 자여
ambao watasimama	연민 속에 사는 자여
nao wapate uzima	그에게 영생(온전한 것)이 주어질 것이라
Mungu tawahurumia.	신이 그를 연민할 것이라. (K. 280)

세상 모든 것이 홀로 존재하는 것은 없다. 서로 서로가 얽히어 같이 존재하는 것이다. 그러니 다른 것, 다른 사람에 대하여 자비심(huruma)을 갖는 것은 이 같은 이해로부터 나온다. 자비와 연민을 가진 자는 주위 모든 것과의 연결 속에서 자신이 존재함을 깨달은 자이다. 그는 영원히 살게 될 것(pata uzima)이요, 다른 이들, 하나님도 또한 그를 연민할 것이다(Mungu tawahurumia).

231. Waliotakatwa nyoyo	마음이 순수한 자여
ni wapatanishi kwayo	그것으로 평화를 가져올지니,
wafuatavyo yaliyo	그가 신의 율법을 따르니,
Mungu atawateua.	신께서 그를 선택하리라. (K. 280)

마음이 순수하다(-takatwa nyoyo)함은 에고(Ego)에 집착하지 않고 타인과 다른 대상을 자신과 같이 받아드릴 자세가 되어 있는 사람을 말한다. 그런 사람은 신의 존재와 그의 율법을 받아들이니(wafuatavyo) 그에게 평화가 주어지고(wapatanishi) 신은 그런 사람을 선택하게 된다(Mungu atawateua)는 뜻이다.

233. Watukanwa furahini	기꺼이 박해받는 자들이여,
muwe na matumaini	희망을 잃지 말라
ujira wenu mbinguni	너의 보상이 하늘(천국)에 있으니,
mtakwenda upokea.	그곳에 가 그걸 받으리라. (K. 281)

진리를 위해 살아가는 것은 그것 자체로 가치 있는 것으로, 천국에서 보상받는다(ujira wenu mbinguni) 했는데, 이는 선행을 쌓으면 그것이 그것으로 끝나지 않고 반드시 그에 따른 훌륭하고 아름다운 결과가 결국 주어지게 마련이니, 혹 일시적으로 박해를 받는다(tukanuwa) 해도 절망하거나 좌절할 필요는 없다(muwe na matumaini)는 것을 말한다.

5. 스와힐리 현대시

5.1 MAUKO(떠나감, 죽음)[272)]

저자 미상의 시로 동아프리카 3개국을 두류 여행하면서 그곳에서 느낀 감상을 표현하는 동시에 인간이 처하게 될 죽음과 삶을 여행이라는 소재를 비유로 그려내고 있다. mauko라는 단어는 떠나감이라는 여행의 이미지와 죽음이라는 인생의 이미지가 중의적으로 내포된 단어이다.

1. Nasifu nchi ya Kenya, Na wenyeji na Wazungu.
Mambo mengi watuonya, Ya kufaa walimwengu.
Ningeweza kujifanya, Ningejigawa mafungu,
Kubwa likawa la Kenya, Na dogo la nchi yangu.

나는 케냐를 자랑스러워한다, 원주민과 유럽인들이 사는 곳,
사람들이 우리에게 충고하는 많은 일들이, 세상 사람들에게 유익하다.
나도 그렇게 처신했으면 한다, 내게 나의 몫이 주어졌으면,
케냐의 몫은 크다, 나의 조국의 몫은 작은데.

2. Nasifu na wa Unguja, Alivyowajaza Mungu,

272) kuondoka; safari ya kwenda mbinguni, Z. Zani (1977: 18-19).

Kwa ukarimu kioja,[273) Hawadhuru mlimwengu.
Kama ningeomba haja,[274) Ikafuzu dua yangu,
Kaburi moja Unguja, Lingezika moyo wangu.

나는 잔지바르를 자랑스러워한다. 신이 그들에게 가득 채워준 것들을.
그들은 놀라울 정도로 친절하다, 세상일에 관계없이.
내가 필요한 것을 기원한다면, 나의 안식을 이루는 것.
잔지바르에 나의 무덤을 구해 나의 마음을 묻고 싶어.

3. Nasifu tena Waganda, Watu wamchao Mungu.
Kama ningeweza kwenda, Hafinyanga hata vyungu,
Safari ningeitenda, Kwenda ishi kama kwangu,
Japo ndani ya kibanda, Hala ndizi na wenzangu.

나는 다시 우간다를 찬양한다. 신을 두려워하는 사람들을.
만약 내가 갈 수 있었으면, 솥이라도 빚지 않으리.
여행을 펼칠 수 있었으면, 고향처럼 살러 갈 텐데.
비록 오두막 속에 있지만, 친구들과 더불어 바나나를 먹지 않네.

4. Tanganyika yasifika, Vizuri chini ya mbingu;
Kwa haki ya kuzalika, Naomba heri kwa Mungu,
Iwe na nyingi baraka, Za kuwafaa wenzangu;
Ila mimi kuondoka, Ndiyo matilaba yangu.[275)

탕가니카는 찬양할 만하다. 하늘 아래 아름답구나;

273) kioja=ajabu, mwujiza.
274) haja=sala, omba.
275) matilaba=haja.

태어난 이의 권리로서,
하나님께 축복을 기원하노라.
많은 축복이 주어지기를,
나의 친구들에게 유용하기를.
내가 비록 떠나간다 해도,
그것이 바로 내가 바라던 것이니.

5. Safari kuzohalika,[276)]
Moyoni nina uchungu,
Lakini hapana shaka,
Itakuja siku yangu,
Ya kwenda jua lawaka,
Mchana katika mbingu;
Tuagane kwa kucheka,
Siku ya safari yangu.

여행이 지체되고 있어,
내 마음 무거워라.
그러나 의심할 바 없이,
나의 날이 오게 되리니,
떠나갈 날이 밝으면,
하늘아래 대낮이 오고;
웃으면서 우리들이 헤어지리니,
내가 떠나는 여행의 날에.

6. Kuishi na kuondoka,
Faradhi kwa mlimwengu,[277)]
Na safari ikifika,
Raha itakuwa kwangu.
Urithi ninaoweka,
Sina ila beti zangu,
Itarithi Tanganyika,
Siku ya mauko yangu.

사는 것과 떠나가는 것,
그것이 세상의 규율이러니.
여행의 날이 끝나면,
안식은 나의 것이 될지니,
내가 남겨줄 물건은
나의 이 시구뿐이니.
탕가니카가 이를 물려받게 되리,
내가 죽게 되는 날에.

276) zohalika= chelewa.

277) faradhi= amri ya Mungu.

5.2 탕가니카의 정치 지도자 녜레레(J. Nyerere)와 칸도로(S. Kandoro)의 대화시

녜레레는 탕가니카 초대 대통령이고 칸도로는 TANU정당의 위원으로서 독립이후 탕가의 도지사를 역임하기도 했다. 이들은 탕가니카 독립투쟁을 수행하였고 독립이후 우자마 계획을 바탕으로 탕가니카를 이끌어 나갔던 정치지도자들이다. 이들은 스와힐리 전통 시를 매개로 하여 그들의 국가 지도 이념에 대하여 토론하고 그 내용을 국민들에게 홍보함으로서 새로운 아프리카 국가의 주체성을 확립시키고자 노력했다. 전통 스와힐리 시에서 등장하는 대화와 토론을 통한 대화시라는 장르가 현대 아프리카에서 재현되고 있다고 할 수 있다.

NR1. Sheria husaidia / kuijenga Tanzania
siyo kazi ya sheria / nchi kutuharibia.

그 법은 돕네, / 탄자니아를 건설하는 걸
우리나라를 망치자는 게 / 법의 기능은 아니지

KD1. Kakuitikia sheria / kwamba inasaidia
kuijenga Tanzania / na ni nguzo ya dunia.

법이 탄자니아 건설을 / 돕는다는 것에 대하여
나는 당신에 동의하네. / 그건 세상의 기둥이기도 하지.

(B. 109, Nyerere 1967: 4)

NR2. Kila nchi ina nia, / inayoikusudia,
vile vile ina njia, / itakayoipita.

모든 나라가 수행해야할 목표가 있는 법이지.
마찬가지로 그걸 진행시킬 방법이 있게 마련이야.

KD2. Kutoheshimu sheria huleta wingi udhia
amani ikapotea nchi zikaangamia.

법을 무시한다면 중대한 문제가 야기될 거야!
평화는 사라지고, 나라는 파괴되겠지.

NR3. Tanzania tuna nia, ya kujengha ujamia
na njia ya kupitia, ni wote kusaidia.

탄자니아에서 우리는 사회주의 건설의 목표가 있지,
그걸 수행하는 방법에 대하여 우리 모두는 관여되어 있네.

KD3. Ni msumeno sheria, mithali nii natia,
Haitaki kubabia pendeleo liso njia.

법은 톱날과도 같아서, 나는 이 격언을 집어넣지만,
그건 발뺌하려 하지 않지. 편애나 경향, 그건 그의 방식이 아니야.

(B. 112)

다음은 1971년 아루샤 선언에 대한 시이다.

NR: Linalia la mgambo lisikike hadi ng'ambo
tumechoka kuonewa tumechoka kuchezewa.

선언이 이제 이루어지고.	해외에서도 그걸 듣고 있네.
억압받는 것에 이미 지쳐있었지.	우리가 놀림감이 되는 것에도
	지쳐있었어. (B. 114)

5.2.1 사아단 칸도로(Saadan Kandoro)

5.2.2.1 그의 시 '스와힐리어 사용하기(Kutumike Kiswahili 1948)'는 샤반의 시 '스와힐리어(Kiswahili)'에서 이미 표출된 주제인 '스와힐리어의 사용 문제'가 새로운 맥락에서 다시 거론되고 있다. 식민지 상황에서 아프리카 인들의 정신과 사상을 담아 낼 언어는 영어가 아니라 스와힐리어야 한다는 강한 메시지가 담겨있다.

1.	Bwana Edita andika,	twakuomba tafadhali,
	Kilio chetu peleka,	wakaone serikali,
	Kwamba tunasikitika,	wenyeji kutupwa mbali,
	kitumike Kiswahili,	*Baraza la Tanganyika.*
	친애하는 편집자님 쓰시지요.	우리는 당신께 청합니다.
	우리의 울음을 담아주세요	정부가 우리를 알아주도록,
	우리는 슬퍼하고 있고,	우리는 박탈당했지요,
	스와힐리어가 쓰여야 합니다.	*탕가니카의 국회의사당 안에서*
3.	Sheria zinapotoka,	tuzisome bila ghali,
	ndipo tujue hakika,	za haramu na halali,
	ili tupate zishika,	na kuzitii kwa kweli,
	kitumike Kiswahili,	*Baraza la Tangayika.*
	우리가 법을 입안할 때,	*쉽게 그걸 읽을 수 있어야 합니다.*
	그러면 우리는 확실히 알게 되겠지.	*무엇이 금지되고 무엇이 합법적인지.*

우리가 그걸 이해할 수 있도록, *그리고 진정 그걸 존경할 수 있도록.*
스와힐리어가 쓰여야 합니다. *탕가니카의 국회의사당 안에서*

9. Hatuwezi kuokoka, kwa lugha za watu mbali,
lugha yetu twaitaka, itumike kila hali,
pasiwe cha kufichika, zikae wazi akili,
kitumike Kiswahili, Baraza la Tanganyika.

우리는 해방될 수 없어요, 외국인들의 말을 쓴다면.
우리는 우리들의 말을 원해요 모든 목적으로 쓰일 이 말을.
그걸 숨길 수는 없어요, 우리의 지성이 명백하게 남아야 합니다.
스와힐리어가 쓰여야 합니다. 탕가니카의 국회의사당 안에서

5.2.2.2 개미들이 몰려들다(Siafu Wamekazana, Kandoro 1972: 138, B. 51f)

이 시에서는 식민지 상황에 있는 탕가니카인들이 개미(siafu)로, 영국 식민당국은 뱀(nyoka)으로 비유되고 있다. 이 같은 비유는 이미 칸도로 이전 시인들에게서 나타났었다. 암리 아베디(Amri Abedi 1954: 82-83)는 그의 시 '단결(Umoja)'에서 아프리카백성들, 혹은 독립군들을 벌, 혹은 개미로 비유했다.

Msituni nikakuta, nyiki wamo mzingani
숲에서 나는 만났지 벌통에 있는 수많은 벌들을

Nalo jeshi la siafu, hutandawaa njiani.
개미들의 군대들이 길 위로 퍼져 나갔네. (B. 51)

음냐음팔라(Mnympala, M. 1965:5)도 '단결(Umoja)'이라는 같은 이름의 시에서 '개미' 비유를 쓰고 있다.

Siafu wangetengana, kama ingefaa hoja.
개미들이 분열된다 해도 거기엔 충분한 이유가 있어 (B. 52)

칸도로의 시(Siafu wamekazana)에서 아프리카인들이 일치단결하여 식민 세력을 몰아내고 아프리카인들의 평화와 자유로운 사회를 재건해야 한다는 강한 메시지가 비유적으로 표현되어 있다.

1. Nyoka amegutuka, ndani ya shimo kutuna,
Tena amekasirika, hasira zenye kununa,
Nyoka anababaika, shimoni kwa kujikuna,
Siafu wamekazana, nyoka amekasirika.

그 뱀이 놀라게 되었지 그 속의 거짓이 터져 나갔네.
동시에 화를 내기도 했지 분노하면서 불만스러워했지.
뱀은 고함을 치며 구멍 속에서 스스로 긁어댔네,
개미들이 모여들었네, 그 뱀은 화만 내고 있었지. (B. 53)

2. Shimo ataondoka, hilo nataja kwa jina,
Nyoka anajuwa fika, siafu wakiungana,
Nguvu zinaongezeka, shimoni watagombana,
Siafu wameungana, nyoka amekasirika.

그는 이제 동굴을 떠날 거야. 이름을 걸고 이를 말하겠네.
그 뱀이 이제 알게 되면, 개미들이 모여들었다는 것을
그들의 힘이 증대되고, 동굴 속에서 싸우게 될 것이라는 것을.
개미들은 단결했는데, 그 뱀은 화만 대고 있네. (B. 53-54)

6. Nyoka akisha ondoka, na siafu hujazana,
Shimoni wakipeleka, vyakula kutiliana,
Ndilo waliolitaka, wale kwa kutulizana,
siafu wameungana, nyoka wamekasirika.

밤이 떠나가 버리면, 이제 개미들은 서로 서로 도와,
구멍으로 옮길 것이야, 서로 서로를 위한 음식들을
그게 바로 그들이 원하던 것 서로 어울려 함께 식사하는 것.
개미들은 단결했는데, 그 뱀은 화만 대고 있네. (B. 55)

6. 스와힐리 속담

6.1 속담의 형식과 내용 분석: 스와힐리 속담 형식은 시에서처럼 간결하게 구조화되어 있다. 음절수와 각운, 그리고 강세가 구조의 핵심을 이룬다. 앞뒤 소절은 형식적으로 대비되어 리듬을 이룬다. 이 같은 형식미 뒤에는 내용의 함축이 있다. 은유, 비유를 통한 고차원적 메시지가 모호하게 혹은 암시적으로 전달된다. 내용에 대한 깊은 체험이 있는 자나 이미 그 지혜를 터득한 자에게만 그 내용의 방대함이 아름다운 형태를 간직한 채 전달된다. 아래 몇 가지 사례들을 살펴보자.

1. Likitoka lote. (= Li-ki-t-ka l-te. 4-2)
   해가 날 때, 태워라![278]

2. Ivushayo ni mbovu. (I-vu-sh-yo, ni m-b-vu. 4-4)
   너를 건네준 배는 썩은 것이다.[279]

---

278) *When it (jua, sun) comes out, bask in it. i.e. Make hay while the sun shines. (=Chumia juani uje ule uvulini; Tumie udongo ungali na maji.).* 해가 나왔을 때 말려라(-ota jua)! 뜨거울 때 쳐라. 시의성에 관한 충고로서 적절한 기회가 왔을 때, 망설이지 말고 행동으로 옮기라는 것. 찬스를 놓치지 말라는 것.

279) *-vua; 구하다, 구해주다(to save), -vuka; 구원받다(be saved), 잘 건너다(pass safely through or over, cross over, be ferried over), -vusha; 건너 주다, 건너게 하다(allow to cross, convey across through, ferry over).* 자질이 못 된다 해도 너에게 유용한 것일 수 있다. 그러니 그것이 썩었다고 불평하지 말라. 그래도 네게 유용하게 쓰이지 않았는가! What (pondo, punting-pole/작은 배의 삿대) ferries one across is rotten. i.e. Don't criticise what helps you.

3. Yakunya haina wingu. (ya-k-nya, ha-i-na w-ngu. 3-5)
쏟아지는 비는 구름이 없다.[280)]

4. Mlambuzi hulipa ng'ombe.
남의 염소를 먹은 자는 소로 갚게 된다.[281)]

6.2 속담의 언어형식상의 특성

6.2.1 운율이 있는 두 개의 명제들이 전 후 소절로 대립되어 균형적으로 배열된다(Rhythmic simple propositions balanced). 각 소절의 끝은 각 운을 이룬다{-o}. 강세는 앞 뒤 모두 /e/음에 오고 있다.

5. *N*-daa ya *lé-o*, ni shi-ba ya *ké*-sho.
오늘의 배고픔은 내일의 배부름[282)]

6. Juzi na jana si kama ya leo.
그저께와 어제는 오늘과 다르다.[283)]

6.2.2 중첩(Reduplication)과 반복; 동일한 단어나 어구를 반복함으로서 리듬이 만들어지고, 표현하고자 하는 의미는 강조된다.

---

280) 표시, 징후도 없이 비가 갑자기 쏟아진다는 말로, 행운이나 불행이 예기치 않게 들이닥친다는 뜻. It (mvua, rain) pours (and) has no cloud; i.e. The gifts of fortune are unexpected. *-nya; emit, let fall, discharge, -nyesha; rain.*

281) 남의 작은 것을 취한 자는 그보다 큰 것으로 보상하게 된다는 것. 호미로 막을 걸 가래로도 못 막는다. The goat eater pays a cow. Sow the wind and reap the whirlwind.(바람을 심으면 폭풍을 거둔다).

282) 오늘 졸라매면 내일 배를 불리울 수 있다. 앞 뒤 소절 모두 비음(n-)으로 시작되고, 각 소절의 후반부는 야-오(ya-o) 운율을 이루어 읽다보면 리듬이 생긴다. 내용적인 함축미가 형식상의 간결함으로 표현되고 있다.

283) 현재 이 순간과 같은 시간은 없다. *The day before yesterday and yesterday are not the same as today, i.e. Don't judge by what happened on previous occasions. juzi; 그저께.*

7. *Ha-ra-ka, ha-ra-**ka**,* *ha*-i-na ba-ra-***ka***.
조급하게 서둔다고 해서 행운이 주어지는 것이 아니다.[284)]

8. Haba na haba kujaza kibaba.
티끌 모아 태산![285)]

이하는 크납페르트(J. Knappert)의 논문(AuU)에 있는 예문들 중에서 몇 개 골라 본 것이다. 형태와 의미적 특성들을 살펴보자.

9. Mnyonge, msonge.
약한 자가 떠밀리게 마련.[286)]

10. Usijalipo mkuu, ukavunjika mguu.
강자에 신경을 안 쓰면 다리가 부러진다.[287)]

11. Pote huna budi, ufanye juhudi.
어디에서든 뭔가 얻으려면 힘을 써야 한다.[288)]

12. Mizaha mizaha, hutoka usaha.
농담이 지나치면 고름이 나온다.[289)]

---

284) Hurry, hurry has no blessing. haraka(조급함)와 baraka(축복, 행운)가 형태적으로, 의미적으로 대립을 이루는데 묘미가 있고, haraka가 두 번 반복, 중첩됨으로써 리듬과 의미 강조의 효과가 있다.

285) *Little and little fills the measure. kibaba; measure, 용량 단위*. 여기서는 haba와 kibaba가 대립을 이루고 있고, haba가 반복되고 있다.

286) It is always the weak that suffer. mnyonge; humble, abject, low, debased person. -songa; press, squeeze, 존재상황의 적나라하지만 엄연한 현실을 말한 것이다. 섣불리 착각하여 어리석은 짓을 삼가라는 뜻.

287) 힘센 자의 눈치를 보지 않을 수 없는 현실을 말함.

288) 아주 작은 일이라 하더라도 뭔가를 제대로 하려면 온갖 주의와 힘을 기울여야 한다는 뜻.

289) 싸움이 난다. *usaha; 고름*.

13. Ukweli uchungu, lakini wa Mungu.
진리는 쓰지만, 신으로부터 온 것이다.[290)]

14. Hofu ya kaburi, kaja na umuri.
무덤에 대한 두려움은 나이와 함께 온다.[291)]

15. Himili mzaha, hamna jeraha.
농담은 참아라, 그 안에는 상처가 없다.[292)]

16. Mwana huwa, alivyolewa.
아이는 기른 대로 큰다.[293)]

17. Hapana jeraha, bila ya silaha.
무기 없는 상처 없다.[294)]

18. Huamba ulimi, ni mimi, ni mimi.
이야기를 좋아하는 사람은 언제나 자기 얘기만 한다.

19. Mtoto ni kito, mzigo mzito.
아이는 귀엽고, 소중하지만 무거운 짐이다.

---

290) 불유쾌하더라도 진실이 (달콤한) 거짓보다 낫다.

291) 나이를 먹으면 죽음을 생각하지 않을 수 없게 된다. 젊어서는 죽을 줄 모르고 죄를 마구 짓지만, 나이가 들어 죽음이 가까이 다가오면 이런 저런 후회를 하지 않을 수 없게 된다. *In youth, man sins easily, but repents when death approaches.*

292) *-himili; 참다(bear, endure), 수용하다, 받아들이다(accept), jeraha, ma-; 상처(wound, sore, ulcer).*

293) 어렸을 때의 교육이 중요함을 강조하는 말(세 살 버릇, 여든까지 간다!).

294) 무기가 있으면, 싸움이 나 다치게 된다. 사나운 개, 코 아물 날 없다.

20. Niliona, niliona, watakufanya mbona.
이리저리 떠벌리면 왜 그랬는지를 설명해야 한다.[295]

21. Kijana mzima, hupanda milima.
몸 성한 젊은이가 산을 오르는 법[296]

22. Mkuu yu juu.
힘 있는 자가 위에 앉는다.[297]

23. Msiiteni hodi, msipotoa kodi.
집세를 안 냈거든 주인을 부르지도 말라![298]

24. Ukitaka riba, sikio kuziba.
이익을 내려거든, 귀를 막아라![299]

25. Bora ni salama kuliko ghanama.
건강이 재산(행운)보다 낫다.[300]

26. Kwanza kwa suburi, kwisha kwa sururi.
끈기(suburi)로 시작하여 즐거움으로 끝내라![301]

295) 너무 말을 많이 하면, 증거 하기 위해 불려 갈 것이다. cf. 識字憂患(Do not talk too much, you might be called to account for it.). 말이 많으면 화를 끌어들인다.

296) 건강한 젊은이는 무엇이든지 할 수 있다. 건강이 중요하다는 뜻과 건강한 자가 괜히 부질없는 일을 벌인다는 의미도 있다.

297) 강자가 이기게 마련이다.

298) 상대방과의 본질적인 관계가 정리되지도 않았는데, 충동적으로 선부른 호의를 보이려다가 도리어 낭패를 보게 된다는 말.

299) 그래야 희생자의 울부짖음을 안 듣는다! 부자가 되기 위해서는 때로 잔인해야 한다는 말.

300) 건전한 정신과 육체가 모든 것을 우선한다는 말. ghanima; good luck, properity/ bahati, sitawi, neema. 어줍지 않은 행운을 바라기보다 몸의 안전을 보전하는 것이 더 낫다는 말.

301) 인내를 갖고 시작하면 기쁨으로 일을 끝내게 된다는 말. suluhu; 평화(peace).

27. Mchea bahari, hapendi safari.
바다를 겁내는 자는 여행을 즐길 수 없다.[302)]

28. Mshairi yu fakiri.
시인은 가난한 법.[303)]

29. Chumvi sileteni baharini!
소금을 바닷가로 가져가지 말라![304)]

6.3 수수께끼(Vitendawili)[305)]

특별히 할 이야기는 없으나, 사람들이 만나 하염없이 침묵 속에 잠겨 있을 때, 이들 간의 소통의 채널을 열기 위한 언어적 방편들이 있다. 구비문학의 한 장르인 수수께끼는 언어의 친교적(phatic) 기능을 적절히 수행한다. 더 나아가 언어가 갖는 비 지시적(non referential) 성격에 대하여 대화 참여자들이 한번 숙고하게 된다. 한편 주어진 문화권에서 자주 나타나는 소재와 대상에 대한 새로운 인식을 가능케 하는 효과가 있다. 형태적으로 보면 대개 주제와 논평(topic-commant) 구조를 하고 있다. 첫 부분은 주제를 나타내는데 그다음 부분은 비교적 긴데, 주제에 대한 설명이 나온다. 그러나 명확한 해답은 독자가 찾아내야 한다. 그러므로 속담구조와 달리 수수께끼에서는 앞 소절이 짧고, 뒷 소절이 보통 길다. 아래 스와힐리 수수께끼들의 형식과 내용을 살펴보고 어떤 효과들이 있는지 검토해 보자.

---

302) 즐거운 여행이라 해도 어려움이 따르게 마련이다. *-cha, -chea; 두려워하다(fear for), be afraid of.*

303) 실제적인 일을 하지 않고 음풍농월을 하면 가난하게 살 수밖에 없다는 뜻이지만, 시인이 돈을 요구할 때 쓰는 말이기도 하다.

304) 바다에는 소금이 많이 있는데 거기다 더하여 소금을 가져가는 것은 어리석은 일이다. (어려울 때) 또 다른 참담함을 가져와 상황을 더 악화시키지 말라는 의미.

305) Meena, Mmari, Sangiwa 1960.

1. *Kuku wangu* akazalia mibani.

나의 닭은 가시에다 알을 낳는다 > Nanasi/파인애플, 가시가 달린 파인애플과 알을 낳는 닭의 모습이 서로 비교되고 있다.

2. *Kombe ya Sultani* i wazi.

술탄의 사발은 열려있다 > Kisima(우물; 모든 사람들이 물을 길어 갈 수 있음을 암시함. cf. Doke, C.M. 1947).

3. Adui, lakini popote uendapo, yuko nawe.

(혐오스런) 적인데 가는 곳마다 너와 함께 있는 것 > 곤충, 벌레/Inzi, 파리, 모기처럼 아프리카인들의 삶 영역 어디에서나 인간과 함께 존재하지만 죽이고 싶은 적(adui)이다.

4. Ajenga, ingawa hana mikono.

손도 없는 것이 집을 짓는 것 > 새/ndege.(부리로 둥지를 짓는다).

5. Akitokea, watu wote humwona.

분명히 나타나긴 했는데, 눈으로 직접 볼 수는 없는 것 > 해/jua.

6. Akivaa hapendezi, akiwa uchi apendeza.

입으면 싫고, 벌거벗으면 좋은 것 > 바나나 나무/mgomba. 껍질이 벗겨져야만 바나나 나무는 성장하여 열매를 맺는다.

7. Amchukuapo hamrudishi.

한번 가면 결코 돌려보내지 않는 곳 > 무덤/kaburi.

8. Atolewapo nje hufa.

바깥으로 나가면 죽는 것 > 물고기/samaki.

9. Kila mtu atapitia *mlango huo.*

모든 사람이 꼭 지나가게 될 문 > 죽음/kifo. 여기서는 질문부분이 되는 주제 (mlango huo)가 문장 끝에 나타나고 있다.

제5장 맺는 말

<Pemba>

제5장 맺는 말

이 책을 끝내면서 이 장에서는 여러 가지 남아 있는 주제들에 대한 몇몇 논평을 적어보고자 한다. 매번 등장하는 주제이지만 우선은 아프리카 연구에 있어 어문학적 접근이 갖는 의의에 관한 것이다. 이 시대의 시류에 가장 잘 부응하는 지역학적 연구, 요컨대 정치, 경제 및 개발에 관한 이론들은 대개 아프리카인들의 목소리가 아니라 아프리카에 관심과 이해를 가진 서구 학자들의 목소리가 직접 반영되고 있다는 점을 주시해야 한다고 본다. 그들의 연구에서 앞으로는 달라지겠지만 아직까지는 아프리카인들 자체의 목소리를 찾아보기 힘들다. 이런 점에서 언어연구에 이어 아프리카 토속어 문학 연구는 일단 그들의 목소리와 글이라는 점에서 그 의의가 크다.

그 다음으로 구연과 글자 문학의 경우인데 본문에서 이미 다루었듯이 이 부분에서도 크나 큰 변화가 예상된다. 연구는 결국 텍스트화 작업이므로, 주어진 자료와 자산들의 수집과 정리 분석은 결국 텍스트화로 이루어져 나가고 있다. 아프리카 언어의 수집과 자료 정리 그리고 그것들에 대한 분석과 기술이 아직도 미진한 상황인데, 그들에 의해 구연되는 자료를 기술하고 분석하는 것은 아주 커다란 과제로 남아 있다. 특히 이미 기록된 토속어 문학이 있는 경우에도 오직 전문 연구가들의 관심영역으로만 남아 있는 것이 오늘날의 현실이다. 스와힐리 고전 시는 운문 텍스트 영역에 속한다. 노래와 이야기가 시와 서사시로 굳어져 내려온 것이다. 스와힐리어 사용권의 변화는 지난 몇 세기 동안 엄청났다. 그와 더불어 새로운 양식의 문학 장르들이 등장하였다. 그것은 서구적인 양식을 띄고 있는데, 희곡과 소설이 그것이다. 수필과 단편소설이 가장 전형적인 장르이지만 이 이외의 공식적 문건들로 논문이나, 보고서, 여행기 혹은 그 어떤 장르로 규정지을 수 없는 것들이 다양하게 등장하고 있다. 식자율이 커지고 고등교육 인구가 증대하면서, 동시에 아프리카인들의 경험세계가 깊어지고 확대되어 나가면서 이 산문 텍스트의 영역이 괄목할 만 하게 커져가고 있다. 이 영역은 전통적이라기보다는 현대적이고, 서구화된 것이며, 더 나아가 전 지구화된 영역으로 어찌보면 우리와 공유될 수 있는 주제와 관심사가 많은 부분이다. 현대 스와힐리 소설과 비평은 스와힐리 사용권 현대 사회를 이해하는 데 보다 중요한 자료를 제공할 것으로 보인다. 역동적으로 변해가고 있지만 이에 대한 종합적인 연구와 저술이 기대되고 있다.

현대 사회에서 시나 운문이 지닌 성격에 대한 토의가 있어 왔다. 구연에서 텍스트로, 그리고 다시 텍스트에서 그 다음은 무엇인가? 전자 메일과 새로운 메시지 전달 양상은 기존 산문 텍스트의 테두리를 벗어나고 있지만 그렇다고 고전적 운문으로 회귀하는 것은 아니다. 언어학에서 담화 화용론이라는 영역에서 새롭게 연구되는 부분이 이에 걸 맞을 지 모르겠다. 요컨대 실 생활 속에서 사람들이 언어표현을 보다 간결하고 운치 있게 줄여서 쓰며 메시지나 내용은 그에 따라 은유화되고 비유되어 제한된 범위 내에서 사적 사회네트워크 안에서 에소테로지니(비전)적 성격을 띠며 소통되고 있는 것이다. 이런 부분은 새로운 연구 주제가 될 것이다. 그것은 변화하고 있는 현대 아프리카 도시 사회의 면면을 반영하는 것일 게다. 그럼에도 불구하고 스와힐리 문학의 기원이라 할 수 있는 고전시의 틀과 메시지는 계속해서 나름의 기능을 발휘해 나갈 것이다. 이 사실은 흥미로운 부분이다. 사회와 구성원들의 문화가 급격히 변화해 나간다 해도 결코 변하지 않는 고유한 점들이 계속 남아 있기 때문이다.

참고문헌

<Mvita>

참고문헌

권명식. 1983. "샤바 스와힐리어 - 형성, 발전, 언어 상황 그리고 그 변천의 언어학적 특징"『아프리카 연구』3호. 103-121.

______. 1986. "주체성과 세계성의 문학, 오늘의 아프리카 문학을 이해하기 위하여",『문예 중앙』(겨울), 권말부록, 대담, 230-244.

______. 1987. "모순의 화합, 소잉카의 해설자들"『문예중앙』(가을), 352-355.

______. 1988.『아프리카학 입문, 역사비교 언어학적 접근』명지출판사.

______. 1989. "아프리카 문학에 있어서의 이념논쟁"『민족지성』11월, 214-221.

______. 1990. "탄자니아의 언어 상황과 언어 정책"『한국아프리카 학회지』. 5집1권. 147-183.

______. 1991. 스와힐리 고전문학의 주요 흐름, 주요 작가와 작품을 중심으로.『외대 논문집』24:3-19.

______. 1991. "유럽어로 쓰인 서아프리카 문학의 주요 흐름"『아프리카 연구』6: 71-101.

______. 1993. 스와힐리 현대소설 연구, 주요 작가와 작품개관.『외대 논문집』3-16.

______. 1995. "스와힐리어의 담화행태, 텍스트에 나타난 품사의 은유적 전이"『외대논문집』28:1-20.

______. 1996. "스와힐리 서사시에 나타난 주요 주제들, 초기 작품을 중심으로"『*아프리카연구*』8,9: 95-115.

______. 1997. "내륙 스와힐리어의 언어 구조적 특성과 담화 화용론적 의의" 『한국아프리카 학회지』 8:179-201.

______. 1998. "아프리카 현대소설의 주요 인물과 주제들, 소잉카, 고디머, 무왕기를 중심으로" 『한국 아프리카 학회지』, 10: 1-22.

______. 2003. "비유표현의 의미 확장 양상과 인지적 의의: 고디머의 소설 '가버린 부르주아 세계'를 중심으로." 『한국 아프리카 학회지』 18: 3-38.

______. 2006. "쿳시의 소설 텍스트 분석, '포우'의 주제와 형식을 중심으로" 『한국 아프리카 학회지』 24집 3-50.

______. 2006. "저항과 영원 회귀를 향한 최소주의 삶: 쿳시의 소설 '마이클 K의 삶과 시대에 나타난 인물 연구" 『아프리카 연구』 21:3-60.

______. 2011. 『아프리카 사회언어학』. Hufs Books.

김정위 1981. 『*이슬람 문화사*』. 문학예술사.

Abdulaziz, M.H. 1979. *Muyaka, 19th century Swahili popular poetry.* Nairobi.

Abedi, Amri. 1954.'Umoja' in *Sheria za Kutunga Mashairi na Diwani ya Amri.* Dar es Salaam: The Eagle Press. 82-83.

Allen, J. W. T. 1970. *The Swahili and Arabic manuscripts and tapes in the library of the University college Dar-es-Salaam.* Leiden.

______. 1971 *Tendi, six examples of a Swahili classical verse form with translations and notes.* New York Africana publishing corporation.

Allen, James de Vere. 1993. *Swahili Origins: Swahili culture and the Shungwaya phenomenon.* London: James Currey, Nairobi: EAP; Athens: Ohio University Press.

Arens, W. 1975. "The Waswahili: the social History of an ethnic group" in *Africa* 45: 426-437.

Arnold, R. 1977. *Afrikanische Literatur und nationale Befreiung. Men-*

schenbild und Gesellschaftskonzeption im Prosawerk Shaaben Roberts. Berlin.

Attridge, Derek. 2005. *J.M.Coetzeeand the Ethics of Reading*. University of Natal Press.

Bertoncini, E.F. 1977 "An annotated bibliography of Swahili novels and stories published between 1960-1975. in *Asian and African Studies,* Jerusalem. 13:181-191.

______. 1989. *Outline of Swahili Literature, Prose finction and Drama*. E.J. Brill, Leiden.

Biersteker, Ann. 1996. *Kujibizana, questions of language and power in 19th- and 20th century poetry in Kiswahili*. Michigan State University Press. East Lansing.

Blench, Roger. 2006. *Archaeology, Language, and the African Past*. Altamira Press. Lanham, N.Y.

Bttner, C. 1892. *Suaheli-Schriftstuecke in arabischer Schrift*. Berlin.

______. 1894. *Anthologie aus der Suaheli-Literatur.* Berlin.

Büttner, C. & C. Meinhof. 1912. "Chuo cha Herkal". *Zeitschrift für Kolonialsprachen,* II: 1-36.

Caplan, Pat. 1975. *Choice and Constraint in a Swahili Community: Property, hierarchy and cognatic descent on the East African Coast*. Oxford University Press/ International African Institute.

______. 2010. "Changing Swahili cultures in a globalising world: an approach from anthropology" in Kwon(ed.) 3-24.

Childs, G. Tucker. 2003. *An Introduction to African Languages*. John Benjamins Publishing Company. Amsterdam/Philadelphia.

Chittick, N. 1965. "The Shirazi colonization of East Africa." *JAH*. 6:275-294.

Cross-Upcott 1960. "The origin of the Maji-Maji revolt" in Man. LX 71-73.

Dammann, E. 1940. *Dichtungen in der Lamu-Mundart des Suaheli*. Hamburg.

______. 1942. "Suaheli-Dichtungen des Scheichs Muhammed bin Abubekr bin Omar Kidjumwa Masihii aus Laumu" *Studien zur Auslandskunde. Afrika,* I, ii: 125-196.

Davidson, B. 1967. *East and Central Africa to the late nineteenth century.* London.

Dimmendaal Gerrit J. 2001. "Areal diffusion versus Genetic inheritance: an African perspective", Aikhenvald & Dixon(eds.) *Areal diffusion and Genetic Inheritance.* Oxford, OUP. 358-391.

Dimmendaal, Gerrit J. 2008. Language Ecology and Linguistic Diversity on the African Continent. *Language and Linguistics Compass* 2(5). 840-858.

Drieber, D. 1976. *Aspects of a case grammar of Mombasa Swahili, with special reference to the relationship between informant variation and some sociological features.* Disser. Hamburg.

Eastman, Carol. 1971. "Who are the Waswahili?" in *Africa* 41,3: 228-236.

______. 1977. "The emergence of an African regional literature: Swahili" African Studies Review, XX: 53-61.

Freeman-Grenville. 1962. *East African Coast: selected documents.* London.

______. 1973. *Chronology of East Africa.* Oxford University Press.

Gérard, Albert. S. 1976. "Structure and values in three Swahili epics" *Research in African Literatures,* VII, i. 7-22.

______. 1981. *African Language Literature, an Introduction to the Literary History of Sub-Saharan African.* Three continents. Washington D.C.

Geider, Th. 1988. "Die Dokumentarliteratur Ahmed Sheikh Nabhanys zum Schiffbau in Lamu (Swahili-Kueste) als Innovation im Utenzi-Genre" in Moehlig & Jungraithmayr, Thiel(Hrsg.). *Die Oralliteratur in Afrika als Quelle zur Erforschung der traditionellen*

Kulturen. s.179-201. Berlin.

Glassman, Jonathon. 1995. *Feasts and Riot, revelry, rebellion and popular consciousness on the Swahili Coast,1856-1888*. Heinemann.

Guthrie, Malcolm. 1967-1971. *Comparative Bantu (4 volumes).* Fairborough, UK: Gregg International Publishers Limited.

Greenberg, J. (1963), *The Languages of Africa.* Bloomington: Indiana University Center in Anthropology, Folklore, and Linguistics, and The Hague: Mouton.

Harries, Lyndon. 1950. "A poem from Siu from the Swahili-Arabic text, *BSOAS,* XIII, 759-790.

______. 1952. "A Swahili Takhmis", *African Studies,* XI ii 59-67.

______. 1962 *Swahili Poetry.* Oxford.

Heine, Bernd. 1968. *Afrikanische Verkehrssprachen.* Köln.

Heine, Bernd. 1979. "Some linguistic observations on the early history of Africa." *Sprache und Geschichte in Afrika* 1:37-54.

Hemedi bin Abdallah. 1955. *Utenzi wa vita vya Wadachi kutamalaki Mrima 1307 A.H.(The German conquest of the Swahili coast, 1891 A.D.* with translation and notes by J. Allen. Dar es Salaam.

Hemed Abdallah. 1961. *Utenzi wa Abdirrahmani na Sufiyani(The history of Abdurrahman and Sufian)* with translation by R. Allen and notes by J. Allen. Dar es Salaam.

______. 1965. *Utenzi wa Seyyid na Huseni bin Ali(The history of prince Hussein, son of Ali),* with translation and notes by J. W. T. Allen. Dar es Salaam.

Hichens, W. 1939. *Al-Inkishafi, the Soul's awakening.* London.

______. 1940. *Diwani ya Muyaka bin Haji Al-Ghassani.* Johannesburg.

Horton, Mark & John Middleton. 2000. *The Swahili, the Social Landscape of a Mercantile Society.* Blackwell.

Iliffe, J. 1960. "The origin of the Majimaji revolt" *Man* LX: 71-73.

______. 1969. *Tanganyika under German rule.* Cambridge.

Kandoro, Saadan A. 1972. *Mashairi ya Saadani.* Dar es Salaam: Mwananchi.

Khamis, Said A.M. 1993. "From oral to written form: A tentative study of the development of Swahili poetry" in *Bulleton of the National Museum of Ethnology.* vol. 18.4: 697-734. Osaka.

Klein-Ahrendt, R. 1985. *Die Liongo-Fumo-Sage in Ostafrika. Eine text-kritische und historische Analyse.* Magisterarbeit Universitaet Koeln. verkuerzte Fassung: "Liongo fumo: eine ostafrikaniscvhe Sagengestelt aus der Sicht der Swahili und der Pokomo" in *Afrikanische Arbeitspapiere*. 8:57-86.

Knappert, Jan. 1967. *Traditional Swahili Poetry, an investigation into the concepts of East African Islam as reflected in the Utenzi literature*, Leiden.

______. 1968. "The Hamziya deciphered" in *African Language Studies* 9:52-81.

______. 1969. "The Utenzi wa Katirifu or Ghazwa ya Sesebani", *Afrika und Übersee,* LII: 81-104, 264-313.

______. 1971. *Swahili Islamic Poetry.* vol. I, II, III. Leiden.

______. 1972. *A Choice of Flowers, Swahili Songs of Love and Passion with English translation*. London.

______. 1979. *Four Centuries of Swahili Verse*. London.

Köhler, Oswin. 1975. "Geschichte und Probleme der Gliederung der Sprachen Afrikas, von den Afängen bis zur Gegenwart" in H. Baumann(ed.) *Die Völker Afrikas und ihre traditionellen Kulturen, Teil I, allgemeiner Teil und südliches Afrika.* Wiesbaden. 135-373.

Kraph, J. L. 1882. *A Dictionary of the Swahili Language.* London.

Kusimba, Chapurukha. 1999. *The rise and fall of Swahili states.* Alta Mira

Press.

Kusimba, C., I. Busolo, R. Raaum, S. Williams, M. Mchula, J Lorenz & J. Monge. 2010. "Moving beyond the preindustrial trade and modern Swahili biological and cultural diverity" in Kwon(ed.) 2010: 149-176.

Kwon, Myong-Shik. 2010. "Linguistic expressions of core values of traditional Swahili poetry, with special reference to the dynamics of Swahili culture" in Kwon(ed. 2010), p.109-126.

Kwon, Myongshik. 2011. "Retrospect on the Study of African Literature in Korea, with special Reference to Problems of Language", 『아프리카 연구』 (African Affairs) 29: 297-314.

Kwon, Myog-shik(ed.) 2010. *Cultural Dynamics of Swahili Society.* Dahae, Seoul Korea.

Lepine, R. 1981. "Swahili fiction bibliography: an update to 1980" in *Africana Journal* 12,3: 197-218.

Loimeier, R. & R. Seesemann(eds.) 2006. *The global worlds of the Swahili: interfaces of Islam, identity and space in 19th and 20th century East Africa.* Berlin: Lit Verlag.

Lorenz, A. & Abdul Karim. 1933. "Gedicht vom Majimaji-Aufstand" *Mitteilungen des Seminars für orientalische Sprachen* XXXVI, 227-259.

Mazrui, Ali & Alamin Mazrui. 1995. *Swahili state and society: the political economy of an African language.* Nairobi: East African Educational Publishers: London: James Currey.

Mbarak Ali Hinawy. 1950. *Al-Akida and Fort Jesus,* Mombasa. London.

Mbele, J.L. 1986. "The Liongo Fumo Epic and the scholars" *Kiswahili* 53,1-2:128-145. Institute of Kiswahili Research, University of Dar-es-Salaam.

______, 1986. “The identity of the hero in Liongo Epic” in *RiAL*. 17:464-473.

Meinhof, C. 1925. “Das Lied des Liongo”, *Zeitschrift für Eingeborenen-sprachen,* XV, iv 241-255.

Middleton, John. 1992. *The World of the Swahili; an African Mercantile Civilization.* New Haven and London: Yale University Press.

______. 2004. *African Merchants of the Indian Ocean, Swahili of the East African Coast.* Waveland.

Miehe, Gudrun. 1979. *Die Sprache der aelteren Swahili Dichtung, Phonologie und Morphologie*. Berlin.

______. 1990. “Die Perioden der Swahili-literatur und ihre sprachliche Form” *Paideuma* 36:201-215.

Mkelle, B. 1976. “Hamziya, the oldest Swahili translation” in *Kiswahili* 46,1: 71-75.

Nassir, Ahmad. 1974. *Malenga wa Mvita: Diwani ya ustadh bhalo.* Nairobi, Oxford University press.

Neuhaus, G. 1935. “Kitabu Mauludi” *Mitteilungen des Seminars für Orientalische Sprachen* 38: 145-201, 202-232.

Nicholls, C.S. 1971 *The Swahili coast; Diplomacy and Trade on the East African Littoral, 1798-1956.* London.

Nurse, D. & T. Spear. 1985. *The Swahili: reconstruction the history and language of an African society, 800-1500.*

Nurse, D. & Hinnebusch, T. 1993. *Swahili and Sabaki: a linguistic History.* Berkeley: University of California Press.

Nyerere, Julius K. 1967. *Ujamaa Vijiji.* Dar es Salaam: Government Printer.

______. 1978. “Chombo cha Taifa" in S. Kandoro, *Ushahidi wa Mashairi ya Kiswahili.* Dar es Salaam: Longman Tanzania. 44-45.

Ogoth, B. A.(ed.) 1968. *Zamani.* Nairobi.

Olivier, Roland. (1979). "Cameroun - the Bantu cradleland?"*Sprache und Geschichte in Afrika* 1:7–20.

Oliver, R. & G. Matthew(eds.) 1963 *History of East Africa*. London.

Parker, C. A. 1979. "On the dating of Utendi wa Ayubu" in *RiAL*. 10,3:378-382.

Phillipson, D. W. (1977). "The spread of the Bantu language." *Scientific American* 236: 106-114.

Polomé& Hill (eds.) 1980 *The languages in Tanzania.* Oxford University press for International African Institute.

Prince, A. H. J. 1961. *The Swahili-speaking People of Zanzibar and the East African Coast.* London: International African Institute.

Rollins, J. D. 1983. *A History of Swahili Prose*. Leiden.

Said, Ahmed Mohamed. 1980. *'Sikate tamaa.* Nairobi: Longman Kenya.

______. 1980. "Imani ya Mwana" in *'Sikate Tamaa.* p. 30-32.

Salim. 1973. *The Swahili-speaking Peoples of Kenya's Coast, 1895-1945.* James Currey.

Shaaban Robert, 1952(1977). *Adili na nduguze.* Tanzania Publishing House, Dar es Salaam.

______. 1952. *Marudi meman na Omar Khayyam.* London.

Shariff, Ibrahim Noor. 1988. Tungo zetu. Trenton, N. J. Red sea press.

______. 1991 "The Liyongo conundrum; reexamining the historicity of Swahilis' national poet-hero" in *RiAL*. 22,1:151-167.

Spaandonck, Marcel van. 1965 *Practical systematical Swahili Bibliography.* Leiden.

Spear, Thomas. 1999. 'Early Swahili history reconsidered: contestations and reinterpretations' unpub. paper. SOAS.

Steer, Edward. 1987. *Swahili tales, as told by natives of Zanzibar*. London.

Tosco, Mauro. 2003. "Cushitic and Omotic overview"in Bender et al. (eds.)

Afrasian: selected comparative-historical studies in memory of Igor M. Diakonoff. 87-92.

Trimingham J. Spencer. 1964 *Islam in East Africa.* Oxford.

Universities Mission, 1885. *Kibaraka, Swahili stories*. Zanzibar.

______. 1886. Swahili stories from Arab sources. Zanzibar.

Velten, Carl. 1898. *Maerchen und Erzaehlungen der Suaheli.* Stuttgart-Berlin.

______. 1907. *Prosa dnd Poseie der Suaheli.* Berlin.

Werner, Alice. 1917. "The Utendi of Mwana Kupona", *Harvard African Studies,* I. 147-181.

______. 1921. "Utendi wa Ayubu" *BSOS,* I, 297-320. II(1922), 297-320, 347-416.

______. 1926. "The Swahili Saga of Liongo Fumo" in BSOS, IV, ii 247-255.

Werner, A. & W. Hichens. 1934. *The Advice of Mwana Kupona upon the wifely duty*. Medstead.

Whiteley, W. 1957. *Utenzi wa vita vya Maji-maji.* Kampala.

______. 1969. *Swahili, the rise of a national language.* London: Methuen & Co.

Yang, Chul-Joon. 2010. "Two centruries of Portuguese presence on the East African coast: Luso-Swahili historical contacts as mirrored in Portuguese loan words in Swahili" in Kwon(2010) p. 25-66.

Zani, Zacharia. 1977. *Kiswahili kwa Shule za Sekondari, Kitabu cha II.* Heinemann educational Books. Nairobi.

찾아보기

찾아보기

[ㄱ]

[ㄴ]

[ㅂ]

[ㅅ]

[ㅇ]

[ㅈ]

[ㅊ]

[ㅋ]

[ㅌ]

[ㅍ]

[ㅎ]

스와힐리 고전 시의 이해

케냐, 탄자니아 해안 도시국가들의 역사와 문화를 중심으로

초판1쇄 발행 | 2012년 8월 31일
초판2쇄 발행 | 2013년 7월 12일
지 은 이 | 권명식
발 행 인 | 박 철
발 행 처 | 한국외국어대학교 출판부
130-791 서울시 동대문구 이문로 107
전화: 02-2173-2495~7
팩스: 02-2173-3363
홈페이지: http://press.hufs.ac.kr
전자우편: press@hufs.ac.kr
출 판 등 록 | 제6-6호(1969. 4. 30)
편집 · 디자인 | (주)이환디앤비(02-2254-4301)
인 쇄 · 제 본 | 현문자현

ISBN 978-89-7464-748-3 93890 정가 15,000원
*잘못된 책은 교환하여 드립니다.

HUEBOOKS는 한국외국어대학교출판부의 인문학도서 Sub Brand이다. 한국외대의 영문명인 HUFS, 사람을 위하는 Humanism, 교육의 Education, 색조의 Hue의 다의적인 뜻으로 해석할 수 있으며, 인문학 도서 출판에 대한 의지가 담겨있다.